# 弟子规 全解

李毓秀◎著　韩非◎编著

中国华侨出版社

**图书在版编目（CIP）数据**

弟子规全解 / 李毓秀著；韩非编著. — 北京：中国
华侨出版社，2015.7
ISBN 978-7-5113-5569-0

Ⅰ. ①弟… Ⅱ. ①李… ②韩… Ⅲ. ①古汉语－启蒙
读物 Ⅳ. ①H194.1

中国版本图书馆 CIP 数据核字（2015）第 167607 号

● 弟子规全解

| | | |
|---|---|---|
| 编　　著 | / | 李毓秀著；韩非编著 |
| 责任编辑 | / | 文　喆 |
| 责任校对 | / | 王京燕　志　刚 |
| 装帧设计 | / | 环球互动 |
| 经　　销 | / | 新华书店 |
| 开　　本 | / | 710 毫米×1000 毫米　1/16　印张 /17　字数 /236 千字 |
| 印　　刷 | / | 北京柯蓝博泰印务有限公司 |
| 版　　次 | / | 2016 年 5 月第 1 版　2016 年 5 月第 1 次印刷 |
| 书　　号 | / | ISBN 978-7-5113-5569-0 |
| 定　　价 | / | 35.00 元 |

中国华侨出版社　北京市朝阳区静安里 26 号通成达大厦 3 层　邮编：100028
法律顾问：陈鹰律师事务所　　　　　编辑部：（010）64443056　　　64443979
发行部：（010）64443051　　　　　传　真：（010）64439708
网　址：www.oveaschin.com　　　E - mail：oveaschin@sina.com

# 目 录

## 总 叙

## 入则孝 出则悌

## 谨而信

## 泛爱众而亲仁

## 行有余力则以学文

# 前　言

　　《弟子规》，原名《训蒙文》，是清代康熙年间一位叫李毓秀的秀才所作。其内容采自《论语·学而篇》第六条"弟子入则孝，出则悌，谨而信，泛爱众，而亲仁，行有余力，则以学文"的文意衍发而成。它列述了弟子在家、出外、待人、接物、学习等各种生活活动中所应恪守的行为规范。后经清代贾存仁修订改编，并改名为《弟子规》。原书共有 360 句、1080 个字，三字一句，合辙押韵，朗朗上口，易学易记，是儿童学习中国传统文化的重要启蒙书籍。

　　"弟子规"顾名思义就是作为"弟子"的行为规范，是告诉弟子怎么为人、怎么做事的。在生活之中每个人都扮演着弟子的角色，对于父母我们是儿子、女儿，对于兄长我们是弟弟、妹妹，对于老师、师傅，我们是学生、徒弟，无论养育我们的，教育我们的，还是在其他方面值得我们学习，对我们有所裨益的，我们都是弟子。如何去对待长者，如何在他们面前处事，如何理解他们对我们的教诲，这都是学问，都是需要我们去谨慎思考的。

　　学习《弟子规》是传承中华文明的需要。中华民族在历史上经历了各种波折苦难，之所以能够薪火相传，就是因为有着博大精深的文化作为基础。中华文化是无数先贤智慧的结晶，是我们道德规范、行为准则、价值取向的集中体现。由传统文化而产生的向心力，是民族凝聚力的最集中体现，是一切力量所不能代替的。21 世纪的竞争，是各个文明之间的竞争，没有强大的文化底蕴，一个国家和民族就不能屹立于世界民族之林，必将被其他文明所同化、击败。要想让中华民族持续发展，实现伟大复兴，就必须振兴我们的传统文化，而《弟子规》就是中华传统文化的精华，它里面蕴含了中国人最看重的孝悌、仁爱、诚信、勤劳、宽容等各种美德，是学习其他中华传统典籍的一把钥匙。

学习《弟子规》是立身处世，实现人生幸福的需要。人一出生，就自然地产生了各种关系，在家庭之内有父子关系、长幼关系、夫妻关系，在家庭之外有朋友关系、上下关系，这就是五伦。生活的真谛其实就是如何处理好这五种关系，实现五伦和睦。五伦和睦，一个人才能拥有健康的心理，享受到家庭的快乐，享受到事业的成功，美国人际关系大师卡耐基说：一个人的成功，15％取决于他的专业本领，85％取决于他的人际关系与处事技巧。《弟子规》详细地规范了人们在不同的身份之下如何行事，教人们如何成为一个好儿女、好兄弟、好朋友，从而实现幸福的人生。

学习《弟子规》是社会发展的迫切需要。随着社会的发展，人们的思想、见识发生急剧的变化，这些变化既有积极的一面，同时也有消极的一面。社会中涌现了很多美好、善良的事件，但也有很多丑恶、冷漠显现在人们面前，如拜金主义严重，见利忘义现象增多，见义勇为者减少等。这些消极现象产生的根本原因就在于传统文化和伦理道德的缺失。《弟子规》的核心就是一个"德"字，它是教人们如何修养传统美德，如何避免违背道德的，这对解决当前社会上法律难以顾及的种种不文明现象极为有效。

学习《弟子规》是教育发展的迫切需要。如今大部分 80 后已经开始进入父母的角色中，他们中的很多人是独生子女，本身就是被宠着成长起来的，自身都不知道如何受教育，更不要说教育下一代了。而学校中的教育多注重知识、技能的灌输，对德育方面所做的努力还不足。《弟子规》正是弥补了当今家庭教育、学校教育中的种种不足，给学生、弟子提供了一本学习宝典，给父母提供了一个教育纲要，让学者知道学什么，教者知道如何教。

学习《弟子规》是个人成功、企业发展的迫切需要。一个人没有正确的价值观就很难在社会、团体中立足，一个团体没有正确的价值观就失去了发展的基础。《弟子规》中提倡的"见利思义"、"宽容待人，严于律己"、"踏实诚恳，勿急勿躁"等思想正是现在很多人事业、工作中所缺少的；《弟子规》所提倡的"爱心"、"共赢"、"拥有使命感"等理念正是现代企业、团体发展不可或缺的。

正因为学习《弟子规》如此重要、如此迫切，我们编写了这样一本书。书中对《弟子规》原文进行了详细的解读，对其蕴含的主要思想进行了阐述，并结合现实生活中的一些现象、一些生活哲理进行了引申，可以使读者能够更加清晰地了解文意，更加深入地思考我们的传统文化。

# 总 叙

## 弟子规，圣人训

### 原 文

弟子规，圣人训。
首孝悌，次谨信。
泛爱众，而亲仁。
有余力，则学文。

### 译 文

《弟子规》这本书，是依据先圣训诫教诲编著而成。孝悌之道是做人的根本，其次就是谨言慎行、言而有信。为人心中要充满博爱，主动亲近有仁德的人。在完善自己的道德修养之余，还要好好学习有益的学问。

### 经典解读

《论语·学而篇》中有："子曰：'弟子入则孝，出则悌，谨而信，泛爱众，而亲仁。行有余力，则以学文。'"后人正是以此句为纲要，衍发而成《弟子规》一书，所以说，它是圣人的训诫教诲。孝、悌、谨、信、仁爱，都是一个人立身行世不可或缺的美德，没有这些，一个人就不能在社会上立足，要成为一个成功的人、对社会有用的人，就要亲近贤人、磨砺品德、努力学习，《弟子规》就是从小培养弟子们的美好品德，让他们养成良好的行为规范的。

每个人都希望做一个"好人"，在父母面前做好儿女，在兄弟面前做好哥哥、好弟弟，在配偶面前做好丈夫、好妻子，在朋友面前做好伙伴，在同事面前做好上司、好下属……要想在不同的环境、不同的阶段中都能够扮演好自己的角色，就要从最基本的开始，小时候能够做一个好儿女，长大才能做个好学生、好父母，小时候能做个好弟弟，长大才能做一个好朋友、好同事。所以有子说："其为人也孝弟，而好犯上者，鲜矣。不好犯上，而好作乱者，未之有也。君子务本，本立而道生。孝弟也者，其为仁之本与！"

孝悌就是做人的根本，从小懂得友爱兄弟、孝顺父母，长大就会将这种爱心、敬心推及到他人身上，看到老者、尊者就会联想到自己的父母、兄长，看到他们站着，自己就不好意思坐着；看到他们有困难，自己就不能视而不见；他们不小心触犯了自己，就会自动生出宽容之心。能够帮助别人、宽容别人，生活中就多了很多温馨、少了很多计较，幸福生活、成功事业也就到来了。所以说，一个人所有的美德、所有的爱心都是从孝悌开始的，人生中所有的幸福、所有的快乐也同样是从孝悌开始的，《弟子规》就是打开这一切的一把钥匙。

**哲理引申**

## 无规矩不成方圆

《弟子规》最重要的就是一个"规"字。规，就是规矩，规矩本是指做方画圆的器具，后来，人们将其引申为现实生活中的种种礼仪规范，用这些礼仪规范来约束每个社会成员的行为。《孟子·离娄上》说："离娄之明，公输子之巧，不以规矩，不能成方圆。"意思是，即使有像离娄那样精明的眼睛，公输般那样的技巧，不凭借规、矩等工具，是画不成方圆的。没有工具，就不能画出方圆，木匠就没法工作，同样没有规章制度，社会就无法正常运行，生活在社会中的人，也就无法进行正常的生活了。

湖边有个村子，村中的人自古以来就以打鱼为生，村子中虽然没有明文规定，却人人遵守着很多前人留下来的规矩：网眼儿不能太密，每人每天只打两网，在鱼繁殖的季节要封网，打到小鱼要放回水中……没人知道这些规矩是谁定的，但村民一直将其放在心里，没人去违背它们，虽然生活不太富裕，但也能够靠水吃水，衣食无忧。

后来，一个村民进入城市，看到很多城市人都喜欢吃鱼。他忽然想到如果能将村旁湖中的鱼，拿到这里来卖，一定可以获得很多收益。他跑了几天后，觉得每天只打两网根本不够卖，为何不多打几网呢？于是他趁着别人不注意，每天多打两网。这一行为，不久就被他的邻居发现了，邻居虽然知道他违反了规矩，但一想：既然多打两网能够让生活好些，我为何还要去制止他，不如我也这么干吧！就这样，不久以后，村子里的人都将每天打两网的规矩抛到了一边。

湖中的鱼越来越少，有的村民为了打到更多的鱼，偷偷地将渔网网眼儿缩小了。这种行为很快又在村中传开了。没多久，所有的规矩都被村民抛开了，有的人在鱼类的繁殖季节依然下湖，有的人甚至买来了电鱼的设备……

几年后，湖中再也打不到一条鱼了，村民的生活也越来越窘困，最后他们不得不离开这个曾经像世外桃源般的小村子，远赴他乡打工为生。

衡量一个社会是否文明的重要条件就是看这个社会中的规矩是否充分合理；衡量一个人是否文明的重要条件就是看这个人是否能够主动遵守社会规矩。社会是由无数不同的人共同组成的，人们习惯不同、爱好不同、行事的方式不同、目的不同，如果每个人都只想着自己的利益，只为自己做打算，必然会相互冲突，到最后生活在其中的人都会受到影响，谁也做不成任何事，人人为己，人人都是受害者。

　　遵守规矩同时也是一个人处世的根本。一个人有规矩，他做什么都是有条理、有原则的，所以其他人必然都喜欢和他打交道；相反，一个人如果做事只考虑自己的利益，不讲究规矩，就一定会损害他人的利益，这种人没人喜欢和他打交道，也就无法在社会上立足了。

　　一个商人来到一个国家，他发现这个国家的人做生意都不用签合同。提供的商品是否合格、是否按时交货、按时交款都是靠自己自觉。商人开始做了几单买卖，发现获利并不是太多，于是他想如果我向别人订购了商品，但交款时间却延缓几天，就能用这些钱去买更多的货物，获利更多了。可是，他的交易对象不同意拖延款项。商人想：反正我们也没有签合同，现在取了货，我到时没钱，你又能如何呢？

　　于是，他订了很多的货物，可到了交款的日期，却对对方说自己遇到了困难，钱暂时周转不过来。开始，他用这个方法成功了好几次，但时间一久，人们就发现了他的秘密。最后没有人愿意和他做生意，商人不得不离开。

　　他来到了邻近的一个城市，准备在这里进些货物，但他刚刚和人交谈，就被当面拒绝了："对不起，我们不和破坏交易规则的人合作。"商人拿出钱来，说："我有钱，我们也可以签订合同。"对方笑了笑答道："对于遵守规则的人来说，有没有合同都是一样的，对于不遵守规则的人来说，有没有合同也是一样的。你是个不守规则的人，无论如何我们都不会相信你！"这个商人到了哪里，都被人们指责是破坏规则的人，最后不得不离开这个国家。

　　遵守规矩，一个人才能融入身边的环境，才能与他人和谐共处；遵守规矩，一个集体才能运行有序，才能发挥出最大的力量。一个集体的领导者，最应注重的就是维护这个集体的规矩。所以，古人在治国治家中强调"君君臣臣，父父子子"，在治理军队中强调"执法如山"，现在在管理企业、管理机构中都无不强调"纪律的重要性"。

　　南宋初年，金国南侵，宋朝军队大多一触即溃，只有岳飞的岳家军能够直面金军铁骑，甚至将金国名将兀术打得落花流水。其中一个重要的原因就是，其他军队纪律涣散，而只有岳飞的岳家军治军严谨。

一次，岳飞之子岳云带军作战，在小胜之余不顾身边人劝谏违反军令自行追击敌军，结果中了金军埋伏，损失了不少人马。岳云回来后，向父亲承认错误，其他将领也说年轻人气盛，受点损失在所难免，而岳飞却喝令按军法处置，要将其斩首示众。众将苦苦求情，才免去死罪，重重地责打了一百多鞭。岳云得到这次警示后，从此变得小心谨慎，勇而有谋，再次攻打敌城时，奋勇争先，第一个登上城楼，擒获敌将。其他军官、士兵，见到岳飞如此严格要求自己的儿子，对于严明军令的不满也完全消失了，平时时刻想着军中要求，再也不敢轻视规矩，作战时个个奋勇争先。敌人听到岳飞执法如此严厉，都对岳家军心存恐惧，不由感慨："撼山易，撼岳家军难！"

有规矩才能做好事，有规矩才能管好人。家长们从小就应该告诉孩子们这个道理，让他们在生活中，学会遵守规矩，尊重他人。生活就像一条条相互交织的马路一般，每个人都应按规矩进止，人人都遵守规矩就会流通顺畅，人人都没有规矩，就会堵成一团、乱成一片，每个人都无法正常前行，更严重的还会与他人相撞，伤了自己，伤了别人。社会需要规则，我们每个人都需要规则，无规矩便不成方圆。

## 孝为人之本

《弟子规》最核心的思想就是"孝"，孝就是尊重父母、爱护父母、赡养父母。人的生命来源于父母，在这个世界上，只有父母对子女的爱是亘古绵长，无私无求，不会因为季节的更替而改变，不会因名利的浮沉而变化的。只有父母，才是真正愿意对我们无私付出，不求回报的。子女对于父母也同样应该如此，不要总去想着从他们那里得到什么，不要总是想着让他们为我们做什么，而是要多问问自己，我们为父母做了什么，我们是否尽到了子女应尽的责任。

很久以前，有一个小伙子，他发誓要找到真正的菩萨求得善缘，于是告别母亲，离开故乡，四处云游。一连几年，他跋涉了千山万水，受尽了千辛万苦，也没有打听到哪里有菩萨。于是，他来到著名的云间寺，找到了方丈，问道："禅师啊，我这几年四处云游，想瞻仰一下菩萨的荣光，为何问谁谁都说没有见过菩萨呢？世上真的存在菩萨吗？"

方丈说："你知道菩萨什么样吗？"

小伙子道："当然是大慈大悲，救苦救难，法力无边了。"

"既然这样，那世上就真的有菩萨，也许你早已见过了，却没有认出来呢。"

"不知道如何才能认出菩萨呢？"

方丈想了想说："你沿着你来的路再走一次，晚上看到点着灯的人家就去敲下门，如果有人光着脚给你开门，那他便是真正的菩萨。"

小伙子欣喜若狂，多年的心愿终于要实现了，他立刻告别大师，踏上了回家的路。小伙子一路上想着菩萨的模样，每敲开一家门都心动不已，可是一连几个月过去了，没有一个光着脚给自己开门的人。

越走他就越失望。"也许这只是方丈随口打发我的话吧！哎，世上难道真的没有菩萨？"小伙子眼看就要返回家中了，菩萨的影子都没有见到，他渐渐地对方丈的话产生了怀疑。

在一个风雨交加的夜里，他回到了熟悉的家门前，想着自己几年来吃尽了苦头，却没有达成找到菩萨的心愿，不禁意气尽失，沮丧地敲响了门。

"谁啊？"门内传来母亲苍老的声音。

他心头一阵酸痛："妈，我回来了！"

只听屋中噼里啪啦一阵乱响，不一会儿，母亲衣衫不整地打开了家门，哽咽着说："儿啊，你可回来啦！"母亲一边说着，一边把他拉进屋中，用衣袖帮他擦拭着额头上的汗水。灯光下，憔悴的母亲流着泪，用无限爱怜的双手在他的脸上抚摸，泪光中分明是满足的笑容。

　　小伙子一低头，蓦地看到母亲竟赤脚站在冰冷的地上！他突然想起了方丈所说的话，"扑通"一声，跪倒在母亲的脚下，泪如泉涌。

　　是啊，母亲才是我们真正的菩萨。对于子女来说，在这个世上谁的慈悲能超过母亲呢？谁还能像母亲那样甘愿毫无私心地呵护你而不求一点回报呢？我们祈福、祷告，其实都不如去求自己的父母，爱什么都不如爱自己的父母。在他们眼中，我们永远都是长不大的小孩子，都是永远需要呵护、照看的。子女活得健康、活泼、快乐和幸福，便是他们最大的梦想。无论我们如何对待他们，做了什么错事，他们都包容我们，原谅我们，这不就是菩萨心肠，佛祖的心胸吗？

　　孝顺父母不是一种负担，而是一份最宝贵的财富。

　　一位经验丰富的心理专家，在一次朋友聚会中被问道："您工作这么多年，见到过那么多的成功者、失败者，对人生一定有不同于常人的看法，不知您认为对于一个成功者来说什么才是最重要的？"

　　心理专家沉思了很久，意味深长地说道："父母，任何成功在父母面前比起来都微不足道。"

　　说着，他为人们讲述了一个真实的故事：

　　一次，他应邀去见一位当地闻名的企业家，这位企业家事业鼎盛，在所有的人眼中都是成功的典范。以前从电视上看到这位企业家时，企业家总是露出自信的笑容，让人觉得高深又高雅。心理专家不知道为何这样一个成功自信的人会约他见面。

　　当第一次面对面见到那位企业家时，心理专家心中一惊，这位成功者完全不似电视中看到的那样，他头发蓬乱，眼睛红肿，显然经常遭受失眠的困扰，他的下属们恭敬而略显畏惧地站在门外，从他们的表情中可以看出坐在里面的企业家发起火来是多么可怕。

　　心理专家不知道是什么原因困扰着这位企业家。就在前几天，电视上还有他新开分公司的报道，还有他受到市领导接见的画面，除了事业他能有什么烦恼的呢？经过几次交谈，心理专家才了解到，原来这位企业家从小就失去了母亲，父亲对其要求十分严格，长大后因为意见分歧，他和父亲闹了别扭，曾经长期不回家。在一次谈项目的过程中，他收到通知，说父亲病了，希望他前去探望。因为心中存在着隔阂，他没有立刻去，加上项目赶得紧，一周以后他才开着车去探望父亲。可是当他到医院时，父亲已经陷入了昏迷。企业家这时才着了急，他忘记了所有对父亲的不满，盼望着父亲醒过来，可是父亲还是没睁眼看他一下就去了。

企业家不断想起小时候父亲照顾自己的情景，想起自己因为任性和父亲闹别扭的错误，想起父亲临终时想见自己却见不到的失望和遗憾，陷入了深深的自责之中。他说自己为此不敢睡觉，不敢出门，一闭上眼睛，就看到病床上孤零零流着泪的父亲，一看到别人父子相亲的场景，就忍不住心中酸痛。他忽然感到，自己曾经和父亲赌气，故意气父亲，其实就是为了得到父亲的认可，就是为了让父亲为自己感到骄傲，如今父亲没了，他不知道自己做事业是为了什么，不知道自己的那些理想还有什么意义。

"最后，这位成功的企业家越来越消沉，事业也越来越差。"心理专家喝了口酒说，"无论事业上多么成功，都不要忘记了尽孝。很多事，一旦失去了就再也找不回来了，父母便是这样。"

也许你很幸运，每天能和父母生活在一起，可你是否关注过，父母脸上的皱纹在慢慢加深；是否关注过，父母头上的白发在慢慢增多；是否关注过，父母变得越来越爱回忆过去？也许你在生活中忽略了这些，可你是否想过：如果有一天，你发现父亲总是咳个不停；如果有一天，你发现母亲的双手没有那么灵巧了；如果有一天，你发现父母过马路的反应慢了；如果有一天，你发现父母腰弯了，背驼了，发现他们真的老了……树欲静而风不止，子欲养而亲不待。任何感情都会被时间冲淡，唯有亲情是永远不会被稀释的。恋人之间山盟海誓，也是以相互吸引为前提的，朋友之间情深义重，也是以共同利益和相互帮助为前提的，其余的人，就更不用说了。但父母对于子女的爱，是没有任何前提，与生俱来的，就算全世界抛弃了你，你的父母也不会抛弃你，会永远给你个停留的港湾！

想家了，别忘了给父母打个电话，过节了，别忘了给父母发条短信，父母不会奢求太多，我们一个小小的举动就会给他们带来无限的感动。从现在开始，好好珍惜自己生命中最珍贵的感情吧！在你还能表达自己对父母的敬意和爱时，不要觉得麻烦，不要觉得害羞，这是你该做的，也是人生中最不应错过的事！

## 人无信不立

"信"也是弟子规中最重要的训诫之一。孔子说："人而无信，不知其可也。"一个人要想立足于世，诚信是必不可少的美德。没有诚信，就做不成任何事情。

在生活之中，没有人愿意和没有诚信的人做朋友。自我保护是人的天性，和不讲诚信的人交往，让人无法得到安全感。一个不讲诚信的人，可能欺骗他人一两次，谋取一两次利益，但到了第三次，没人再会让他欺骗。所有的人都会紧紧地提防他，将他排斥在心门之外，从此他也就失去了朋友，失去了任何得到他人提携、帮助的机会，这样的人生必定是黯然无光的。

在工作之中，没有人愿意和没有诚信的人交往。哪位同事，会愿意和没诚信的人合作？人人都担心他在背后冷不丁地捅自己一刀，或是不能遵守时间完成任务，拖累自己。哪个老板愿意培养没有诚信的人？这样的人说不定得到了培养就跳槽了，他怎么会将公司利益放在首位呢？得不到同事、老板的信任，这样的人在职场中必定是毫无出路的。

同样，一个企业，如果没有诚信，也就失去了在市场上生存的空间了。没有人会愿意和一个没有诚信的企业做生意，没有投资者愿意将自己的钱投向一个得不到保证的地方，没有一个顾客会购买一个信誉出了问题的公司的产品。股神巴菲特曾说过："如果让公司亏了钱，我还能理解，但如果令公司的名誉受损，那我将毫不留情。"

诚信是一种巨大的力量，一笔巨大的财富，它能让一个穷途末路的人重新赢得机会，让一个濒临破产的企业重新恢复生机；失去诚信则常常导致一个庞大的企业帝国轰然倒塌，让一个风光无限的人，从高处重重跌下。

然而，在现实生活之中，人们往往对诚信视而不见，轻易地为了一点利益，一点方便就把它抛弃了。和人相约见面，却次次迟到；答应过他人的话，经常不算数；卖给别人东西，以次充好；借了别人的钱，迟迟不还……久而久之，信誉越来越差，每天都生活在相互提防，相互猜疑之中，生活越来越累，人生的路越来越窄。

一个年轻人离开家乡，他立志干一番大事业。在出发时，他的母亲送给他五个背囊："健康"、"财富"、"诚信"、"机敏"、"名誉"。到达渡口之时，船夫看了看他背着的背囊对他说："你背负的东西太多了，我的船很小，恐怕难以承载，你必须放弃一个我们才能出发。"

年轻人想：我需要用财富来开创我的事业，用机敏经营我的事业，名誉让我得到他人的尊重，健康让我过得更舒服一些，诚信能换来什么呢？我就将它丢了吧。于是他将诚信的背囊丢入了水中。

到了河的对岸，船夫对年轻人说："如今我们已经过来了，如果你愿意将你的财富分我一半，我便将你的诚信打捞回来。"年轻人哈哈大笑："诚信岂不就是为了获得财富，我已经有了财富，干吗还要诚信！"说着转身离开了。

在以后的几年中，年轻人凭借健康努力打拼，凭借财富和机敏将自己的事业越做越大，成为当地最著名的地产商；他的名誉极大，这让他交到了很多有权势的朋友，还娶了一个貌美如花的妻子。他更加相信自己曾经的选择是正确的，于是彻底抛弃了诚信。他承包了很多项目，为了最大限度地获取财富，所建的房子都是豆腐渣工程；为了维护自己的名誉，他当面一套、背后一套，连自己的妻子都欺骗；为了满足自己的贪欲，他骗取朋友的资金，背着合伙人从事非法买卖。

终于有一天，他的恶行被人揭发了。朋友都离开了他，妻子也抛弃了他，他气急交加一下子病倒了，在奄奄一息的时候，忽然想到了曾经的那个选择，不禁感慨道："诚信是不能抛弃的，没有诚信健康就没了依托，财富、名誉、事业等等，都不过是过眼云烟而已！"

诚信是人最重要的美德之一，然而在各种优秀品质中，它也最容易被人们抛弃。人们却不知道，抛弃了诚信，最终，其他的美好品质也必将离你而去，它是一切美好事物存在的基础，没了它，事业、成功、荣誉，都不过是空谈而已。

常常有人嘲笑讲诚信的人都是傻瓜，甚至得出这样的结论：谁讲诚信谁吃亏，谁没诚信谁受利。殊不知，这种观点是最短视的，诚信虽然不能给人带来一时的好处，但长久坚守，这种美好的品质会让他人都看到你身上的闪光，每个人都会记着你的好，他人愿意和你交朋友，老板愿意让你担负更大的责任，经商的也都希望有你这样的合伙人，友情、事业、财富等等都会接踵而来。日本松下集团的创始人松下幸之助说："信用既是无形的力量，也是无形的财富。"

一位企业家，年轻的时候就创立了一份令人羡慕的事业，他决定集资建一座标志性的大楼，于是将所有的资金都投入了建设之中，不巧的是大楼刚建了一半，金融风暴忽然袭来。投资者都撤资了，他的所有财富都化为乌有，还欠了一大笔债。

面对上门的讨债者，企业家没有逃避，而是告诉他们，自己一分钱都不会差他们的，都将还给他们。有人问："你都到了这样穷途末路的地步，哪来的信心向别人保证？"

企业家答道："我做了十几年生意，从来没有差过别人一分钱，我从来没有做过违背诚信的事，如今虽然这样了，但我依然不会违背自己的原则！"

听了他这话，那些曾经与他合作过的人一思量，的确如此。不仅不急着向他讨债，还愿意继续将钱借给他。凭借自己良好的信誉，这位企业家成功地挺过了让无数人破产的金融风暴，最后事业又恢复了起来，比以前还要好。

人无信不立，有诚信无论走到哪里都会受人的欢迎，都可以开创自己的一份事业；相反，没有诚信到哪里都会被人提防，拥有再多的东西也会逐渐失去。美国心理学家艾琳·卡瑟说过：诚信是力量的一种象征，它显示着一个人的高度自重和内心的安全感与尊严感。诚信不仅能让别人相信你，也能让你自己更加相信自己，它是一个人安身立命之基础。

## 德为本 才为末

中国文化中最重视的就是德，一个人没有德，就不能在社会中立足；一个家没有德，就不能长久传承；社会上没有德，所有人都要生活在混乱、丑恶之中。所以《弟子规》的核心也是要求人们重视各种道德，对父母长辈要孝，对兄长要敬，对朋友要信，对人要怀有仁爱之心。

一个人要想取得成功，要想被社会所认可，要想被他人所尊重，一定要记得：德为才之本，先学做人，再学做事。没有德，本事再大也等于零。

吴起是和孙武齐名的大军事家，在政治上的才能也十分出色，但这样一个人就是因为不重视德行而屡屡碰壁。开始他拜在曾子门下学习，为了博取功名，在母亲去世的时候，他居然不回去奔丧。曾子听说了这件事，觉得孝是最基本的德行，吴起都不遵守，这种无德的人怎么能相交呢，立刻将他赶出了师门。

吴起在鲁国做将军，齐国前来攻打，吴起很想表现一下，于是向鲁君提出自己率领军队和齐军交战。鲁君准备同意，但有大臣进谏说，吴起的妻子是个齐国人，让他带兵恐怕信不过吧！吴起听了这话十分失望，但他实在是太想要这个功名了，回到家中竟然杀死了自己的妻子。鲁国君臣看到他这种行为都很震惊，虽然吴起带兵打败了齐军，但大臣们都议论道："为了功名连自己的妻子都杀死了，他在利益面前还有什么事做不出来呢？"

吴起处处受到排挤，不得不放弃杀了妻子换来的官位，逃出了鲁国。

历史上，这种有能力却因德行不足而最终失败、被人唾弃的人很多。商鞅很有能力，但他在和魏国作战之时，以卑鄙的手段欺骗了老朋友，而取得了胜利；韩信很有能力，但他为了自保，将投靠自己的朋友杀死；秦桧很有才华，但为了自己的权势出卖国家利益，杀害忠臣……这些人虽然都取得了一时的成功，但最后不是横死就是被钉在耻辱柱上，让后人唾骂，这就是才有余而德不足的祸患。

一位老锁匠一生修锁无数，技艺高超，收费合理，深受人们敬重。老锁匠年纪渐大了，为了不使自己的手艺失传，他决定物色一个可靠的接班人。很多少年都希望能够拜他为师，老锁匠挑来挑去，最后只剩下两个年轻人，这两个人都很聪明，很有天赋。到底该将一身手艺传给哪一个呢？老锁匠陷入了沉思，决定慢慢考察他们。

一段时间后，两个年轻人都学到了不少东西，老锁匠决定对他们进行一场测试。他决定举行一场开锁比赛，让两个徒弟去开锁，谁取得胜利就将自己的所有技艺传给他。

比赛举行时，很多人前来观看，老锁匠准备了两个相同的密码箱，将它们锁好，分别让两个徒弟打开。结果大徒弟只花了十几分钟就将箱子打开了，而二徒弟却用了将近半个小时，众人都认为大徒弟必胜无疑。

　　老锁匠一边收拾箱子，一边漫不经心地问两个徒弟："箱子里面有什么？"大徒弟眼中放出了光芒："师傅，箱子里面有很多钱，全是百元大钞！""你看到了什么？"老锁匠问二徒弟。二徒弟支吾了半天，红着脸说："对不起师傅，我就忙着开锁了，没有注意箱子里面装的是什么。"

　　老锁匠听后，脸上顿时露出了笑容，对大家宣布二徒弟为他的接班人。大徒弟十分不服气，众人也不理解，都来询问老锁匠是不是弄错了。老锁匠笑了一下说道："不管干什么，'德'字都是最重要的，尤其是我们这行，更要具有极高的职业道德。我收的徒弟将来会成为一个高超的锁匠，他必须做到心中只有锁而没有他物，这样才能对钱财视而不见，才能好好做事、做人。否则他成天开锁，眼中有钱财，心中慢慢就会生出私念，有了贪心，打开他人的门柜易如反掌，最终只会害人害己。我们修锁的人，必须先在自己的心上安装一把打不开的锁才行。"

　　有"德"才有"得"。一个人所具有的美德决定着他能站在多高的颁奖台上，决定着他一生能走多远，飞多高，决定着他一生成功与否、幸福与否。我们在生活中都希望多"得"，希望孩子多"得"，却不知道"得"并不是由别人给你的，而是由自己的"德"来决定的。只有有德的人，才能充分发挥他的才能；只有有德的人，才能成为组织中的正能量；只有有德的人，才能与他人和谐相处，成功地融入集体之中。人生中，对"德"的修炼，就是对"得"的获取。小德小得，大德大得。如果说人生就是一座大楼的话，那么"德"便是这大楼的地基，"得"便是大楼的高度，"德"是否牢固注定"得"能达到的极限。如果"德"不稳，而盲目地追求"得"，只能导致大楼的早早崩溃。

　　《诗经》中说："人之好我，示我周行。"对一个人真正的好，不是给他多少钱财，给他多高的地位，而是告诉他做人应该行走的正路，告诉他人身上应当具有的美德。《左传》中说："爱子，则教之以义方。"父母对孩子真正的爱，不是纵容、溺爱，而是用礼仪规范来约束他们，教他们人生中应该时刻遵守的那些做人之道；师长对学生们最好的教诲不单单是告诉他们如何解题，如何学习，还要教给他们怎样做一个合格的人。子夏说：崇尚贤德；侍奉父母竭尽全力；服侍君主不惜生命；同朋友交往恪守信用。这样的人即使从未学习过，也可以说是学习过了。同样，一个人如果上了大学，读了硕士、博士，取得了一大把的证书却不具备仁爱之心，不知道以德为本，反而变得自私自利，违法乱纪，那么即使拥有再多的文化知识又怎么能称为"学"了呢？老师教给他再多的知识，又有什么用呢？

一位富翁不仅十分有钱，还十分具有智慧，在他临死之时，亲朋都聚集在他的床边，准备听他留下遗言。富翁看了看三个儿子，说道："我的家产分为三份，一份分给所有的亲戚朋友，另外两份留给我的二儿子和小儿子。"

周围的人都十分不解，于是问富翁："您将这么多财富赠给乡邻、亲朋和另外两个儿子，为何单单不留给大儿子呢，难道是您对他有什么意见？这样对他是否不太公平？"

富翁摇摇头说道："我本来准备将全部家财都捐赠给乡人，只留给三个儿子生活之资就可以了。我幼时家境贫寒，这么多财产都是靠做生意而得，这么多人做生意，唯独我做得最大，并不是因为我有什么专门的技巧和才能，而是我时刻都以诚实之道经商，以宽容之心待人，乐善好施。所以，他人都相信我，喜欢和我合作。大儿子长期和我一起做生意，我多年来对他谆谆教导，我相信我的美德他已经全部具备了，不用我给他留下财富，他自己也能取得。可是另外两个儿子，从小锦衣玉食，我生意太忙，忽略了对他们的教导，这是我对他们的亏欠，只怕我走了他们无法像哥哥那样自立谋生，所以我不得不给他们留下些钱财啊！我现在所遗憾的，感到对不起的并不是大儿子，而是另外两个儿子。"

富翁去世以后，三个儿子各自成家，大儿子因为具有父亲所说的那些优点，曾经和他父亲合作的人，都愿意继续和他合作，虽然没有得到多少父亲的遗产，但他很快就自己致富，财富甚至超过了父亲。而二儿子和小儿子，一个生活放荡，一个贪杯恋酒，虽然得到了父亲的很多遗产，却坐吃山空，几年后都陷入了贫困之中，不得不去找大哥求助。

如果把人看成是产品的话：有德有才的是正品，有德无才的是次品，有才无德的是危险品，无德无才的是废品。所以真正的教育者懂得把德作为衡量学生的根本，真正具有智慧的父母，应该告诉孩子们，美德才是人生中真正值得去追求的财富。

留给弟子最大的财富，不是房子、存折，而是赋予他完美的人格和高尚的道德。《弟子规》中强调的孝悌、仁爱、忠信、好学等，是任何一个父母、师长，都可以教给弟子，应该教给弟子的。

# 入则孝 出则悌

## 父母呼，应勿缓

**原 文**

父母呼，应勿缓；

父母命，行勿懒。

**译 文**

父母叫你，就应该赶快答应。父母有什么事要你做，不要拖拖拉拉，懒懒散散。

**经典解读**

怀胎十月，养育三年，教育一生，父母是人生的本源，是我们最大的恩主，他人给的恩泽再多都不如父母的十分之一。当上级命令你时，领导召唤你时，你知道放下一切事前去应酬，但父母想见你一面却推三阻四，父母召唤半天还拖拖拉拉的，这就是不知轻重薄厚啊！

孝顺最主要的就是敬，一切人伦之道都是以爱敬心为基础的。父母一般不会勉强我们什么，他们因为爱，宽容我们、纵容我们，事事都为我们考虑。但人长大了，就该懂得感恩，懂得为父母着想，如果总是将父母的爱当成理所应当的，事事不为他们着想，那怎么能称为孝呢，怎

17

么能说是长大了、懂事了呢？父母召唤立刻回答表现了自己的顺从，父母命令立刻去做表现了自己的恭敬，顺从、恭敬都是出于爱的；对于儿女的要求，父母总是放在心上，一点小要求立刻去做，一点小问题立刻想办法解决，儿女不反过来如此，何以为人。

恭敬父母也是一个人幸福的来源之一：当一个人在家里养成了这种对父母温和柔顺的态度与恭敬的存心后，在社会上才会对他人心存恭敬。社会上的人不会像父母那样对我们有不尽的包容，冷落他人，得到的也必然是他人的冷落。长此以往，幸福便会离你越来越远了，成功便会离你越来越远了。所以说，要想幸福就要恭敬他人，恭敬他人从孝顺父母开始！

### 哲理引申

## 不敬父母 无以立身

如何回应"父母呼"、"父母命"，都是身边很小的事，但却能够显示出一个人的孝心。中国自古以孝立国，各朝各代无不以孝治天下，一个人如果没有孝心，不敬父母，就无法在世上立身。

一位企业家在接受电视访谈时，被问及："您的公司发展得如此之好，请问有什么秘诀吗？"

企业家想了想说："用好人。"

"用好人？"

看着主持人不太理解，企业家解释道："用好人包括两个含义，一是善于用人，二是善于选对人。善于用人就是，什么样的人给他什么样的位置，尽量发挥他的特长。善于选对人，就是把公司中那些最核心的职位，给那些配拥有它们的人。"

"那么什么样的人才是配拥有它们的人呢？"

"懂得感恩的人。"企业家答道，"我开始办企业时，总是留不住人，培养出一个人，能力高了就跳槽，不培养，又找不着称职的人，企业就没法运转。经过几年后，我发现，人和人是不同的，有的人眼中只有利益，这种人你是留不住也无须去留的，有的人却很重感情，你给他机会，他懂得感恩，你有苦难，他不会落井下石。这种人才是一个成功的企业真正需要留下的人，才是一个企业应该下大力气去用心培养的人。"

"怎么才能识别出这种人呢？"

"识别一个人是个长期的过程，需要在生活工作中不断考察。但其中有一点很明确，那就是一个懂得感恩的人，一定是个孝顺的人，所以我们公司一旦发现员工有不孝的行为，基本就进行劝退。一个人连他的父母都不孝顺，你怎么指望他对你感恩呢，他连父母都不爱，你怎么能让他爱公司、爱同事、爱工作呢？他活了几十年连这个道理都不懂，你还有什么必要去培养他？"

这位企业家能明白这个道理，确实是个了不起的人，他的企业能够取得成功也是合情合理的了。父母对我们的恩情最大，他们为了自己的儿女什么苦都愿意吃，什么痛都愿意忍。有的母亲为了赚钱供孩子上学，大冬天帮人洗衣服，手上裂了长长的口子，还强忍着疼工作。当别人问她为什么时，她回答："为了孩子以后生活更好，这点苦算什么？"有的父亲为了给孩子攒钱买房，顶着炎炎烈日上街骑三轮车载人，皮肤被阳光晒破了都不愿歇息一天。父母就是这样，为了子女，他们即使痛在身上，心中也是欢笑的。

然而，有多少儿女能理解父母的苦心，能够像父母对待子女那样对待他们呢？新闻曾经报道，一位父亲为了赚钱，在工地上没日没夜地工作，最后从房上跌落下来，衬衣口袋中还装着儿子的成绩单。可是人们却发现，儿子的成绩单竟然是为了欺骗父亲请人打印的，当人们将父亲的事告诉他时，他才悔恨莫及，可一切都晚了。

中国有一句成语，用来形容一件事是不需要其他道理来论证的，这就是"天经地义"，我们经常说这句成语，却很少知道，它最初就是用来形容孝的。《孝经》中说："夫孝，天之经也，地之义也，民之行也。"孝顺是一个人最基本的道德底线，是社会衡量一个人好坏的最基本原则，无论贫富贵贱，无论处于什么环境中都应该坚持孝。

做人都要感恩图报，孝顺不仅是一种美德，也是为自己积下一份福泽。一个家族形成孝顺之风，是会世代相传的，代代人都能和睦相处，都能获得幸福，相反，一个家族如果被相互厌恶、相互算计的风气充斥，那么生活在里面的人个个都是不幸的。小孩子生活在家庭之中，受到耳濡目染的影响，父母的一举一动都是他们效仿的对象。如果父母孝敬爷爷奶奶，孩子生活在和睦知孝的家庭之中，必然心理健康，懂得感恩，知道像父母对待他们的父母那样对待他们。反之，若是父母本身不知孝顺，孩子也都看在眼中，这如何能让他们长大后孝顺自己呢？古人云："积善之家，必有余庆；积不善之家，必有余殃。"

一个老婆婆，丈夫在她年轻的时候就因病去世了，她一个人辛辛苦苦地将儿子拉扯大，借钱为他盖房子，借钱为他娶媳妇。当把儿子的一切都操办好了，她也衰老了，干不动了。开始，儿子、媳妇对她还不错，可是生了孙子以后，家中生活变得拮据起来，慢慢地儿子、媳妇就开始觉得老婆婆只能吃饭，不能干活没有任何价值了。

后来，她的腿也走不动了，手也抖了，连自己端碗都端不稳，吃饭时经常将饭汤洒在桌子上，有时还会将饭碗打破。媳妇越来越厌恶她，就让丈夫给她做了一个木头碗，并且不再让她上桌上一起吃饭，将她一个人赶去旁边的柴房居住。

一天，媳妇在院子里干活，忽然看到自己的儿子在费力地削一块木头，就问他："孩子，你没事削木头干什么？"

"我在做一个木头碗啊！"

"你做木头碗干吗，奶奶有碗了！"

"我不是给奶奶做，等你和父亲老了，我也拿木头碗给你们用啊！"

媳妇听了，既惭愧又心惊，感悟到自己是怎样对待老人的，以后自己的孩子就怎样对待自己。于是和丈夫商量，将老婆婆迎回屋中，从此好好孝顺她，他们的孩子在他们的影响下，也学会了孝顺。

小时候，将父母给予自己的一切都视为理所当然的，那时还有不懂事的借口，可是如果长大以后，还不懂得感恩父母，还依然违背父母的教导，对父母不恭不敬，那就是自己的人品出现了问题。有的人甚至长大以后，嫌弃父母，父母远行千里进城探望，他却以父母为耻，避而不见；有些子女看到父母老了，干不动了，就抛弃他们，不去赡养；有些子女甚至对父母毫无敬意，一言不合则大加拳脚……

鸟兽都知道反哺之情，人如果不知道感恩，这还能称为人吗？这样的人，到了社会之中，谁还能相信他，谁还会任用他？所以说，不孝就不配为人，如何能立身于世？

# 父母教，须敬听

## 原　文

父母教，须敬听；

父母责，须顺承。

## 译　文

父母的教诲，一定要恭恭敬敬地听。如果父母责备你，一定是有道理的，所以你要虚心接受。

## 经典解读

孔子的弟子子游问孔子什么才算作是孝。孔子回答："如今所谓的孝，只是说能够赡养父母便足够了。然而，就是犬马都能够得到饲养。如果对待父母没有恭敬顺从之心，那么与饲养犬马又有什么区别呢？"孝就在一个敬字，尊敬父母就要重视他们的言行，听从他们的教导，虚心接受他们的指责。如果说天下有人为了你完全不考虑自己的利益，所言所行完全是为了你着想，那这人一定是你的父母。

有的人，长大了就觉得父母教导过时了，觉得他们的见解过于迂腐，等吃了亏才后悔莫及。父母的谆谆教导，都是做人的基本道理，都是他们经过长期生活总结出来的，尊敬、顺从他们不仅是孝的美德，更是一种人生智慧。

侍奉父母什么是最难的？子夏曾经请教过孔子，孔子回答："色难。"侍奉父母，最不容易的就是对父母和颜悦色。每个人都应该好好反省一下，是否顶撞过父母？是否用挂在脸上的不悦让他们心中伤痛？如果你真的爱自己的父母，真的想做一个孝子，就应该从对他们恭敬、顺从开始，时刻牢记他们的教诲，虚心接受他们的责备。

**哲理引申**

## 亲人训诫最不可忘

"父母教，须敬听；父母责，须顺承"，就是告诉人们在任何时候都要将父母的教诲放在心上，无论何时都不能忘记他们的训诫。《诗经·大雅·抑》中云："匪面命之，言提其耳。"父母教诲子女的都是他们认为最重要的做人道理，他们的每一个教诲都值得子女一生牢记、践行。朋友的劝告是为了保持友情，配偶的劝告是为了维持爱情，唯有父母的劝告是没有一点私心的，他们完全是为了让子女更好。你可以对任何人的劝谏进行怀疑，唯独父母的教诲你需要把它们牢牢地记在心上。

公元 565 年，一位北周大臣因为得罪了当朝权臣而被迫自尽。他在去世前，将儿子叫到自己的房间中，指着桌子上的毒酒说："这杯酒，喝下去就要死掉，但我却不得不喝。我若不喝，我们全家人都将死无葬身之地。我本来还有很多志向，现在都无法实现了，这灾祸怪不得别人，都是我自己这张嘴惹下的。你们以后无论什么时候都要记得我的教训！"

看着哭成一片的儿子，他拿起一把锥子让他们张开嘴，用锥子在他们每个人的舌头上深深地刺了一下。刺完，他端起毒酒一饮而尽，再次告诫了一句"记得我的遗志，也不要忘记我的教训"就去世了。

很多年以后，他的一个儿子成为隋朝大将，帮助隋朝平定了江南，完成了父亲的遗志，这就是赫赫有名的贺若弼。贺若弼开始还能牢记着父亲的遗训，但功成名就以后就逐渐变得骄傲自大起来，经常对他人口出不逊之言，隋文帝多次警诫，他都不知悔改。文帝尚且念着旧功，对他宽容相待。文帝死后，隋炀帝杨广即位，杨广为人心胸狭窄，又好听信谗言。一次隋炀帝招待突厥可汗，贺若弼认为过于奢侈，口出不满之言，被人告发。隋炀帝立刻下令将其逮捕，并判处死刑。

在临死之前，行刑之人看到贺若弼泪流满面，不禁心生哀怜，对他表示同情。贺若弼说："你们用不着同情我，我之所以流泪并不是因为怕死。而是想到了几十年前父亲临死时留给我们的遗训啊！如今锥刺的疤痕还在舌头上清晰可见，我却将父亲的遗训忘到了脑后，这难道还不该死吗？我只是不知道如何去面对父亲！"

最关心我们的人是父母，最了解我们的人也是父母，他们给我们的教诲是最不该忘记的。无论你走到哪里，都应牢牢记得：丢了什么，也别丢掉父母的教诲！当你年纪大了，站在自己人生的路途远处回首往事的时候，你才会发现父母的那些教诲是你最宝贵的财富，在你经历坎坷时，它们如同台阶一样，让你更好地前进；当你经历黑暗时，它们如同灯笼一样，让你看清前进的方向；当你经历风雨时，它们如同雨伞一样，保护你不受吹打。

你是否还记得小时候，父母在你耳边谆谆教导：对人要有礼貌，看到老人要谦让，捡到东西要交公，走路要靠边走，不要随便拿别人的东西，得到帮助要说谢谢……你是否还记得离家上学时父亲对你不厌其烦地叮嘱：好好学习，不要出去惹祸，不要成天玩游戏，不要和社会上那些不三不四的人搭在一起……你是否还记得参加工作时父亲对你语重心长地嘱咐：和同事关系要搞好，不要争强好胜，要遵纪守法，不怕穷就怕心不正……很多人，将父母的话当成了耳边风，心中暗暗自语：这点道理谁不懂。当跌了跟头以后，才发现自己最大的错误就是没有好好听父母的教诲。

　　五岁之时，他将米饭弄得到处都是，母亲细心地将米饭捡进碗中，和了点菜汤，自己吃了，然后抚着他的脸说，要懂得节约。他似懂非懂地看着母亲。

　　10岁时，他和别人打架，母亲拉着他来到同学的家中道歉，回到家中罚他站立，告诉他，要懂得友爱。他不服气地点点头。

　　15岁时，他第一次逃课，母亲知道后气得流下了眼泪，用不吃饭来惩罚自己没有管好儿子，儿子知错以后，母亲告诉他，要懂得上进。他信誓旦旦地说，自己再也不敢了。

　　20岁时，他要到远方上学，母亲一边帮他整理背包，一边告诉他要学会和人相处，要爱惜自己的身体。他觉得自己长大了，母亲说得好多。

　　25岁，他参加工作了，回到家时，母亲一边拉着他的手，一边询问工作情况。临走时不忘谆谆嘱咐，要懂得珍惜、懂得感恩……他回答，知道了，知道了，但心中却暗笑母亲的迂腐。

　　30岁，他开着车回到家中，母亲一边忙着给他做饭，一边嘱咐工作之余多关心家庭，不要做违法的事……他"好、好"地应付着，却根本没有在乎母亲说什么。

　　35岁时，他经常酒气熏天地回到家中，母亲一边帮他收拾，一边说着什么，可他什么都没有听到……

　　40岁时，一副冰冷的手铐戴在了他的手上，他隔着窗子看到母亲一下苍老了的脸，想到母亲曾经说的那些话，羞愧地流下了泪水。

　　父母说那些做人做事的道理都是为了我们好，无论何时都应该恭敬地聆听。我们犯了错误，父母责备训诫时，应当虚心接受，不可强词夺理，更不可与父母相争，使父母生气、伤心。很多时候父母的责备可能没有考虑到我们的感受，但这恰恰是出于他们对我们无顾虑的爱，"爱之深，责之切"，即使他们说错了，我们心里明白就好，也尽量不要反驳他们，有则改之，无则加勉。

# 冬则温，夏则清

## 原文

冬则温，夏则清，
晨则省，昏则定。

## 译文

子女孝顺父母：冬天要确保他们暖和，夏天要确保他们清凉；早上要恭恭敬敬地请安，晚上要伺候父母睡下。

## 经典解读

爱一个人，就唯恐他不舒服。父母对待子女时，夏天唯恐他们中暑，下学回到家就赶紧端上准备好的凉茶；冬天唯恐他们穿得不暖和，穿得厚厚的还期望他们多穿点。子女在外地时，父母打电话最常说的就是"多注意身体！""多吃点饭！""天冷多穿点衣服！"子女如果真的爱父母，怎能不反过来同样为他们忧虑呢？

"黄香温席"的故事大家都听说过。汉朝的时候，黄香年纪虽小却早早懂得了孝顺父母的道理。每当炎炎的夏日到来时，黄香就用扇子对着父母的帐子扇风，让枕头和席子更清凉爽快，并驱赶蚊虫，让父母可以更舒服地睡觉；到了寒冷的冬天，黄香就用自己的身体把被子焐暖，好让父母睡起来时觉得暖和。黄香九岁时，母亲因病去世，他心痛不已，整个人都消瘦了很多，从此对父亲更加爱戴，时时刻刻都想着如何让父亲过得更舒服一些。

黄香的孝行不仅感动了亲人，也感动了其他人，时人都将其作为典范，当时有"天下无双，江夏黄香"的美誉，就表现了人们对他的尊重、敬仰。黄香的这种孝道也成就了良好的家风，好的家风带来的是好的人生，不仅黄香身居高位，受民爱戴，他的后代黄琼、黄琬等都身居高位，名震天下。这便是孝的力量。

## 孝顺父母从小事做起

爱一个人，就要关心他的感受；孝敬父母，就要让父母过得舒服。冬天让他们暖和，夏天让他们清凉，早上请安，晚上问好，看似都是小事，但处处都展现了孝子的纯孝之心。一个人能够做好这些小事才能称得上孝顺，手边力所能及的小事都不去积极做，口中却说爱自己的父母，这如何可以算作是孝呢？

在一次课堂上，老师发给了同学们一张调查问卷，问卷中只有三道题：

1. 你的父母爱你吗？

2. 他们为你做过什么？

3. 你对他们为你做的满意吗？

同学们拿到问卷后，填得很兴奋，互相说笑着。老师并没有立刻查看同学们所答的问卷，而是继续为他们讲课。

一周以后，同学们已经将问卷的事忘掉了，在一节课上，老师又发给了同学们一张问卷。问卷还是很简单，依然只有三个题目：

1. 你觉得自己孝顺父母吗？

2. 你都为父母做过什么？

3. 你觉得自己做得够了吗？

同学们看到题目后，立刻陷入了沉默，并未像上一次那样互相说笑，答问卷时也都用手掩着，生怕他人看到。问卷都答好后，老师并没有往上收，而是拿出上次的问卷发给了同学们。然后，语重心长地对他们讲道："同学们，上次我们答问卷时，大家都很兴奋，我回去看了，所有人都写得满满的，父母帮自己做的事大家都记在心中，都知道父母爱自己；但这次问卷，我即使不收，也知道大家都说自己爱父母，但第三道题肯定大部分人都写自己做得不够，为什么呢？因为你们第二道题大多是空着的，不知道写什么，因为我们为父母做得实在是太少了，和他们给我们的相比太微不足道了。"

看到同学们都低下了头，老师接着说道："我们记着父母为我们做的那么多事，说明我们知道父母对我们的爱，我们是有感恩之心的，为何我们知道感恩却没有为他们做些什么呢？有多少人曾经给父母送过生日礼物，有多少人为父母洗过脚，为父母捶过背？肯定不到一半吧！不是我们做不到，而是我们习惯了从父母那里获取，而忽略了给他们回报。爱是双方面的，既要接受也应该付出，无论你们长多大，走多远都要记得，永远不要错过任何一个向父母表达爱的机会。"

是啊，我们都太不善于表达对父母的爱了，以至于很多人，很多年以后对曾经的羞涩悔恨不已。对于子女，父母所愿意付出的是全部，他们的爱是无私的，他们所求的回报却是微不足道的。也许我们随手发的一条短信，就能让他们开心好几天；我们随意在街边买来的一件微小的礼物，便能让他们珍藏很久；我们平时传到网上的照片，随便打印一张，送给他们，就能让他们心中增添几分温暖。

几年前工厂倒闭，小女孩的父亲下岗了。为了养家，他只好出去蹬三轮车，帮一家仓库送货。蹬三轮车很累，父亲每天天刚亮就出去，很晚了才回来，母亲经常一边守着晚饭等候父亲一边叹气，每到家庭生活困难时，小女孩就听到父亲长长的叹息，整个家一直就笼罩在贫穷和哀伤的气氛之中。

一次，小女孩上学时，忽然看到几个蹬三轮车的师傅在喝路边的自来水。她想到自己的父亲一定也是这样，不禁流下了泪水。回到家，小女孩将自己以前的玩具拿到集市上卖掉，买了一个大大的杯子。第二天父亲准备走时，她将沏好的茶水装进杯子中，递给了父亲，说道："爸爸，你以前是不是也喝路边的自来水，那不卫生，以后你喝这个吧。"父亲接过杯子，心中涌起一阵欣慰之情，虽然工作还是很累，但他喝着女儿为他沏的茶时，就感到身上又有力量了，生活又有希望了。冬天天冷了，小女孩怕父亲的腿冻伤，就用自己勤工俭学赚的钱为他买了一个暖暖的护膝。

虽然同是蹬三轮车的工作，但小女孩的父亲在工作时总能随时感到女儿的关心，心情也就比其他的同事好多了，干劲也就更足了。仓库的老板看到了这一情况，就向他打听为何他能如此。小女孩的父亲对老板讲述了自己女儿的事情，老板很受感动。他说："一个能够这样关爱父亲的孩子，一定是个有前途的人；一个能教育出这样女儿的父亲，一定是个有能力的人。"于是，为小女孩的父亲安排了一个轻松稳定的好工作，女孩一家的生活从此变得越来越好了。

儿女在平时做的一点点小事，就能让父母精神为之振奋，就能让家庭的氛围发生巨大的改变。作为普通人，我们没有那么多舍身救父母的表现机会，我们唯一能为他们做的便是在生活中关心他们、呵护他们、顺从他们。越是细微的小事，越能体现出爱，感受到儿女的关心和爱，便是父母最大的乐事；让父母在生活小事中感受到我们的爱，便是我们最大的孝顺。

从孩子诞生的那一天起，父母就对子女百般呵护，衣食住行照顾得无微不至。作为感恩，子女留心父母的冷暖是天经地义的事，况且子女对父母的关爱比起父母的付出，万分之一也不及。一个人孝敬父母养成了习惯后，在他的待人、处事、接物中都会充满温、良、恭、俭、让的态度，这种人自然能得到大家的尊敬和爱戴，他的人生也会因此而变得不平凡。

# 出必告，反必面

**原　文**

　　出必告，反必面，
　　居有常，业无变。

**译　文**

　　出门要禀告父母，回来也要面见父母报平安。居住的地方要固定，工作也不要随意变动。

**经典解读**

　　子曰："父母在，不远游，游必有方。"孝顺父母，就应该体会父母的心情，不能让父母为我们担忧。去了哪里，要告诉父母，也让父母心里有个着落；返回家以后，一定要先面见父母，表达自己对父母的思念之情，也告诉父母："我平安归来了，您不用担心了。"居所应该固定，让父母能随时找到自己。这些都体现了一个孝子心中存着父母。心中存着父母，就必须让父母知道自己身处何方，时时有安慰父母、让父母安心的意念。

　　父母担心的不仅仅是我们的身体健康，他们还希望我们工作顺利，事业有成，实现自己的人生目标、人生乐趣。所以我们既要向父母汇报自己的处所，也要经常和他们聊聊自己工作上的情况，让他们知道自己一直在努力上进。一个人事业有成，踏踏实实地做事，父母就会安心、放心、舒心；一个人若是干什么都轻易荒废，父母就会为他的未来忧虑，就会忧心、烦心、伤心。作为子女，在变换工作时，要多考虑父母的感受，多询问他们的看法，即使一定要换，也要同父母说明原因，让他们了解自己的初衷，免得他们为自己的事而操心不已。

　　除了事业，"业"还指学业、家业。对于学业来说，让父母放心就是要踏踏实实地学习，不要骄傲自大，好高骛远，学了一点东西就到处卖弄，也不要学习上遇到困难就自暴自弃，不想学了。孟子小的时候，一次早早地就回到了家中，他的母亲正在织布，就问他："今天为何回来得这么早，是先生有事吗?"孟子说："先生教的东西枯燥死了，我不想学了。"母亲听了以后十分生气，拿起剪子将纺机上的布剪断，说："你荒废学业，如同我割断这布一样。半路上废止不做了就什么也得不到了。"孟子明白了这个道理。从此，孟子从早到晚勤学不止，奉子思为师，终于成为天下有名的大儒。

家业也是如此，儿女家庭和睦做父母的才会放心。父母在儿女成家之前已经为他们操心了几十年，成了家以后就应该好好赡养父母了，此时若是家里夫妻天天吵架，孩子也教育不好，那么父母如何能够安度晚年? 因此，要努力经营好自己的小家庭，营造温馨、和睦的家庭氛围。

学业、家业、事业都能顺利进行，父母的心也就放下了，不让他们为自己操心，这就是对父母的最好安慰，对父母的最大孝顺。

**哲理引申**

## 让父母知道自己在哪儿

"出必告，反必面。居有常，业无变。"这两句话是子女在生活中最容易忽略的事情，我们总觉得自己长大了，可以自立了，没必要什么事都向父母汇报了。却不知道无论我们多大，父母都是一样关心我们的。问候他们，告诉他们自己在哪里，他们就可以少担心一些，就可以更踏实一些。

有人说：儿女就像风筝，父母手中的线便是长长的思念。每个父母都希望儿女飞得更高、更远，可儿女飞得越远，他们的思念就越长。在父母心中，儿女每次出行都是一场牵挂，家人的每次分离都是一场持续的煎熬。所以，每次出行之前告诉他们自己去了哪，告诉他们自己什么时候到，告诉他们一路平安，不要让父母总是为自己担心，就是对他们最大的安慰。

一天，峨眉山景区来了一对焦急的父母，他们找到管理人员求助，说自己的儿子进景区几天了，至今音信全无。景区工作人员十分吃惊，最近没有什么恶劣天气，也没有接到景区有人员遇险、受困的报告。但在这对父母的要求下，他们还是对一些可能有人员受困的危险地点进行了搜查，结果什么也没有找到。

当听到没有找到的结果后，那位母亲忍不住流下眼泪来，哭着央求工作人员再好好找找。当工作人员再次将没有找到的消息告诉他们时，母亲立刻晕倒在地。人们将她送往医院的途中，从她丈夫的口中了解到，原来这位母亲前几天几次给孩子打电话都是关机。于是找到孩子的学校，被告知孩子根本不在学校。她从孩子朋友的口中得知，孩子说要与朋友到峨眉山玩。母亲在那儿等了两天，孩子还是音信全无，她心中越想越担心，于是连忙让丈夫请假，去找儿子。两人连夜从千里之外赶到峨眉山，几天来吃不好，睡不好，听到没有儿子音信的结果后，终于坚持不住晕倒了。

正当他们不知所措时，儿子却忽然来到医院。原来他来过峨眉山，但手机坏掉了，就没能接到父母的电话，也没有及时给家中打电话。修好手机后，打电话时父母已经远赴峨眉山去寻找他了，他以为父母只是出去也没有在意，直到看到了电视上的报道，才得知这一情况。在医院，面对病床上的母亲，儿子号啕大哭，对父母连声道歉，说自己知道错了，下次再也不乱跑了。

电视台对父母千里寻子的事，进行了报道，对父母对子女的爱进行了赞扬。在庆幸儿子和母亲都安然无恙之余，这难道不是一场对所有的子女都十分有意义的教育吗？在我们看来微不足道的一件小事，在父母心中将造成巨大的担忧。我们为了一时的洒脱、自在，让父母心中承受这样的煎熬，如何能心安理得呢？

有时候，因为种种原因，我们不愿意对他人讲起自己的经历，不愿意与他人谈论自己工作的现状，甚至对父母的询问也是推托隐瞒，其实这是不必要的。人之所以如此，往往说明他是一个自尊自强的人，他不愿意在不得意之时和他人谈论自己的工作、事业。对其他人这样无可厚非，但对父母何必有那么多的自尊，那么多的虚荣。一个人无论多么成功都不应该轻视自己的父母，一个人无论多么失败父母都不会嫌弃他，对父母隐瞒就是将父母当外人看待，又怎么能称为孝呢？

　　一个很有志向的青年离开家乡，到城里打工，在登上汽车的最后一刻，他回头看到了家中破旧的院子，看到了遥遥向自己招手的父母，他暗暗发誓一定要衣锦还乡，一定要让父母过上城里人的日子。

　　然而，城市对于一个没有上过多少学、没有什么手艺的年轻人来说，是冷漠而残酷的。年轻人在工厂中干了好几个月，只能拿到微薄的收入，除了吃饭、住宿几乎什么都剩不下。过年的时候别人都回家了，他摸着兜里仅有的几张票子，对自己说：我不能这样回去，不能给父母好的生活，我宁愿不去见他们！

　　这样一连几年，他拼命地打拼，从一个城市到另一个城市，终于有了点自己的小事业。期间，一位碰到他的老乡告诉他，他的父母一直盼着他回去，但年轻人想，我的事业才刚刚起步，我还不能给父母体面的生活，就继续在外面漂泊。

　　终于，他有了自己的公司，有了自己的房子，可以接父母来和他一起享福了。当他回到家中时，院子里空荡荡的，邻居告诉他，他的父母连续找了他几年都没有找到，以为他在外面出事了，成天生活在哀伤之中，母亲更是经常以泪洗面，几年前他们就去世了。

　　年轻人听到这个消息哭倒在院子中，此时，他才知道自己错了，父母需要的并不是他的财富、事业，而是一家人好好地在一起。

　　儿女是父母生活的寄托，是他们未来的希望。告诉他们自己在哪里，告诉他们自己学业、事业如何，不仅是礼节的要求，也是给他们的生活点燃希望，让他们在老年的日子里更有盼头。爱父母就应让他们知道在他们的教育下自己活得很好，在他们的关怀下自己的事业很成功，自己的家庭很幸福。爱父母就应时刻让他们知道自己在哪里，自己在人生的道路上走到何处、走得如何。

# 事虽小，勿擅为

## 原　文

事虽小，勿擅为，

苟擅为，子道亏。

物虽小，勿私藏，

苟私藏，亲心伤。

## 译　文

事情即使很小，也不要背着父母擅自胡为；如果擅自胡来的话，为子之道就有所亏失。东西虽小，也不能背着父母私自藏起来；如果私自藏起来，就会让父母感到伤心。

## 经典解读

不管何时，没有要求子女做坏事的父母。子女之所以隐瞒父母，大多是做一些有违父母教诲的事，私藏一些父母认为不好的东西。这对自己是一种伤害，对父母也是一种背叛，父母希望我们都成为正人君子，我们若不修养自己的德行，做一些令自己堕落、令父母蒙羞的事，岂不有损于孝道？

作为儿女，无论事情大小一定要多请示父母，我们的人生经历毕竟不如父母那么丰富，对事情的看法往往没有父母那么深刻，擅自为之常常导致做错事，事情做错了还能再做，但这样就伤了父母的心，父母会觉得自己的孩子对自己烦了，不想让自己管了，甚至不将自己放在眼中了。东西再小，也不要背着父母私藏，父母对我们是无私的，他们也期望自己的孩子能同样对待他们，如果连些小东西都私藏，父母和子女之间就产生了隔阂，对于父母来说，没有比子女将他们当外人看待，更令他们伤心的事了。

## 哲理引申

### 事前多向父母请教

"勿擅为"、"勿私藏"，就是要"听老人言"，凡事不要私做私为。从小父母就不厌其烦地将他们所知道的那些好的做人道理灌输给我们；长大以后无论做什么，父母都会像小时候那样在我们耳边谆谆教导；有时我们做的事情父母不了解，他们就不停地询问我们、劝谏我们，唯恐我们做错事、做坏事。虽然我们都知道父母是爱我们的，但长大以后，有很多人便会觉得父母过于迂腐了，就开始自作主张起来，不再听从父母的教导，不再询问他们的意见……

俗话说得好："不听老人言，吃亏在眼前。""老人言"，好比陈年佳酿，历久弥新，能够为晚辈提供有益的借鉴。教晚辈如何做人、如何处事，如何面对生活中的各种困难坎坷。父母虽然也有不对的时候，但他们毕竟比我们多经历了几十年的风雨，他们做的事一定有他们的道理，请教他们可以避免很多不必要的麻烦，自作主张则会导致意想不到的损失。

一个女孩子，在网络上认识了一个男孩，男孩长得很帅，能说会道。女孩对他一见倾心，就将其带回家见父母。她的父亲和男孩相处一段时间后，坚决反对他们的婚事，对女孩说："这个男孩子看上去一表人才，但却没什么真本事，满口空话，这样的人是靠不住的。"

但女孩子实在是太相信自己的感觉了，听不进父母的一句劝告，甚至母亲流着泪劝她，她都不听，摔门而出，去找她的男朋友。在全家人的反对中，她坚持结了婚。开始丈夫还对她关爱有加，可他没有正经的工作，为人又十分懒惰，除了外表过得去，能说些甜蜜话，其他的什么也不会。时间长了，两人不断爆发小的冲突，丈夫不仅不赚钱养家，还经常向她要钱，要了钱有时还出去和以前的那些狐朋狗友鬼混，有时遇到不顺心的事甚至打骂她。

女孩十分后悔，经常吵完架之后跑回家，对着父母哭诉自己不该那么任性，不该不听从他们的善言，可一切都晚了。

做事前同父母商量，咨询他们的意见，不但可以保护我们自己，还可以照顾到父母的利益。父母做事有他们自己的原则，很多时候子女为父母考虑，私下里为父母作决定，往往会违背父母的原则，小则惹父母不高兴，大则让父母下不来台，甚至有时还会违背父母一生坚持的原则，损害他们的声誉，如此，做孩子的孝道就亏损了。

一个财主一直以乐善好施而闻名，乡里人对他都很尊敬，他的儿子也一直很孝顺。财主生意很忙，经常每天操劳到很晚，儿子就想自己已经长大了，也该为父亲分下忧了。就留心家中事务，他发现家里一片上等土地一直租给两家农民，租金竟然比下等土地还要少，就建议父亲将土地租金加倍，父亲摇摇头对他说不用管。

儿子觉得父亲可能太忙了，就私下里找到那两户人家，告诉他们需要多交租金。几天后，儿子向父亲邀功道："您让我别管的事我已经办好了！"财主很疑惑地问："什么事？"儿子道："就是南边那些土地加租金的事啊！"他本以为父亲会夸奖他能干，会经营家产，没想到，父亲勃然大怒，让他赶快去把钱退给人家。

后来，财主的儿子才知道，父亲当年落魄之时，多亏那两家人出手相助。为了报答他们，父亲才将那两片土地低价租给他们，如今自己去加钱恰恰是打了父亲的脸，让人以为他忘恩负义。

财主的儿子本想做好事，却险些让父亲背上忘恩负义之名，这就是做事之前不好好和父母商量，不征求他们意见，擅自做主的结果。

擅自行事，不听父母意见，不仅会做错事，还会让父母觉得儿女认为自己老了，不愿再听自己唠叨了，是嫌弃自己了。其实，很多时候，即使我们知道该怎么做，也应该向父母询问一下，这是对他们的尊重，表示自己心中有他们，看重他们的意见。如果问了，不想按他们说的做，也应该向他们讲解明白，告诉他们自己的想法。不能不闻不问，更不能在父母主动指点自己的时候，表现出不耐烦，甚至冷言讥讽他们。

有人总结道，最让父母伤心的举动就是儿女一言不合，转身就走；最让父母伤心的言语就是儿女口中说出的"这是我的事，不用你管"；最让父母伤心的行为就是父母反对的事，儿女擅自去做。

早餐店太忙，贴出告示招收个勤杂工，一位老婆婆找到老板，请求让她留下来帮忙。老板打量了一下她，就说："我看您年纪也不小了，勤杂工忙时会很累，工钱又没有多少，您真的要干吗？"

老婆婆说："没关系，我不在意工钱，只要你们能在这给我安排个住处就行。"

"那没问题，您就留下来吧。"

老婆婆工作起来也算合格，但老板却越来越觉得不正常，这位老婆婆并不像普通劳动者，说话待人都给人一种很有教养、受过高等教育的感觉，她似乎也不是为了钱而工作，每次领工资都漫不经心的，多点、少点也不在乎。于是他留心观察她的行为，发现每天早上，老婆婆都会站在窗边，看着对面的高档小区门口，有时还会流下眼泪。

"一定是儿子不孝顺，将她赶了出来！"老板暗自思忖，"我一定要帮帮这位可怜的老人。"

经过长期观察，他终于确定了老人所关注的那一家三口。趁着老婆婆不知，老板在路上拦下了牵着老婆、儿子的男子，盯着他看了看。

"先生，您是不是认错人了？"

"你是不是有个母亲，嘴角有个痦子？"

"是啊，您怎么认识我母亲的？"

"我看你挺有礼貌的，对妻子儿子都不错，为何却将母亲赶出家门呢？"

"我不知道你在说什么，母亲一直和我们分开住的，我怎么会将她赶出家门呢?"

听他这么说,老板就将一家三口带到店中,叫来了老婆婆相认。

见到对方的时候他们都惊呆了,老婆婆满脸通红,不知所措,而男子则赶上前,吃惊地问道:"妈,您怎么在这里,怎么在做勤杂工?!"

"我想看看你们,又怕你们嫌我烦,就找了这么个安身的地方。"

原来,老婆婆在别的城市定居,儿子一家就住在早餐店对面的小区。她曾经过来和儿子一起住,但因经常打听儿子工作的事,劝儿子在外面应该怎么做,儿子一次脱口而出"好了好了,我知道了,你怎么这么啰唆!"老婆婆心中觉得自己惹人烦了,就搬回自己家。但是在家又想儿子了,又怕再次惹人厌,就偷偷地在儿子住的小区对面找了这个勤杂工的工作,每天在窗子后面,看看儿子一家上下班。

听了老人的叙述,儿子不禁泪流满面。

父母的询问、教诲,无不是为我们好的,可我们有多少时候能够完全理解他们的苦心,又有多少次对他们表示出认同呢?我们一次次刺痛他们的心却茫然不知,这怎么能称为是孝顺呢!

有些年轻人喜欢到处游玩,为了和朋友出去,害怕父母不同意就欺骗父母;有些人喜欢打牌、喜欢上网吧,觉得这没有什么坏处,是父母思想太陈旧,于是就瞒着父母;有些人在一些事情上喜欢自己作决定,害怕父母反对就不告诉父母……

最让父母伤心的几句话:

"好了好了,我知道了,真啰唆!"

"说了你也不懂,别问了。"

"你那一套早过时了!"

"我有分寸,别说了,烦不烦?"

"我该干什么我知道,你别管。"

"这是我自己的事,你别掺和!"

一项调查显示,有百分之九十以上的人都曾对父母说过这类话。也就是说百分之九十以上的人,都曾将父母对自己的爱当作负担,都曾伤害过父母的心。你是否也如此做过？如果做过就永远不要再去做了，就永远不要再去伤害最爱你的那些人了。

# 亲所好，力为具

## 原 文

亲所好，力为具；

亲所恶，谨为去。

身有伤，贻亲忧；

德有伤，贻亲羞。

## 译 文

父母所喜好的东西，应该尽力去置备；父母所厌恶的事物，要谨慎地去除。自己身体受伤，就会让父母亲忧虑。自己道德有失，就会让父母蒙羞。

## 经典解读

人们形容父母对子女的爱，常常说："要什么给什么，要天上的月亮也恨不得摘下来。"子女对待父母，也应该有这种恨不得将月亮摘下来的心情，"子路负米养亲"、"王祥卧冰求鲤"都是这样的故事。子路家中贫穷，但却非常孝顺父母，他自己吃糠咽菜，却到处给父母寻求米。家附近找不到，就到百里以外的市场上去买，赶着背回去给父母做饭，一年四季如此，从不懈怠。王祥的母亲非常喜欢吃鱼，冬天买不到，王祥就自己到河上，脱了棉衣用身体将坚冰焐化，捕捉鲤鱼。

父母所厌恶的事情，就要谨慎地去除，这主要指自己身上的毛病。魏晋时期，有位大学者叫皇甫谧，小时候过继给叔父，淘气得难以想象，整天和村里一些孩子调皮捣蛋，不知好好读书。有一次他从外面抱来一堆水果给叔母，说："叔母，这些水果可好吃了，我抱回来孝敬您，您尝尝吧！"

叔母一看，心想自己家没有这东西啊，一定是他又从哪里偷来的。于是，她把这些水果一下掀到地上，哭着跪在祖宗灵位之前，不断自责说自己没将孩子教育好，让先人蒙羞了。于是，饭也不吃，只是流泪。这下把皇甫谧吓坏了。他开始反思自己，觉得自己做这些事真是不孝，就跪在叔母面前，发誓再也不胡搞了。从那以后，他改过自新，刻苦学习，终于成为当时天下闻名的学者。

小时候生病，父母不吃不睡地守在床边，看着孩子暗自流泪，这恐怕是大多数人成长中都要经历的事。父母最担心的就是孩子的身体，照顾好自己的身体，让他们免去担忧，就是孝顺。父母都害怕自己孩子行为不端，德行不正，误入邪途，为了避免他们的这种忧虑，我们就应该坚守正道，牢记父母的教诲，做个光明正大的君子。

## 哲理引申

### 为父母着想 让父母放心

上面这段话有两层含义。其一，是告诉人们多为父母着想，为他们的生活创造便利；其二，还是告诉人们要听从父母的教诲，遵守父母教给的做人道理，端正自身行为，修养自身品德。

孝敬父母，就要顺应父母的喜恶爱好。父母所喜好的东西，应该尽力为他们置备；父母所厌恶的事物，要谨慎地去除。对于子女，父母都能够清晰地说出他们的爱好，自己的儿子喜欢吃鱼还是喜欢吃猪肉，女儿喜欢红衣服还是黄衣服，他们喜欢出去玩还是一个人读书，喜欢看什么电影、看什么漫画，这都清晰地装在父母心中。然而对父母，他们有什么爱好，他们讨厌什么，很多子女完全不清楚。

有个家庭，曾经很贫穷，每年过年的时候，家里只能买一条很小的鱼，母亲将鱼做好后，就把它分给儿子和丈夫。儿子很小，就问母亲："妈妈，你为什么不吃鱼啊？"母亲说："鱼太腥了，我不喜欢吃。"

　　孩子长大以后，成家了，有一年带着自己的孩子回到了家中。母亲为他们炖了一条大大的鱼，吃饭时他为每个家人都夹了一大块，唯独没给母亲。他对自己的儿子说："吃吧，多吃点，奶奶最不喜欢吃的就是鱼了。"

　　吃完饭，母亲去收拾东西了，儿子在一旁说："奶奶做的鱼真好吃啊！"他自豪地说道："那是，你奶奶做的鱼简直是一绝，比饭店里最好的大师傅都出色。可惜她自己却不喜欢吃。"这时，妻子在一旁问道："一个人不喜欢一道菜，怎么能把它做得如此好呢？"

　　他跑到厨房，看到母亲正将一块鱼肉夹入口中。他当即流下了自责的眼泪，原来一直以来都是母亲关心自己，自己却从未真正地关心母亲。

　　爱自己的父母，就要去真正了解他们喜欢吃什么，他们有什么爱好，他们想做些什么，他们从未要求过我们做什么，但并不代表他们没有需求，对什么都不在乎，只要我们能够做到任何一点小事情，他们都会感到无比的高兴。在做饭时多考虑他们的口味，做几个他们想吃的小菜；抽点时间多陪他们出去走走，陪他们去向往喜欢的地方看看；他们有什么爱好，多提供点方便……其实让父母快乐是很容易的事情。

　　真正的孝子会用一切机会取悦自己的父母。老莱子为了让母亲高兴，七十多岁还穿着花衣装作小孩子的样子给父母创造快乐。

　　有一位司机，他的母亲因腿脚不好，脾气变得很坏。他看到母亲这样，心里十分不舒服。于是就经常在闲暇之时带着母亲出去游玩，在一次偶然的机会，他发现母亲对鲜花十分喜爱。于是他每逢周末就带着母亲去那些鲜花多的公园，母亲的心情果然改善了不少。

　　后来，他想既然母亲喜欢鲜花，何不在自己的家中栽满鲜花呢？于是，每次他到一个新的地方，一定要先去花鸟市场看看，有好看的花就买回来，栽在自家的院子里。若是在路上看到哪家有特别的花，一定要登门拜访，有时他为了一株好看的花，几次上门求人家。他的诚心、孝心感动了所有的人，很快他的院子就长满了各种各样的花。

　　他的母亲每天欣赏着这些花，心情好了，脾气好了，身体也越来越好，最后受伤的腿竟然逐渐恢复了。

让父母快乐，不单单要关注他们的身体，关注他们喜欢吃什么，喜欢穿什么，喜欢什么运动，还要了解他们的志向，从更高的层次上追求孝道。

《孟子》中有这样一段话很有意义："侍奉之事，什么最大？侍奉自己父母为最大。坚守之事，什么最大？守住自身的操守最大。不失去自身操守而能侍奉父母的，我听说过；失掉自身操守而能侍奉父母的，我从未听到过。谁能不侍奉他人呢？侍奉父母是侍奉的根本。谁能不坚守什么呢？坚守自身操守是坚守的根本。曾子赡养曾晳，每餐必有酒肉。将要撤去酒食时，一定要询问父亲是否要将剩下的酒食送给谁。父亲问酒食是否有余时，一定回答'有'。曾晳去世后，曾元赡养曾子，每餐也都有酒肉。将要撤去酒食之时，不询问是否要赠予谁。父亲问酒食是否有余时，他说：'没有了。'这是为了将酒食继续进献给自己的父亲。曾元这样就叫作奉养口体的。像曾子那样，才叫奉养德志的。侍奉父母像曾子那样，才算可以。"

我们奉养自己的父母，不仅仅要奉养他们的身体，更要奉养他们的心志。"亲所好，力为具。亲所恶，谨为去。"不仅仅要考虑到衣物、食物、居住环境，更要考虑到道德操守。父母所希望我们具有的美德，我们去坚守、去获取；父母不希望我们具有的缺点，我们努力去改正，不去做；父母想要为善，我们就支持他们，按照他们的意愿多行善事，这才是真正的孝顺。

从下面这两个历史故事中就能看出什么是真正的孝：

南宋时金兵入侵中原，宋朝国土沦丧，岳飞准备投军报国，他的母亲将他叫到面前，问："现在国难当头，你有什么打算？"岳飞答道："到前线杀敌，精忠报国！"母亲听了儿子的回答，十分满意，让他脱下衣服，在他的背上刺下了"精忠报国"四个字。此后岳飞时刻牢记母亲教训，在战场上英勇杀敌，建立大功。后来，他的功绩遭到秦桧的嫉妒，秦桧向宋高宗进谗言，说岳飞有谋反之心。宋高宗本来就对岳飞要迎回旧帝不满，下令将岳飞下狱治罪。岳飞在外带兵，手下人都劝他不要回去，但岳飞想着母亲的教导，还是回到国都，宁愿受到秦桧莫须有罪名的陷害，也不造反。

东汉末年，天下大乱，董卓带领军队占领国都，废掉天子，另立新帝，独揽朝政，专横跋扈。朝中群臣谁敢反对他的意见，就进行大肆杀戮。天下百姓都对之痛恨入骨。董卓虽然对他人凶残对自己的母亲却很孝顺，好衣好肉地侍奉母亲，还说自己做了天子母亲就是皇太后。然而，董卓的暴行引起了世人的愤恨，司徒王允等联合起来，用美人计将他一举除掉。董卓死后，他的家人也受到株连，他九十岁的母亲被拖出来，拉到市上斩首。

岳飞、董卓，对自己的父母都很尊敬，但他们的孝却大不相同。岳飞恪守母亲的教导精忠报国，成为千古传颂的大英雄，母亲也因他而流芳千古；董卓也想带给母亲富贵繁华，却多行不义，害得母亲也送掉了性命。可以说，岳飞是真正的孝顺，将孝道尽到了极致；董卓心中想孝，却是不孝。

养身是小孝，养志才是大孝。我们在关注父母的饮食安居之时，更要关注他们的心，满足他们的愿望，努力去追求他们对我们的期望。《孝经》中说道："立身行道，扬名于后世，以显父母，孝之终也！"与其天天端茶倒酒，不如勤学励志，与其侍奉左右，不如报效社会，成为一个才华出众，品行端正，对社会，对国家有所贡献的人。

"亲所好，力为具；亲所恶，谨为去"。从身体和志向两个方面，给父母他们喜欢的，去除他们所厌恶的，才是对父母最大的孝顺，才会让他们得到最大的快乐。

## 爱惜身体就是尽孝

孟武伯向孔子请教孝道。孔子说："父母唯其疾之忧。"对于父母来说，最值得担心的就是儿女的健康，作为儿女应该体会到父母的这种心情，在日常生活中多注意身体，少让父母担心，这就是孝了。"身有伤，贻亲忧。"一个人身体受到伤害，最为他担忧的就是他的父母，承受压力最大的也是自己的父母。

现在社会上年轻人的确很不容易，很多东西都要自己一点点拼搏去争取，很多梦想都要一步步踏实地努力去实现。有些年轻人很有责任心，梦想着努力工作改善经济条件以便更好地赡养父母，为妻子、孩子创造更好的生活环境，这种想法是值得肯定的，但努力也不能太过头了，若是为了报答父母，而累坏了自己的身体，那留给父母的就不单单是孝心，而是忧心了。

一个年轻人，大学毕业以后，找了一份IT编程的工作。这份工作十分辛苦，但他放弃了留校任教的机会，选择了这份工作，就是因为它薪资高，那样就可以更好地养家了。

年轻人上大学很不容易，父母身体不好，弟弟妹妹都还小，为了供他读完书，一家人省吃俭用。如今终于毕业了，他迫切地希望参加工作，把自己的知识展现出来，回馈长期默默为自己付出的家人。参加工作以后，年轻人工作十分努力，很快就在同一批员工中脱颖而出，得到了领导的赏识。为了赢得更好的机会，也为了回报公司，他几乎将自己所有的精力都投入到了工作之上。

一次，公司让他负责一个项目，这个项目进度紧，难度大，很多老同事都觉得有困难，他却毅然承担下来。成为项目负责人以后，他经常加班加点，工作到凌晨是常事。有时觉得晚了，就冲碗方便面，随便对付一口，在公司里打地铺，第二天睁开眼睛就开始工作。这样连续奋战了一个多月，原本身体健壮的他也显得消瘦了，每天带着黑眼圈，无精打采的。同事都劝他休息休息，他却总是笑着说："没关系，项目紧，等忙完了一起休息。"

忽然有一天他加班时对同事说自己太累了，有些不舒服，想回去休息一下。同事都知道他辛苦，应该休息了，也没有在意。可第二天很晚，他还没有来上班，这是从来没有过的事情。打他的电话，电话不通。同事们感到事情不妙，连忙赶去他的住处，发现他倒在地上，昏迷不醒。送到医院后，还是没有抢救过来，一个勤恳努力的年轻人就这样没了。医生说，他是因为长期得不到正常休息，以致过度疲劳猝死的。

年轻人去世了，最难受的当然是他的父母。两位老人经受不住这巨大的打击，双双病倒，一下子苍老了好几岁。

自己身体受伤不仅不能承担起赡养父母的义务，还会给父母造成无尽的压力。爱惜自己，在一定程度上就是孝，所以古人强调"身体发肤，不可轻伤"。汉代王阳赵益州任刺史途中，走到九折坂险道，说："奉先人遗体，奈何乘此险？"于是驱车而返，后人对此大加赞赏。

孝顺父母，就应该懂得以他们的忧虑为忧虑，以他们的快乐为快乐，让他们担忧的行为不要去做，可能伤害自己的活动不要参加。作为小学生要遵守纪律，不要和同学相互打闹，很多学生喜欢在桌子上跳来跳去，喜欢和同学开玩笑，趁人不注意将笔放在人家座位上扎人家一下，将凳子撤去摔别人一个屁墩，这都是很危险的事，极容易给自己和同学带来极大的伤害，让两家的父母都伤心、痛苦。为了自己、为了父母都应杜绝这种行为。

作为成人在工作、生活中应该注意身体，很多人因为工作关系与领导、同事，在饭桌上相互拼酒；很多人为了追求刺激，经常参加一些极限运动，为了显示勇气在保护措施不足的情况下身入险境……人在做这些行为之前，都应该好好想一想，这样是否对自己有好处，万一自己身体出了问题父母怎么办？他们会有多么伤心，谁去照顾他们？

爱护自己，还要完善自己的修养。有些人脾气不好，和人一言不合就大打出手，闹出了事故，自己被打伤了，父母伤心，自己打伤了别人受到惩罚，父母同样伤心。孔子说："一朝之忿，忘其身，以及其亲，非惑与？"如果一个人出于一时愤恨，忘记了自己的身体和亲人，做出非理性的行为，这难道不是一种迷惑吗？这样的人能称为孝子吗？

我们的生命是父母赐予的，我们所承载的不仅仅是自己的事业、幸福，还有对父母的赡养责任，一个不爱惜自己生命的人，就是放弃、逃避这种责任。很多人为了一点小事，就不爱惜自己的身体，殊不知这种行为所伤害的正是那些真正爱自己的人。想到那些失去儿女的父母忧愁的面庞，想想没有自己时父母孤苦伶仃的状况，我们怎么敢让自己轻易受伤，怎么敢轻易冲动，让父母失去依靠呢？

## 亲爱我，孝何难

### 原　文

亲爱我，孝何难？
亲憎我，孝方贤。

### 译　文

当父母喜爱我们的时候，孝顺是很容易的；当父母不喜欢我们时，还能够依然顺从父母尽孝才是真正的贤能。

### 经典解读

父母爱子女是常情，但有些时候，因为种种原因，父母可能对子女心生不满，甚至厌恶，这个时候子女应该如何做呢？是去和父母赌气，以怨报怨吗？我们的生命是父母赐予的，即使父母再不对，再不通情理，他们都是我们的父母。真正的孝子，是不会和父母对抗的，受到责骂不去争论，受到委屈不敢怨恨，而是用自己的孝顺去感化他们，重新得到他们的爱。

孟子曰："大孝终身慕父母。"就是说儿女无论多大，都应该期盼从父母那里得到爱，这种爱是天下最温暖的东西，是所有的其他感情所不能替代的。既然终身慕父母，还如何敢怨恨父母呢？

舜帝的父亲、继母、弟弟多次迫害他，他不仅不心怀怨恨，还对他们更加恭敬、爱护；闵子骞的继母虐待他，用芦花给他做棉衣，当父亲为他出气时，闵子骞却跪在地上为继母求情；王祥的继母想要杀害他，王祥不仅不怀恨报复，反而真诚相待，侍奉继母更加孝顺……他们的行为最终感动了亲人，得到了亲人的爱，他们也成为中华民族千古称颂的孝之典范。

相反，现在新闻上出现很多子女不赡养父母的报道，当媒体进行深入报道后，很多子女以父母行为不端，小时候他们对自己不好，他们年轻时就不赡养爷爷奶奶为借口。而社会舆论也大部分转向，认为这是老人自己作孽所致，甚至认为这些老人不值得同情。其实，这种舆论观点是不正确的，孝是每个人的做人底线，父母曾经如何做那是他们的事情，他们曾经做错了，难道我们今天的人就还要继续错下去吗？他们无论做过什么错事，曾经如何对待我们，都是父母，赡养他们、爱护他们是我们的责任。如果今天我们继续他们的过错，那么我们老了呢？难道也希望我们的子女继续我们的错误？难道不孝之风要在我们的身上继续传递下去？

亲人爱我，我孝顺他们是应该的；亲人不爱我，我孝顺他们依然是应该的。爱不爱在于亲人，孝不孝却在于自己，用别人的错误来给自己的过错找借口，本就是不应该的。孟子云："舜何人也？予何人也？有为者，亦若是！"舜能做到孝顺，爱不喜爱他的父母，我们也能。每个人的本性都是善良、慈爱、孝顺的，只要我们能以那些先贤为榜样，真正做到"孝顺"两字，一定能够感化父母，得到他们的真爱，也能教育我们的后代，将孝顺传递下去，还能感化身边的人，将孝顺传播开去。从自己做起，创造出一个互爱互助、和睦共处的和谐社会，才是我们最应该去努力的！

## 哲理引申

### 用孝行改变世界

"亲爱我，孝何难？亲憎我，孝方贤。"这段话的核心思想就是告诉我们，无论父母怎样对我们，我们都要用孝心去侍奉他们。他们爱我们，我们也要爱他们；即使因为种种原因，他们对我们有误会，不喜欢甚至憎恨我们，我们也依然要爱他们、敬他们。只要我们竭尽孝道，总会感动父母，重新获得他们的认可的，孝行的力量是无穷的。

对一些人来说，尽孝是相当困难的，父母在他们眼中是一种负担，照顾父母、赡养父母是一种折磨，这不仅是道德的缺失，更是一种愚昧。孝不是负担，而是一种最大的福气。有人说孝顺父母，为改命之源。孝顺能让我们的生命变得不同，能让我们的人生得到升华。

孝行的力量有多大？很多人想不到，觉得孝行只是让自己的父母开心一点罢了，还能带来什么好处呢？其实，孝的力量大得很。《孝经》开篇就提到：孝是"至德要道"，可以"顺天下"，使"民用和睦，上下无怨"。舜就是因为孝顺而被尧帝发现，从而最终得到了整个天下，治好了整个天下。中国古代有种官员选拔制度叫作"举孝廉"，就是指国家选用那些孝顺长辈、廉能正直的人出来做官，无数出身贫穷之家的贤人因为孝行而改变了命运。

孝顺让我们更长寿。一位七十多岁的老人，每天都要到集市上去做生意，往来走路十几里，身板比年轻人还硬朗，有人问她："您为何身体这么好呢？"她回答："我每天还要照顾我母亲，身体不敢不好点啊！"人们又去问她九十多岁的母亲："您长寿的秘诀是什么？"老人说："女儿对我照顾得好着呢！"

孝顺让我们更幸福。父母是人生的本源，孝顺他们就是护养我们的生命之根。如果违背了孝道，不管如何努力、拼搏也只能是以衰败而告终。就像树木，树枝树叶修剪得再好看，根上不浇一滴水，最终也只能是枯萎衰败。我们每个人都渴望生活幸福美满，事业顺利，都有好运。因此我们应对自己的根、对我们的父母用感恩的心去照顾他们。这其实既是对自己生命的关爱，也是对自己生命的感恩之举，是让自己幸福的必然途径。

孝顺让我们更易于成功。有一个虔诚的信徒跑到寺院烧香祈祷，希望自己能够成功，旁边的老禅师听到，笑了一声就说："佛在心中，孝心吉祥；愿在心中，顺心如意；事业在心中，正心圆满。"信徒不解，禅师告诉他："成功愿望要积德行善才能够获得，积德行善首先就要有孝心，没有孝心的人，佛也不会佑护你；如果你想成就愿望，必须顺从父母的意志。父母对我们恩重如山，只有尽孝报恩才能增添你的福报，如此才能心愿如意，才可事业圆满。与其诚心求佛，不如赶紧回去孝顺老人家，百善孝为先，功德从孝生。"

当然，尽孝并不是为了获得名声、财富等，但美德就是如此，你不想用它求取什么，它自动就能为你带来无尽的好处。人们常说的"好人得好报"、"积善之家，必有余庆"就是这个道理。孝顺作为美德之首，它的力量就更加巨大了，小到可以改变一个人的命运，大到可以改变整个社会环境。

法国南部有一个叫马尔蒂夫的小镇，这里气候干燥，河流稀少，但镇上的人过得还都比较幸福。然而这一切都因为附近化工厂的一次毒气泄漏事故而改变了。虽然当时没有多少人罹难，但几年以后小镇上的人经常生一种奇怪的肺病，生病的人都呼吸困难，十分痛苦，但医生怎么也查不出病因，只能看着病人在痛苦之中等待死神的降临。

小镇上有一位叫希克利的青年学生，他母亲早逝，从小与父亲相依为命，对待父亲十分孝顺。然而不幸的是，他的父亲也忽然出现了那种病的症状，经常咳嗽，胸闷气短。希克利十分伤心，他不想失去唯一的亲人。

为了帮助父亲治病，希克利走遍各大城市，遍访名医。终于一位医生对他说，他曾经见过这种病，这种病没有特效药，只能靠慢慢养护，空气中有害物质太多就会加重病情，只有生活在空气新鲜的大森林中病人才有一丝痊愈的机会。

将家搬到大森林中有些困难，而且父亲也不愿离开自己生活了一生的家。看着门前光秃秃的土地，希克利灵机一动："村民们都是因为空气不洁净而生病，为何不种一些树呢，这样既能改善环境，让父亲生活在洁净的空气中，也能帮助村民挽救这个小镇了。"

希克利买回很多树苗，开始在自家门前挖坑栽培树木。他呼吁其他村民也开始种树，但村民们都说："我们的小镇，一直就干旱缺雨，根本不适合种树。"他们劝希克利放弃不现实的想法，连曾经教导他的老师也认为这是愚蠢的，是异想天开。

面对这些劝告和打击，希克利没有放弃，他将一切闲暇时间都用在种树上，自己家的门前种完了，就去镇上的空地种。每天早晨起来，希克利干的第一件事就是看树苗长了多高；每天放学的第一件事，就是给这些小树浇水；一听到有适合干燥地区生长的树苗出售，他就不辞劳苦，跑去买回来栽种；遇到恶劣的天气，希克利就用帐篷将树苗保护起来，精心地呵护它们。村里人看到他这样，都将他称为怪人。

令人惊喜的是，希克利第一年栽下的一百多棵树苗，竟然活了43棵，这更加坚定了他的信念。当他毕业的时候，他家的门前已经出现了一片苍翠的树林，为了照顾父亲，照顾树林，希克利留在镇里做了一名卡车司机，有空的时候，他就护理那些小树。一年又一年过去了，希克利家周围树木成林，他常常搀扶着父亲到林子里散步，老人的脸上渐渐有了红润之气，咳嗽也比以前少多了，体质大为增强。

1998年秋天，希克利遭受了两次沉重的打击：他的妻子在一次车祸中不幸身亡；他的树林发生严重的病虫害，树木成片枯死。但他没有被击倒，依然顽强地抗争着。他这种孝顺的品质和顽强的精神感动了一名美丽女孩，他们结了婚。婚后，一起护理树木，他的树林越来越茂盛。

小镇上的居民目睹了希克利创造的奇迹：绿色的树林，渐渐占据曾经的不毛之地，带来新鲜的空气，引来歌唱的小鸟。居民们纷纷投入到种树的行动中，小镇的树木越来越多，树木的面积扩大到数百公顷，将昔日淹没在黄色大地上的小镇，变成了一片绿色的岛屿。

后来，医学专家对希克利的父亲再次诊治，发现他竟不可思议地痊愈了。小镇上空气条件改善后，患病的人也越来越少了。人们都说是希克利"坚定不移的信念和积极向上的精神状态，治好了自己的父亲，治好了全镇人们的病!"希克利的行动,感动了法国人民,他被评为"全法国最健康和最孝顺的男人"。

孝顺的力量是无穷的,它不仅可以改变一个人,还会改变一个世界。

如果你想让儿女爱你,就去好好爱你的父母;如果你想让身边的人相信你,就好好去爱你的父母;如果你想让上司赏识你,就好好爱你的父母;如果你想得到永恒的成功和幸福,就好好去爱你的父母。孝顺,不仅是一项义务,更是一件福利,对父母的爱是打开世上一切幸福之门的钥匙!

# 亲有过,谏使更

**原　文**

> 亲有过,谏使更,
>
> 怡吾色,柔吾声。
>
> 谏不入,悦复谏,
>
> 号泣随,挞无怨。

**译　文**

父母如果有过错,应该小心劝谏,使他们改过向善。劝谏时态度要诚恳,声音要柔和。父母如果不听,那就等他们心情好时,再次劝谏。为了帮他们改正过错,即使号泣相随,也要去做,即使遭到了父母的鞭挞,也无怨无悔。

**经典解读**

"人非圣贤,孰能无过"。父母也难免会犯种种错误。他人犯了错误,我们可以明哲保身,但父母犯了错误,我们却不可以视而不见。父母有过错对其漠不关心,视而不见是没有亲爱之情;父母有过错对其包庇隐瞒、纵容助长父母的过错是坑害父母。《孝经》中说:"……父有诤子,则身不陷于不义。故当不义，则子不可以不诤于父……"就是说，儿子要对父母的过错进行诤谏，不能让他们陷入不义之中，这才是孝。

但劝谏父母的方式一定要和他人有所区别，不能伤了父母的面子，更不能埋怨他们、声色严厉地责备他们，让他们伤心。孟子说："父子不责善。"就是说父子之间不能像普通人那样以道义相互责备，相互责备就会产生隔阂，产生隔阂就会损害父子之间的亲情。所以，劝谏父母要用委婉、柔和的方式，要保持自己态度柔顺，声音温和，既要让父母知晓过错，又不能损害与他们之间的亲爱、信任之情。

唐太宗李世民年轻时随父亲一起打天下，在一次作战中，父亲作出了一个不好的决策，李世民发现这个决策会导致全军覆没。于是他力谏父亲，让父亲改变主意。但父亲不听，甚至骂他，你小小年纪，懂得什么！战斗开始之前，李世民非常焦虑，晚上睡不着觉，又不能强硬地违背父亲的命令，于是就在父亲的军帐外面大声地哭泣，哭得很凄惨，父亲听了之后心中感动，决定静下心来再次考虑一下儿子的建议，这次他想通了，于是就改变了军事计划，保全了这支军队。

李世民在这次劝谏父亲中就很符合孝道，没有出语强硬，而是用父子间的真情打动了父亲，令父亲认识到自己的错误，挽救了整支军队。

### 哲理引申

## 永远不要嫌弃自己的父母

这段话主要是告诉人们如何对待父母的缺失和错误。每个人都不是完美的，父母也是这样。他们有什么缺失我们都不能嫌弃，他们有什么过错我们都要谨慎耐心地去劝谏他们，帮助他们改正，而不是讨厌他们，躲避他们。遭到儿女的厌恶是父母最痛苦的事，不被儿女认可是父母最不幸的。

一位母亲听说儿媳为自己生了个小孙女，兴奋异常，当即带着为儿子、儿媳准备的土特产，早就为小孙女做好的衣服去探望。可是，当她转了好几次车，千里迢迢地赶到儿子居住的城市时，儿子却推托自己去外地出差了，没法接她。没法接自己也能去，于是母亲向儿子询问住处的地址，儿子却支支吾吾，最后，被逼问得没办法了，就告诉母亲："你长得太难看了，我怕你儿媳见了你吃不下东西。"这位可怜的母亲，听到这里悲痛欲绝，带着自己为儿孙准备的东西孤独地回家了。有什么痛苦能比让儿女嫌弃更大，有什么样的过错比嫌弃自己的母亲更大！

俗话说："儿不嫌母丑，狗不嫌家贫。"什么东西不满意都可以换掉，但父母是与生俱来，永不可改变的。每个人都是母亲一把屎，一把尿拉扯大的，每个人都是喝着母亲的乳汁，在母亲的臂弯中成长起来的，你可以嫌弃任何人，却绝对不能嫌弃自己的父母。也许你的父母有这样那样的缺点，有这样那样的错误，他们长得不好，没什么才能，但对你而言他们就是天，就是地，是他们给了你生命，给了你现在的一切。无论他们如何，是否完美，你都应该毫无理由地去原谅他们，去爱他们。对你来说，世上没有比他们更好的人。

当父母老了，反应迟钝了，不能再照顾自己了，不要嫌弃他们，耐着性子去了解他们、关心他们，因为当我们年幼行动笨拙，不能照顾自己时，他们曾耐心地照顾我们；当父母变得糊涂，总是重复地做同样的事，总是重复地说同样的话时，不要厌烦他们，因为当我们小的时候，他们一遍遍地讲着同样的故事，哄我们入睡。当父母不小心打碎饭碗时，不要责备他们，我们小时经常做同样的事，他们从未因此而厌恶我们，总是小心地收拾碎碗，唯恐割伤我们的手指；当父母的腿脚不听使唤时，走过去扶起他们，因为很多年前，也是他们扶着我们走出了第一步；当父母靠近我们，不要觉得生气，不要觉得负担，多年以前我们任性地吵着寻找他们的怀抱时，他们都耐心地接纳了我们；当父母做了错事，有很多缺点时，不要因为害怕他们为自己丢人而厌恶他们，多年以前他们从未因害怕我们为他们丢人而抛弃我们……

学校就要放假了，小比利却怎么也高兴不起来，因为明天班里要召开一次家长会。别的同学都以自己的父母为荣，希望在同学面前炫耀一下自己的父母，可比利却害怕自己父母到来。他的父亲是一个花匠，每天穿着破烂的工作服，脏兮兮的，"如果真的来到班上，自己以后还如何在同学面前抬头呢？不行，我一定不能让父亲来学校。"

比利不准备将学校开家长会的消息通知父亲，可在吃晚饭时，父亲却忽然抬起头，问："你是不是有什么事还没对我说啊？"

比利惊慌地答道："没，没有了。"他不敢抬头，尽量将眼睛转向一边，"眼看就要放假了，还能有什么事？"

"噢，原来这样啊！"父亲也没有再说什么，继续吃饭。

第二天，每个同学的家长都来到班上，只有比利孤零零的一个人，面对老师同学们的询问，比利说："对不起，我的父亲工作有点忙，没能赶来。"

当放学的时候，忽然有人大喊："天啊，有人开枪杀人了。"

所有人都乱成一锅粥，来参加家长会的父亲都紧紧地护着自己的孩子，比利无助地站在操场上，不知所措。人流将他冲来冲去，他的眼镜都掉在了地上。比利急得眼泪不由得掉落下来。这时一只大手，从背后伸来，将他拉到一旁。这熟悉的泥土气味！"爸爸！"比利不禁叫道。果然是父亲，他穿着一套合体的西装，身上没有一丝泥土。

"爸爸，您为何来了？"比利拉着父亲的手臂问道。

"我昨天听约翰的父亲说，今天学校要召开家长会。你一定是忘了告诉我，我怕别人的家长都来了，你会感到孤单，就连忙赶来了，我一定来晚了吧？"

"不，您来得正好。"

枪击事件只是一场误会，比利忽然发现自己的父亲才是最好的人，那种泥土的味道才是最可爱的味道。

后来，比利从母亲的口中得之，那天晚上，父亲沉默了很久，第二天早上专门去买了一套西服，赶去参加比利的家长会。父亲并不是没有钱，他之所以生活简朴，不顾小节，一直是在为比利上大学积攒学费。

"对不起，父亲。我故意没告诉你要开家长会的。"比利终于鼓起勇气，对父亲坦白了自己的错误。

"没事，儿子，是我平时太不注意形象，让你害羞了。"

"不，您是世上最好的父亲，无论您穿什么都是最棒的！"

比利很幸运，他的一次小小虚荣，让他认清了自己父亲的伟大，认识到了自己的父亲才是最棒的。

我们受到了教育，看到了更好的世界、更出色的人，也看到了父母身上的不足，看到了他们与他人的差距，但你要记得，你之所以能走出原来的世界，之所以能得到受教育的机会，这都是父母辛勤劳动，省吃俭用，供你上学读书而来的；他人再好、再出色，也不会像你的父母那样爱你、那样关心你。只有自己的父母才会对自己不离不弃，对自己百般包容，他们才是你最应该尊敬的人，是你最值得珍重的！

# 亲有疾，药先尝

## 原　文

亲有疾，药先尝，

昼夜侍，不离床。

## 译　文

父母生病时，子女应当尽心尽力地照顾，喂父母药时一定要自己先尝一下。父母病情沉重时，要昼夜服侍，不能随便离开。

### 经典解读

"亲有疾，药先尝"。父母在喂小孩喝粥时，每次都要自己先尝一下，唯恐烫到孩子，这是出于对子女的关爱，同样，子女在喂父母药时，也应该先尝一下，看看药是否太烫，是否太苦。父母病重了，子女要不离床头，以免父母有事找不到自己，或是遇到什么状况，身边没人照看。

西汉时汉文帝刘恒就是这样一个大孝子。有一次，文帝的母亲患了重病，一病就是三年，卧床不起。他亲自为母亲煎药汤，并且日夜守护在母亲的床前。每次看到母亲睡了，他才趴在母亲床边睡一会儿。文帝还天天为母亲煎药，每次煎完，自己总先尝一尝，看看汤药苦不苦、烫不烫，自己觉得差不多了，才给母亲喝。

长期照顾病中的父母也是最难做到的事之一，我国有句古话叫"久病床前无孝子"，这不是绝对的，但对于常人来说大多是如此。很多人平时能够做到恭敬孝顺，但随着父母生病时间的加长，对父母的耐心便渐渐消失了。对病床上父母的召唤开始懈怠，对父母的照顾开始应付，甚至怨恨父母拖累自己，开始厌烦他们。这其中有很多原因，生活的压力，病人要求的不合理，长时间的劳累……但总的来说，还是存在孝心的不足。但要知道，父母照顾我们时，从来没有感到厌烦，感到被拖累，而且世上有的人真正能几十年如一日地照顾病中的父母。父母能做到的，他人能做到的，自己却没有做到，还如何找借口呢？

"路遥知马力，日久见人心"，父母生病便是对子女的一场考验。有些人平时有孝名，但父母一生病，他们就无法坚持下去了。有些人则真正地为了父母不辞劳苦，为了给父母治病甘愿做任何事情。古代有"割肉事亲"的故事，现代也有捐献自己肾脏救母亲的人，在这些人面前，那些不能在病床前和颜悦色地对待父母，不能长期不厌倦地奉养父母的人，还有什么资格称孝？

**哲理引申**

## 善待父母 及时行孝

"亲有疾，药先尝，昼夜侍，不离床。"这段话就是告诉人们要善待自己的父母，没有人比他们更值得珍惜了。很多人因为工作、事业，没能在父母生病的时候好好照顾他们，等到他们去世以后，才知道自己错过了最该做的事情——床前尽孝。无论其他方面多么成功都不能弥补这种心灵上的亏欠，所以趁着父母健在时，好好善待他们，等到"子欲养而亲不待"时，再多的后悔也没用了。

儿女是父母最珍重的宝贝，他们为了儿女什么难事都会去做，什么苦楚都会去吃，什么委屈都能够忍。小时候我们病了，晚上找不到车辆，父母就背着我们，在黑夜中奔向医院，那颠簸的脚步，那一步一口的深深喘息，是我们一辈子都还不了的恩情；我们发烧时，父母吃不下、喝不下地守在病床之旁，我们病好了就是他们最大的欣慰；我们身体受伤时，他们急切地奔到医院，恨不得让自己代替受伤的儿女……

儿女病了父母没有不担心的，可父母病了儿女能够做到敬之如一，不离不弃的却很少。人们常常感慨"老牛舐犊，而犊不知舐老牛"，越是在父母生病之时，越是能看出一个人的孝心。

一个面包师，最近每天都生活在烦恼之中，本来一家人生活得好好的，可母亲忽然病倒了，经检查是中风。这病很难治好，病人身体不能行动，吃喝拉撒都需要他人照顾，刚开始他还能耐心照看母亲，可时间长了心中就有些不耐烦了。他觉得母亲的事越来越多，病已经让她变得糊涂了，精神已经不正常了。喂饭时明明已经不烫了，她却将口中的食物都吐了出来，弄脏了一大片；隔一段时间就要求去卫生间，去了又没有；喝药时总是嫌药苦，还像个小孩一样要人哄……

面包师觉得自己快受不了了，正当他要打电话给妹妹，和她商量把母亲送到她家里去时，忽然发现一只猫正在窗台上偷他的面包。面包师心中烦闷，拿起一根木棒就打了过去，猫惨叫一声向前跳去，刚跑出两步，却又一瘸一拐地回头叼起一块面包。面包师很生气，心道："连你都来找麻烦，我一定抓住你，好好惩罚你一顿。"

他转过墙角，却看到猫正奋力地跳上另一侧的墙台，可刚才腿被打伤了，跳了好几次都没上去。面包师很好奇，这只猫的腿被打伤了，一定很痛，他不知道是什么让它如此执着，忍着疼痛跳上墙台。他走过去，看到墙台上有个简陋的猫窝，一堆小猫正在嗷嗷待哺。

面包师眼中忽然湿润了。他想到小时候母亲关爱自己的种种情景，想到了母亲对自己无怨无悔的照顾，再也没有动过将母亲送走的念头。

从此以后，面包师每天最早的一件事就是帮助母亲活动筋骨，吃饭时都是母亲吃好后自己才吃，喂药时一定要自己先尝过，不烫了才喂给母亲。母亲在他精心的照顾之下，竟然慢慢地痊愈了。当人们问医生，为何她康复得如此快时，医生说道："这不是我的功劳，完全是她儿子的孝心创造的奇迹！"

《诗经》中说："父兮生我，母兮鞠我。抚我畜我，长我育我，顾我复我，出入腹我。欲报之德，昊天罔极！"父母的恩情，高于天，深于海。世上最不能等待的事，就是孝顺父母。他们在身边时，要好好爱护他们，他们生病时要好好照看他们，不要等失去了报恩的机会再去痛哭流涕！

孔子说过："父母之年，不可不知也。一则以喜，一则以惧。"随着我们一天天长大，父母也一年年衰老。他们的年龄和身体状况是儿女们应该时刻放在心上的，每天看到父母都应有喜惧两种心情。喜的是他们还健在，我们还能陪伴在他们身边；惧的是他们不断衰老，身体也一天比一天差。

有些人父母在时，没有珍惜他们，忽然有一天他们离去了才知道失去了人生中最宝贵的感情，到了那时"子欲养而亲不待"，一切后悔都来不及了，只留下无尽的悔恨和遗憾。亲情还是事业，是很多人都会面临的选择，我们从出生开始就沉浸在亲情之中，觉得它是不会离我们而去的，而事业却是刚刚开始，还有很长的路要走，于是作出了错误的决定。其实，正是因为亲情与生俱来，它才是无法代替的，事业从什么时候开始都不晚，而亲情一旦失去了，就再也无法挽回了。

一个23岁的青年，得到了他长期梦想的去海外工作的机会，正当他满心欢喜地要将这个喜讯告诉家人时，却忽然接到家人传来的噩耗，他的父亲忽然晕倒，不能动弹了。青年连忙赶到医院，经过重重检查，医院确诊他的父亲患了脑出血，以后可能就成为植物人了。

哥哥姐姐都成家了，家中也挺困难，他不想再去麻烦他们。母亲一直体弱多病，弟弟又患有先天性肢体残疾，不能就业，父亲这个家中的顶梁柱又忽然倒下，全家的重担一下子都落在了他肩上。"去海外的日子就要接近了，可家中这种光景，自己哪能走呢？自己走了母亲如何能承受得住？"思量再三，青年毅然找到领导，推掉了去马来西亚工作的机会。父亲、弟弟都需要照顾，看着母亲过于劳累，他又向单位请了长假，在家中亲自照看父亲。

为了防止父亲长褥疮，他每隔半个小时就给父亲翻一次身，白天还要把父亲扶到轮椅上坐半小时到一小时，而且还要给父亲按摩、敲背五六遍。为了让父亲躺着舒服，他用八个枕头垫在父亲的后背、腿下等不同部位，并不时进行调整。

父亲自己不能吞咽，青年每天都要一勺一勺地喂父亲吃下五顿饭：从早上5点，到晚上12点，他都要陪伴在父亲身边。后半夜再由母亲替换。父亲平时比较整洁，爱干净，为了让他在病重时还能穿得整洁一些，青年每天都要洗两大盆衣服或床单等衣物。母亲心疼儿子，让儿子去工作，自己照顾老伴，可儿子说："你可不能倒了，要那样，两个人我也伺候不过来呀！"

长期请假，他下岗了。但他并没有发出任何怨言，他说："为了父亲工作算什么。"他不再想着去国外工作的事情，照顾父亲就是他最大的工作。照顾父亲25年，48岁的青年早已过了该成家的年纪。他说："如果成了家，肯定会以家庭为第一位，照顾父亲的时间就少了；而我不成家，那父亲永远是第一位。这么些年来，有许多人要给我介绍对象，但我不能放弃父母家庭，我首先要做好的是一个儿子的角色。我觉得我很满足。"

有些人问他，失去这么多，会不会感到遗憾，以后会不会后悔。他说："父亲的病我治不了，但在生活上、精神上给他安慰、照顾，却是我能做到的。只要父亲活着，我就感到高兴，感到幸福。"

他说，现在有些人以为钱是最重要的，其实人的生命才是最宝贵的，其他都是次要的。父母是最无私的，他们给了我生命，所以我就要全力以赴地保护他们，让他们幸福地度过晚年。

青年的父亲生病是不幸的，但他又是幸运的，能有一个这么孝顺的儿子。青年失去了很多，但他却比很多人过得更加充实、更加快乐。在对父亲上，他无愧于自己的良心，他做到了一个儿子能够做得最好的。即使父亲走了，他也能拍着自己的胸脯说，自己做到了应该做的。

行孝当及时，趁着父母健在时，就要好好地去爱他们、照顾他们。不要总以为来日方长，总以为机会常有，人生如白驹过隙。父母年龄比我们大，注定他们只能陪伴我们一段路程。若是为了事业、为了享乐、为了功名利禄，而忽略了父母，你的生命中必将增加一些再也无法挽回的遗憾和痛苦。

# 丧三年，常悲咽

## 原　文

<blockquote>
丧三年，常悲咽，<br>
居处变，酒肉绝。<br>
丧尽礼，祭尽诚，<br>
事死者，如事生。
</blockquote>

## 译　文

父母去世后，应守孝三年，在这期间要常怀悲伤之心，以追思、感念父母的养育之恩。自己生活起居必须调整，戒绝酒肉。举办丧事应该合乎礼节，祭祀先人应该怀有诚意。侍奉死去的亲人，应像他们生前一样恭敬。

## 经典解读

《论语》中有这样一段记载：

孔子的弟子宰我说："服丧三年，时间太长了。君子三年不讲习礼仪，礼仪必然败坏；三年不演奏音乐，音乐必然荒废。旧谷已经吃完，新谷已经登场，钻燧取火的木头轮过了一遍，服丧一年就可以了。"孔子说："丧期不到，你就吃稻米，穿锦缎，你心安吗？"宰我说："我心安。"孔子说："你心安，你就那样去做吧！君子守丧，口吃美味不觉得香甜，耳听音乐不觉得快乐，居住在家不觉得舒服，所以才不那样做。如今你既觉得心安，你就那样去做吧！"宰我出去后，孔子说："宰我真是不仁啊！子女生下来，到三岁时才能离开父母怀抱。服丧三年，这是天下通行的丧礼。难道宰我没有从他的父母那里得到三年的爱吗？"

父母去世，守丧三年是古礼。人一出生，父母就将我们抱在怀中，直到我们能够蹒跚行走，这期间父母吃不好、睡不好的时间要远远超过三年。子女在三年中为父母守孝，正是为了追思、感念父母的养育之恩。

出生、死亡是人一生最重要的事情。父母活着的时候为他们庆祝生日，父母去世以后为他们举行祭祀，都是儿女表达孝的重要方式。真正孝顺的人，很难接受父母离去的现实。当想到父母一把屎一把尿，用尽心力，累到腿疼腰弯、耳聋眼花，一生辛苦地把我们培育成人，而自己报答父母之恩还不及万分之一时，眼泪就忍不住掉下来。心中存有这样的感情还会吃好的、穿好的、用好的，去花天酒地吗？缅怀父母守丧三年，戒绝酒肉，是对逝去亲人的一种尊敬和哀悼的表达。

**哲理引申**

## 孝在于情哀 不在于礼奢

这段话的内容是告诉人们要遵守丧葬礼节，在父母去世以后要怀有敬爱、追悼之心。但在理解这段话的时候，首先要懂得礼节是为了表达自己的感情，孝顺要真正发自内心，而不是止于丧礼形式。真正有孝心的子女，就应该在父母生前好好孝顺他们，而不是在他们去世后，专门为了做样子、显示自己的孝，而大办丧礼。孔子说过："丧与其易也，宁戚。"丧礼不在于奢华与否，最重要的是表达儿女悲戚的心情。有这种悲戚的心情，即使不守常理也不失为孝顺，相反没有这种悲伤的心情，即使表面上再守礼仪，也是无用的。

一家有三个兄弟，父亲去世以后他们都想让人们称赞自己是个孝子，于是为父亲举办了隆重的葬礼。

大儿子为了显示自己的孝顺，为父亲置办了最好的棺材，请了最好的风水师为父亲看坟地。二儿子为了显示自己的孝顺，在村里办了最大的酒席，将全村人都请到了酒席之上。三儿子为了显示自己的孝顺，请来了专门的哭丧队，丧礼上悲戚的哭声传遍了全村。

三个儿子想听听村民们怎么谈论他们，就躲在了屏风之后。他们听到村民说："棺材真是华丽啊，不知道要花多少钱。"大儿子心中暗喜，却听那村民接着道："可惜他生前经常说自己的房子漏风，冷得要命，要是把买棺材的钱给他好好修修房子，就好了。"大儿子羞愧地低下了头。

另一个村民说道："这丧礼酒席办得真够排场。"二儿子心中暗喜。然而村民又接着说："可惜老头生前没这好口福，死了倒便宜我们了！"二儿子也羞愧地低下了头。

又一个村民道："哭丧的哭得真好啊，我都要被感动哭了。"三儿子心中暗喜。然而村民又接着说："可惜他的亲儿子却没掉一滴眼泪。"

历史上还记载了这样一个故事：

三国曹魏时期，阮籍的母亲快要病死了，有人把这件事告诉阮籍。当时阮籍正在与人下棋，听到这个消息，竟若无其事。同他下棋的人见此情景，觉得他这样做不合礼节，因此拒绝同他继续下棋，劝他赶快回去陪伴母亲。但阮籍却赖着不愿离开。过了一会儿，他猛然端起酒罐，拼命喝了一两斗酒，然后大喊一声，呕吐几升血，从此多日不能进食。

后来，他的母亲去世了。这对于他来说，本是件很悲恸的事情，但他却好像全不在乎。及母亲下葬时，他特地吃了一个蒸猪，喝了两斗酒，然后与母亲遗体告别，因悲恸过度，又吐血数升。后来，他瘦得只剩皮包骨头，几乎死去。

裴楷前往阮籍家吊丧，只见阮籍喝得大醉，披头散发盘坐在床，不哭不泣。裴楷哭号几声，吊唁完毕便离开了。有人问裴楷："凡是去吊丧，主人哭，客人才哭拜；阮籍不哭，你为何要哭呢？"裴楷说："阮籍是方外之人，所以不崇尚礼制；我们是俗中人，所以用礼仪对待。"

人们听罢皆叹息，觉得双方都有理。

阮籍并未像常人那样遵守世俗的礼节，依然吃肉喝酒，但他的悲戚之情却是发自内心的。人们看到了他真正的悲伤，所以不去责备他。而前一个故事中老人的那三个儿子，为父亲举办了隆重的葬礼，但因为他们的孝只是为了博取名声，并不是出自内心的，所以人们都看穿了他们的虚伪，没有人认为他们是孝顺的。

孝有三个阶段，一是父母生前尽孝，尊重他们、爱护他们；二是在丧礼上要尽心、尽哀；三是在父母去世以后，祭祀他们要按时、守礼。所谓"慎终追远"，就是强调要慎重地对待丧礼和祭祀。阮籍那样的狂士，常人很难学得，很难做得。所以，最好就是按照礼仪要求举办合理的丧礼——既不能过于简陋，应付了事，也不能过于奢侈，以损害死者的德行。

## 兄道友，弟道恭

### 原　文

兄道友，弟道恭，
兄弟睦，孝在中。
财物轻，怨何生？
言语忍，忿自泯。

### 译　文

为兄之道在于友爱弟妹，为弟之道在于恭敬兄姊。兄弟姐妹和睦相处，这也是孝道的要求。

钱财都是微不足道的身外之物，何必为它们而心生怨恨，伤了亲情。言语上要懂得忍让，这样与家人之间的愤恨之心也就消失了。

### 经典解读

除了父母以外，兄弟姐妹便是和自己最亲的人，爱兄弟姐妹也应该和爱父母一样是"天经地义"无须理由的。哥哥姐姐应该对弟弟妹妹进行照顾，关心他们，爱护他们；同样弟弟妹妹也应对哥哥姐姐进行反馈，尊重他们，体谅他们。

悌是孝的延伸，孝顺的人没有不爱护兄弟姐妹的；不爱护兄弟姐妹的人，也很难是孝顺父母的。兄弟姐妹和好亲近，互助互爱，没有冲突和纷争，父母心里自然就高兴，父母高兴，孝道自然就在其中了；兄弟姐妹为了利益相互争斗，往往殃及父母，让父母为他们操心，这就是不孝。

兄弟间有了意见要开诚布公地提出来，将怨愤消灭在萌芽里，不要长时间憋在心中积怨成仇。兄弟姐妹们相处如同住在同一所房子中，房子出问题了，要赶快修补，不要等房子塌了，人散了，再去挽救。

人们最容易伤害的就是自己的亲人，有些人在和外人说话时彬彬有礼，当和家人说话时就口不择言，说话太尖刻，太伤人自尊，父母还能包容，兄弟就往往因为一时争强好胜而反目。所以，不要因为是兄弟姐妹就不加考虑，口不择言。兄长对弟妹进行管教时，一定要有一个度，毕竟自己不是父母，不能随意驱使弟弟妹妹，更不能对他们进行打骂。

兄弟姐妹之间的是非曲直没必要较真，无所谓谁对谁错，更不要把自己的意见强加于他人身上，不听则怒、则仇。每个人都有选择自己生活方式的自由。不要因为是亲兄弟亲姐妹就觉得对方应该怎么样怎么样，满足不了自己的要求，达不到心中的期望值就口出怨言，甚至对他们进行奚落。

一切财富、地位都是身外之物，都是过眼云烟，兄弟之间的亲情才是能够永恒永不褪色的。历史上有很多兄弟友爱的故事，如舜友爱象，伯夷、叔齐相互谦让，孔融让梨，等等，我们应该向这些先贤学习友爱之道；也有很多兄弟相残的故事，如郑庄公兄弟争位，袁氏兄弟相害，曹丕逼迫曹植，等等，我们要以此为鉴，不可步前人后尘。要想家族繁荣昌盛，就必须处理好家中各个成员之间的关系，兄弟之间不应为了小利而相互埋怨，应多有辞让之心，多有宽容之心。言语上不可争强好胜，而应该多反省自己的不是，多站在他人的角度进行思考。

**哲理引申**

## 兄弟和睦则家兴 兄弟反目则家败

这段话告诉人们要重视兄弟之情，不要为了争夺财物而伤害手足情谊，不要因为一时愤恨而使兄弟成仇。《诗经·小雅·棠棣》云："死丧之威，兄弟孔怀。"就是说，兄弟之间应该生死与共，相互爱护关怀。《幼学琼林》上也曾说过："兄弟是骨肉同胞，有手足之情，关系至为亲密，世间最为难得。"然而，生活中有很多兄弟反目、绝交的例子，追究其中的原因，有的为了争夺利益，有的因为意见不合，有的因为生活小矛盾的积累，其实无论什么原因，兄弟反目的根本都在于没有做到"兄友弟恭"。

友，就是要真正地爱护弟妹，怀着好心去对待他们，他们不懂事就耐心地引导他们，他们犯了错误要包容他们、挽救他们，而不是放弃不管；恭，就是对兄姊以礼相待，当他们劝谏自己时要有耐心，当他们批评自己时要虚心接受。

世上除了父母，兄弟是血缘关系最亲近之人，也是最值得依靠的人。一个人遇到困难最先想到的就应该是自己的兄弟，有了好事最先分享的也应该是兄弟。不相信自己的兄弟却去相信他人，不敬爱自己的兄弟却去讨好他人，不帮助自己的兄弟却和他人交好，这就是不知亲疏，他人若是知道你这样还交好你，一定是在利用你、欺骗你。

我国古代有个叫《杀狗记》的戏剧，就向人们展示了这一点。

孙华、孙荣是两兄弟，他们的父母双亡，为他们留下了一份家产。孙华是个纨绔子弟，交了一帮酒肉朋友，成天与市井无赖柳龙卿、胡子传花天酒地，吃喝玩乐。弟弟孙荣则知书达理，懂得圣贤之道，看到兄长这样多次对他进行劝谏。劝多了孙华就觉得弟弟故意和自己作对，让自己难堪，在柳、胡二人的挑唆下将弟弟逐出家门。孙荣无奈，只得在破窑里安身。

一天下大雪，孙华与酒肉朋友们喝醉回家，途中跌倒在雪地之中，同行的柳、胡二人不但不救，反而窃取了他身上的羊脂玉环和宝钞，扬长而去。幸亏孙荣经过，将哥哥背回家。孙华酒醒之后，不但不感激兄弟的救命之恩，反诬孙荣偷走了自己的玉环和宝钞，把弟弟打了一顿，又赶出家去。

孙华虽然糊涂，但他的妻子很是贤能，见丈夫结交了一批损友，不信自己的亲兄弟，就想出了一条计策。她向邻居买来一只狗，杀死后给它穿上人的衣服，假作人尸，放在后门口。孙华半夜酒醉回家时，发现了死狗，以为是死人，恐惹人命官司，赶紧和妻子商量如何处置。妻子要他去找柳龙卿、胡子传来帮忙，将"人尸"移到别处掩埋。柳、胡二人都不肯帮忙。妻子又让孙华去找弟弟孙荣帮助。孙荣念兄弟手足之情，不计前嫌，欣然帮助哥哥将"人尸"搬到别处。

柳、胡二人不但不肯帮忙，反而去官府告发孙华杀人移尸。这时孙华的妻子说明杀狗劝夫的真相，经官府勘验，果真是一条死狗。案情大白，孙华也看清了柳、胡二人的真面目，悔悟自己的错误，终于与弟弟和好如初，将他接回了家中。

兄弟是世上最能帮助你的人，是你最值得依靠的人。人们常说："兄弟同心，其利断金。"兄弟同心再大的困难也能战胜，再难的事也能做成，兄弟若是不同心，那这个家族就危险了。

隋朝时，京兆地区有三个兄弟，父亲为他们留下了一大份家业，他们开始在一起生活，但随着各自成家，家里人也越来越多。在日常生活中妯娌之间、叔嫂之间难免有些小冲突，时间长了冲突越来越多，后来连兄弟之间也产生了隔阂。

于是兄弟三人聚在一起商量："既然大家一起生活都觉得不自在，不如早点把家分了。"家产恰好分为三份，兄弟每人一份，但院子里有一株紫荆树，树是他们父亲亲手种的，已经很大了，该分给谁呢？兄弟三人争执不下。于是他们在树下计议："不如将这棵大树砍掉，分成三份。"

第二天，兄弟三人早早来到院子中准备砍树，立刻被眼前的一幕惊呆了：昨天还茂盛的紫荆树，竟然一夜之间枯死了，树叶落了一地，树枝也没精神地耷拉着。

老大看了兄弟们一眼说："本是同株，一旦要离析便憔悴至死了，何况我们兄弟呢，怎么能分开？"其他两个兄弟见此也十分震惊，于是决定再也不分家了。三兄弟从此相互友爱，也教导妻子孩子相互敬爱，令人惊奇的是，那株紫荆树竟然又慢慢地活了过来，又茂盛地生长了。几十年以后，在大紫荆树的旁边形成了一个巨大的家族，家族中人人有礼，家家有爱，成为天下和睦家庭的典范，被世人传诵。

兄弟如手足，没有人会去伤害自己的手足，也没有人会用手足来伤害自己。手足是保护自己，帮助自己的，兄弟同样也应该是相互帮助、相互爱护的。手足相残，只会让外人看笑话，让自己的敌人得利。"打仗亲兄弟，上阵父子兵"，世界上那些最成功的家族，无不告诫自己的家族成员要团结一致，要兄弟同心。

罗斯柴尔德家族的曾是世界上最具影响力的家族，这个神秘的家族存在了几百年，很多人为它的巨大财富和旺盛生命力而感到好奇，但如果见到它的族徽，人们就会立刻明白为何这个家族能够创造如此的辉煌。

罗斯柴尔德家族族徽就是五支摆在一起的箭，这来源于《圣经》上的一个故事：生命垂危的父亲要五个儿子折断捆在一起的五支箭，儿子们每个人都尝试了，可没人能将其折断。正当他们一筹莫展时，这位父亲把这捆箭拆开将其中一支折断，他说，家族的力量来自于团结，一支箭容易被折断，五支箭抱成一团就不容易被折断。

老罗斯柴尔德在去世前，也同样告诫他的五个儿子，并将"只要你们团结一致，你们就所向无敌；你们分手的那天，将是你们失去繁荣的开始"、"要坚持家族的和谐"作为家训。从此无论是开拓新产业，还是度过纳粹迫害犹太人的危机，他们都团结一致，同舟共济。

直到今天，罗斯柴尔德家族仍是世界上最富有的家族之一，这便是兄弟一心的力量。相反，历史上很多家族因为兄弟相斗而走向没落，以致被逐出了历史舞台。

真正爱你的人，不是关心你飞得高不高的人，而是那些默默地惦记你飞得累不累的人。兄弟就是这样的人，他们过于亲近你，所以不会向普通朋友那样经常赞美你、问候你；他们过于了解你，所以经常直接指出你的缺点错误，这可能让你感到不适，但他们之所以如此做，就是出于对你的真正关心、真正爱护。所以，无论你交了多少朋友，都不要忘记自己的兄弟；无论兄弟之间有多少误会，都不要抛弃他们。

## 或饮食，或坐走

### 原　文

或饮食，或坐走，

长者先，幼者后。

长呼人，即代叫，

人不在，己即到。

**译 文**

　　无论吃饭喝水，或行住坐卧；长辈优先，晚辈在后。长辈叫人，要立刻代替长辈招唤；要叫的人不在，自己立刻到长辈面前帮忙。

**经典解读**

　　这一小节主要强调的是对长辈的尊重，在日常生活中做到长幼有序，也就是"有事弟子服其劳，有酒视先生馔"。饮食时让长辈先吃，因为他们年龄更大，家中的一切都是他们勤劳拼搏而得，作为晚辈应感恩他们的付出，感恩他们的养育。行走时应让长辈先走，晚辈跟在后面，这也是一种礼节，表现了晚辈对长辈的恭敬之情。

　　人不同于禽兽就是因为人知道礼仪，吃饭时一哄而上的是鸡豚之类；行走时没先没后的是牛羊之属；森林草原上的野兽根据强弱来分先后，唯有人以长幼德行来排序，这便是人区别于禽兽的礼节。

　　子曰："不学礼，无以立。"《左传》中说："爱子则教之以义方。"真的爱孩子，就早点教他们长幼有序之礼，在家中也要严格要求他们尊重老人，敬畏父母、爷爷奶奶。

　　长辈有事，晚辈应当主动帮助他们分忧，他们叫人，晚辈帮着他们叫，他们找不到帮忙的，晚辈主动去搭把手，都是孝悌的体现。人时时要有一颗为他人着想的心，在家中能够处处为长辈着想，走出家门后才能为他人着想，别人交代给我们的工作才能做好，这样走到哪里都会受到欢迎。反之，一个孩子如果不从小培养他为长辈着想，他就会什么事只考虑到自己。这并不是他本性自私，而是他从来就没有想到过要为他人考虑，这样的教育是失败的，这样教育出的人，人格也是有缺失的。

**哲理引申**

## 让别人先走

　　"或饮食，或坐走，长者先，幼者后"。这就是说从小教育孩子要尊重他人，要培养他们的辞让之心。

辞让，是人类最伟大、最高尚、最美好的品德之一，它犹如一颗闪亮的钻石，镶嵌在人类精神这条璀璨的项链上。有了辞让，社会才能有序地运行，生活在社会之中的每个人才能和谐相处。

辞让，是一种绅士风度，它让自己的品德变得高洁，让自己的行为变得优雅，让人生充满闪光的魅力，让灵魂得以升华。

1912 年，"泰坦尼克"号巨轮在航行时不慎撞上冰山，在其即将沉没的时刻，很多英国人将逃生的机会自觉地让给他人，表现出了极高的绅士风度，令后人感动不已。

当巨轮开始下沉时，船长、船员们仍继续坚守在他们的岗位之上。有乘客听到爱德华·约翰·史密斯船长向人们大喊："有点英国绅士的样子，男士们，有点英国绅士的样子！"这位船长到最后也没有登上救生艇，他和他的巨轮一起沉入了冰冷的海底，带着他的使命感和他的荣耀。但在他沉着的指挥下，无数乘客，得到了逃生的机会。

盖根海姆，一位富有的先生。当面对即将到来的危险时，毅然把自己的救生衣送给了一位女乘客，而自己则系好白领带，穿上燕尾服，"像绅士一样"从容地面对死神。尽管他的生命结束于黑暗的海底，而他那"君子之风"却长存于人世之间。

一对老夫妇已经在他人的帮助下登上了救生艇，当他们看到一位没有位子的年轻孕妇时，他们站了起来，相互搀扶着爬上倾斜的甲板，将生存的机会让给了孕妇。他们说："我们已经活了几十年，可肚子中的孩子还没有看到过这个世界，我们应该将继续享受美好生活的机会让给他……"

泰坦尼克事件中很多人遇难了，但辞让精神却让他们得到了永生，永远活在世人心中。他们的辞让精神，也广泛地在世界上传播，创造了很多奇迹，拯救了很多人。

在"9·11"恐怖事件中，被困在世贸大楼中的人尽管十分慌张，却大多保持着辞让风度，这使事故场面保持了相当的秩序，为更多的人逃生赢得了时间。据报道，曾有一位盲人，在导盲犬的引导下顺利逃生。他说虽然每个人都在逃跑，但他经过时，人们都会停下来帮他一下，"就像泰坦尼克号下沉时的绅士一样有风度"，纷纷让盲人先走。

辞让，不是一味地妥协退让，而是有原则地对他人进行宽容，在成就他人的过程中成就自己。一个成功的经销商，在谈及成功经验时，说道："成功就是一个字——'让'，让利润给人，人家才会喜欢与你合作；让方便与人，人家才会找你做生意；让机会与他人，你遇到困难时，人家会给你机会。"

辞让，就是对他人无私地关怀。在路上与人相遇了，让别人先过，或许别人有什么急事，你并不知道；在购物时，看到别人忙，让人家先付款，也许人家正要赶时间；看到别人喜欢什么，能让的就让给他人，也许你不重视的东西，对别人来说意义重大。

辞让，就是生活中的自我宽恕。别人不小心打碎了你的东西，不小心踩了你的脚，不要斤斤计较，要学会辞让，得理而让人，就如同你为自己在春风里撒一路鲜花，会让你的心灵芬芳；学会辞让，得理而饶人，就如同黑暗里为自己点亮了一盏明灯，将照亮你灵魂前行的路，使你成为一个高尚的人。

孟子说："无辞让之心，非人也。"辞让之心本是中华民族的传统美德，伯夷、叔齐互让君位；鲍叔牙将相位让给更有才能的管仲；孔融将大的梨让给兄长，自己却拿那只最小的……

生活中人们都是相互依存的，你给别人方便就是给自己方便，给别人机会就是给自己机会。要么共赢，要么共损。所以，当你和别人拥挤在一起时，不妨先退让一步，让他人先走。

# 称尊长，勿呼名

## 原　文

称尊长，勿呼名，

对尊长，勿见能。

## 译　文

　　称呼长辈，不可以直呼其名。在长辈面前，要谦虚有礼，不可以炫耀自己的才能。

## 经典解读

　　名字是一个人的代号，如何对待它表现了对人尊重与否，古人云对于父母之名："耳可得闻，口不可得言。"就是说长辈的名字听到可以，却不能直接从自己的口中说出。直呼尊长之名是极不礼貌的行为，有这样的小孩子人们都会说他"没有教养"。不仅对于自己的长辈，对在社会上遇到的其他年长于自己的人也是如此，即使叫名字，也要在后面加上"老师"、"前辈"、"先生"等表示尊敬之词。一个小小的称谓，就能看出一个人的修养，就能看出他是否对其他人怀有敬畏之心。

　　谦虚是中华民族的传统美德，在长辈面前尤其如此。故意炫耀才能，过于表现，长辈往往会觉得"后生猖狂，藐视自己"。再者，韬光养晦也是一种应从小培养的处世智慧，一个人即使再有才华，总是出去卖弄，往往会给自己带来灾祸。"木秀于林，风必摧之"，太过显摆对将来的前途以及立身处世都有负面的影响。真正的智者，用德行去感动他人，而不是用小聪明去四处取怨。

## 哲理引申

### 夸夸其谈 必受其灾

"对尊长，勿见能"。其实，对任何人都应该如此，才能是用来创建事业，造福他人的，而不是到处显摆、炫耀的。一个只知道炫耀的人，一定没有什么真才实学。

名将岳飞曾经有一匹好马，每天吃十升豆子，喝十斗水，然而食物如果不洁净它宁可饿死也不去吃。给它披甲戴盔，一开始似乎跑得不是很快，等到跑了一百多里后，才开始挥动鬃毛，长声嘶叫，奋振四蹄迅速奔跑，一口气跑几百里不用停歇；跑完后，脱下鞍甲不喘息、不出汗，就像没有事的样子。可惜这匹好马，因为战争死掉了。于是他人帮助岳飞找到了另外一匹新马，看起来十分健壮，每天只吃几升东西，也不挑食，不选择饮水。收紧缰绳就开始不安，做出跃跃欲试的样子，开始迅速地向前冲，然而，刚刚跑到一百里，就力气竭尽，大汗淋淋，气喘吁吁。

岳飞感慨道，马就是如此啊，吃的多却不苟且随便接受食物，力气充沛却不追求逞能炫耀的，才是到达远路的良材；而那些随遇而安，喜好逞能，表面上看起来十分强壮的，其实是不能远行的劣马。

孔子说："骥不称其力，称其德也。"对于马来说，力量不是最重要的，它的品性才是关键。对人来说也是如此，有些人喜欢夸夸其谈，觉得自己什么都知道，自己什么都能做，只要能够得利的事，他就想跃跃欲试，这种人看似无所不能，什么都懂，其实他们什么都做不好。真正有真才实学的人，不会整天凭借吹嘘博取他人眼球。他们将心思都用在自己的事业上，哪来时间去到处炫耀！

有一个很聪明的孩子，他哪方面都不错，就是太骄傲，总喜欢在人前卖弄，人后显摆。对此父亲很是无奈，准备找个机会好好教育他一下。

一天，父子二人坐在池塘边钓鱼，池塘离马路很近，时不时有车子从身后经过，发出轰隆轰隆的响声。父亲对孩子说："你信不信我头也不回，就知道马车里拉了多少东西。"

儿子自然不信。一会儿，一辆马车跑来，父亲说："这辆车装满了货物。"儿子跑过去一看，父亲果然猜对了。等了一会儿，又来一辆车，父亲说："这辆车是空的。"儿子跑过去一看，车里果然什么也没有。他十分疑惑，就问："您连看都没看，是如何猜到马车装了多少货物的呢？"

父亲微笑地看着孩子，缓缓地回答说："耳朵，我虽然看不到马车的样子，却能听到它们驶来的声音。你可能没有注意，不同的马车行驶的声音有很大差别，马车越是空，它跑起来发出的声音就越大。这就和我们身边的人一样，越是肚子里没什么东西，就越喜欢在他人面前显摆，胡乱发表意见，这样的人常常口若悬河却一句有用的话也没有，对于别人的观点一定要反对，对自己的话明知错了也要拼命维护。他们不知道，越是想用这种方法显示自己有水平，就越会让人觉得他们空虚无比。"

听了父亲的话，孩子明白了他的意思，联想到自己曾经的错误，从此一点点改变了自己张扬和显摆的习惯。

有没有真本事和到处显摆、夸夸其谈是没有任何关系的。一个人越是嘴上说得厉害，越显示出他的浅薄，这也就是人们常说的"半瓶子醋"。平时显摆显摆，斗斗嘴也不过让人鄙视一下，但在大事之上，总是没有装有，不懂装懂，就要犯大错了，甚至给自己带来灭顶之灾。

从前有个农民，一次进山看到两只老虎为了地盘而相互争斗，老虎相互撕咬，窜来窜去，农民吓得心惊胆战，躲在树后不敢出来。等过了好久，老虎的声音渐渐息弱了，农民跟跟跄跄地朝家跑去，忽然被什么东西绊倒，农民定睛一看，差点吓得魂飞魄散，正是刚才相斗的那两只老虎。他以为自己必死无疑了，却发现老虎一动不动，原来两只老虎相互争斗，一起力竭而亡了。

农民下了山，叫上人将两只老虎拖到山下，他对所有的人说，自己在山上打柴，碰到了这两个畜生，情急之下竟然一口气将它们打死了。

整个县城都沸腾了，人们苦于虎灾已经很久了，如今出了个打虎英雄，所有人都将他视为天大的英雄。连当地的财主、县太爷都请他当座上宾，让他给人们讲述遇虎打虎的经历。农民越说越神，以至于最后自己都相信自己真的是打虎英雄了。

过了不久，附近的一个村子中，出现了老虎的踪迹，人们立刻想到了这个农民，县太爷下令让他去收拾这只老虎。他不得不承认自己没有打过老虎，可人们早就相信了他自己编造的故事，谁也不信，农民只好硬着头皮去打虎，结果老虎没打成，自己还被老虎抓成了残疾。此后，打虎英雄变成了所有人的笑料。

没有真才实学却胡乱吹嘘，逞口舌之快，不仅欺骗了他人，最后更害了自己。农民只是自己吃亏，造成的损失还小。战国时候的赵括，天天谈论兵法，觉得自己是个军事天才，结果赵国与秦国作战的时候，赵王以为赵括一定能率领赵军打败秦军，就让他做了大将。其实他根本没有战争的实践经验，死搬兵法，中了敌人的计策，结果几十万大军溃败，自己也被乱箭射死。

网上有句话说："低调是最牛的炫耀。"一个人有没有真本事不在于炫耀得有多厉害，不在于嗓门多大，多能自吹自擂。能否抑制住自己的张扬之心，能否静下心来踏实做事，才是人成熟与否，智慧与否的衡量标准。

老子说："希言自然。故飘风不终朝，骤雨不终日。"谨言慎行是天地自然教给人们的大智慧。要想受到别人的尊重，就要私下里努力磨砺自己的品行，努力增加自己的学识，等到关键时刻一鸣惊人。

# 路遇长，疾趋揖

## 原　文

路遇长，疾趋揖，

长无言，退恭立。

骑下马，乘下车，

过犹待，百步余。

## 译　文

路上遇见长辈，应疾步趋前问好。长辈没有事时，要退后恭敬地站立一旁。不论骑马或乘车，路上遇见长辈均应下马或下车问候。长辈走过后还要稍等，等他走远后才可以离开。

## 经典解读

路上遇到长辈，应主动向前问好，而不能等着他们先说话。陪侍长辈时，长辈没什么话，我们应该退避到一边，恭恭敬敬地站好，随时听候长辈的吩咐。每个人都应培养自己的恭敬心，而恭敬之心就是从生活中对待长辈的这些小事上来的。作为子弟就应时时留心，善于察言观色，为长辈考虑周全。

"程门立雪"就是陪侍长辈的典范。北宋大学问家杨时，在四十多岁时与好友游酢一起去向老师程颐求教，凑巧赶上程颐在屋中打盹儿。杨时便劝告游酢不要惊醒老师，于是两人静立门口，等老师醒来。一会儿，下起了鹅毛大雪，越下越急，杨时和游酢却还立在雪中，游酢实在冻得受不了，几次想叫醒程颐，都被杨时拦住了。程颐一觉醒来，才发现门外的两个"雪人"。杨时如此恭敬师长，在学问上也取得了不俗的成绩。他回家的时候，程颢目送其远去，说道："我的学说将向南方传播了。"

"骑下马，乘下车，过犹待，百步余。"古人出行大多乘车、乘马，那时看到长辈，应该下马、下车表示敬意。如今人们大多骑车、开车，见到长辈时虽然不必像古人那样下车侍立，至少也应该摇下玻璃，停下车子，问个好。尊卑有序，上下有礼，这是中华民族的传统，无论人们生活再富裕，再怎么现代化，都不该忘掉的。一个人的尊严、他人给予的尊敬，不是通过财富、地位而取得的，而是要靠德行。对人没有恭敬之心，没有德，一切都是白搭。

## 哲理引申

### 做个有礼的人

路上遇到长者，趋前问好；自己坐着车子，看到长辈下车致礼，表现了对长者的基本尊敬。相反，坐在车上，表现出一副高高在上的神情，则是十分无礼、自大的表现。谦虚有礼的人，受到他人的尊敬，而自大无知的人，则会让人鄙视。

春秋时期，有一个人为齐国名相晏婴当车夫。一天，他对妻子说，今天我要经过自己家门前，你可以出来看看。妻子答应了。

在车子经过他家门前的时候，所有人都出来看丞相经过，车夫坐在车上觉得自己光荣极了，就故意显出一副心高气傲，神气十足的样子。

回到家中，他容光焕发地对妻子说："怎么样，今天我神气吧！"妻子叹了一口气，说自己要离开他了。车夫感到很吃惊，急忙挽留妻子，问："过得好好的，你为什么要离开我呀？"

妻子说："晏婴虽然身为相国，名扬天下，可是今天我见到晏婴坐在车上，态度谦恭。再看你相貌堂堂的男子汉，只是一个车夫，却摆出一副不可一世的样子。相国都那么谦恭，你有什么值得炫耀的呢？难道只是因为给相国驾车吗？真是自不量力啊。"听完妻子的批评，车夫羞愧难当。从此，车夫一改之前的傲慢，变得谦虚起来。

他的改变被晏子发现了，晏子很好奇，车夫就讲述了整件事的经过，晏子觉得他是个知错能改的人，就提拔他做了一个小官。

中国是礼仪之邦，有礼则走遍天下，无礼则寸步难行。现在交通工具和以前不同了，在礼仪上不必固守下车的规矩，但一定要表现出谦恭有礼的态度来，不能有丝毫的傲慢。否则在生活中一定会吃不少苦头。

王川毕业以后，努力打拼了两年，终于积累到了足够的经验，可以跳槽到自己心中向往很久的公司了。这家公司名声大、待遇好、发展机会多，当得到面试通知时，王川别提多高兴了。

去面试的那天，他起了个大早，开着车向对方公司驶去，然而不巧的是天忽然下起了雨，路上堵车了，等到路况好转的时候，已经快要迟到了，他加快了速度，在快要进入对方公司之时，一个骑车人出现在了路上，王川用力地鸣了几声笛，自行车慢腾腾地挪到了一边，王川驶过去时，忍不住对外面喊道："耳朵聋吗，挡什么道！"还没等骑车人反应过来，他就疾驰而过了。

幸好到公司时，还未迟到，他坐在会客厅中，想着刚才捉弄骑车人那一幕，不禁好笑。当面试官进来时，他却一下傻眼了，坐在自己对面的正是刚才路上那个骑车的人。

王川的心不住跳动，他暗暗想道："我怎么这么倒霉，居然路上碰到了面试官，还弄出了不愉快的事情，要是对方没认出自己就好了。"他开始做自我介绍，刚讲两句，对方就说："怎么声音这么小，刚才在路上嗓门挺大的啊！"

王川硬着头皮完成了面试，结果可想而知，他被拒绝了。王川心中很是不服气，认为面试官挟私报复，向对方的人事主管抗议了这件事。然而，人事主管听了经过后，对他说："您的简历做得很好，您的成绩看起来也很不错，但是我支持我们面试官的决定。对于一个人来说，最重要的不是能力和经验，能力可以培养，经验可以积累，但最基本的做人礼貌是很难再学的。在我们公司中，每个人都需要和他人配合完成整个工作，而你在路上的表现显然说明你不是个很在意他人感受的人，我们的公司不需要这样的同事，祝您找到更好的工作。"

也许有人觉得王川很倒霉，仅仅因为一件小事，就失去了等待很久的机会。但在生活中因为小处失礼而危害很大的事时有发生。因为乱扔烟头，而被公司开除；因为公交车上抢座位，而引发口舌之争；因为随口说脏话，而相亲失败……

有这样一个小故事：

一个赶路的青年，第一次前往集市，不知道距离还有多远，就问路旁的一位老大爷："老头，到达集市还有多远啊！"大爷看了他一眼，说："从这到集市还有两千拐杖。"青年愣了一下，问："我问你还有多少里！"大爷冷冷地说："你连礼都不知道，还问里?！"

青年没有问到路只好尴尬地向前赶路了。

"礼"不单单是为了尊重别人，也是尊重自己。言辞行为有礼就是对自己内在品性道德的一种肯定；对待别人有礼，自然也会得到别人以礼相待。"礼"是一个人心境安宁、心灵洁净、身心愉快的保障，每个人都应抱着与人为善的处世原则，以文明礼貌为自己的行事方式，才能心底坦荡，行事顺利。"礼"是个人美好形象的标志，是一个人内在素质和外在形象的具体体现，如果我们时时处处都能以礼待人，那么自己的修养也会不断提高，自己的人格也会不断完善。

"礼"是一个人成功的敲门砖，只有符合礼仪的人，别人才愿意和你交往，你才能更容易迈向成功。"礼"是家庭美满的根基，只有有"礼"之家，才会父慈子孝、夫妻和睦、兄弟友爱。"礼"是社会和谐的润滑剂，只有有"礼"的地方，人们才能邻里友爱，温馨协调。"礼"是社会交往的润滑剂和黏合剂，它会使不同群体之间相互敬重、相互理解、求同存异、和谐相处。要想真正地融入社会，走向成功，你应该时刻告诉自己：做个有礼的人！

# 长者立，幼勿坐

长者立，幼勿坐，

长者坐，命乃坐。

尊长前，声要低，

低不闻，却非宜。

进必趋，退必迟，

问起对，视勿移。

## 译　文

与长辈同处，长辈站立时，晚辈应该陪着站立，不可以自行就座。长辈坐定以后，吩咐坐下，晚辈才可以坐。与尊长交谈，声音要柔和适中。回答的音量太小让人听不清楚，也是不恰当的。有事要到尊长面前，应快步向前；退回去时，必须稍慢一些才合乎礼节。当长辈问话时，应当专注聆听，眼睛不可以东张西望，左顾右盼。

## 经典解读

这里讲的主要是进退、服侍长者的礼仪。长者站着的时候，晚辈要陪着站着，而不是肆无忌惮、旁若无人地坐在那里。一个人是否有这种敬畏长辈之心，是否能够将这种敬老之心推及开来，都是衡量一个人道德水平优劣的标志。在公交车上人们强调年轻人要给老人让座，就是这种敬老之心的体现。孟子说："无辞让之心非人也，无羞恶之心非人也。"有上了年纪的人在身旁站着，你不知道主动让座，还安然自若地坐在那里，这就是无礼，就应该为自己的行为感到羞愧。

在尊长面前，出声要柔和低沉。声音是人内心态度的流露，你是谦卑的，还是傲慢的，是真诚的，还是狡黠的，都会从语气当中显示出来。

既不能傲慢自大，也不能低声下气，不卑不亢、恭敬有礼才是真正好的行为方式。

长辈有召唤，态度要急切，去见他们一定要加快脚步，孔子曾说："君有招，不俟驾行矣。"急，表现出将尊长的事放在心上，反之，如果长辈召唤了，还大摇大摆，慢吞吞地，就是对尊长懈怠不恭。

"问起对，视勿移。"在和尊长交流时，视线要有度，既不能直勾勾地盯着对方的眼睛，也不能眼神漂移不定，直勾勾地盯着是不知敬畏，眼神漂移不定是漫不经心。眼睛是心灵之窗，心中的诚恳一定要从眼中传达给对方。

### 哲理引申

## 一分恭敬 一分福泽

以上整段话，都是告诉人们对尊长要谦恭有礼，其实就是为了培养子弟的恭敬之心。在生活之中，无论对谁，不管身份低微还是权势显赫，不管一无所有还是富可敌国，我们都应该时刻怀着恭敬之心。美国文学家爱默生曾说："宁可让人待己不公，也不可自己非礼待人。"对人恭敬是一种高尚的美德，是个人修养的内在表现。只有恭敬地对待他人，才能得到别人的尊重。

恭敬之心首先就是要懂得维护别人的尊严。佛说："对别人恭敬，就是庄严你自己。"曾子说："出乎尔者，反乎尔者。"

路边开了一个小餐馆，老板做的羊汤是当地一绝，远远地就能闻到诱人香气。附近很多打工的人都到这里来吃午餐，要两个烧饼，点一碗羊汤，喝起来还真是一种享受。后来，老板发现一个小伙子，经常过来，他和别人不一样，从来不坐在店里，买两个烧饼，就坐在餐馆外面马路边的石凳上，一口烧饼一口水地吃完午餐。老板知道他一定是手头比较紧，连买羊汤的几块钱都舍不得花。

一天，小伙子又来了，他递过钱道："老板，来两个烧饼。"

老板一边拿烧饼，一边盛了一碗空汤，对他说："买烧饼可以送空汤，以后坐在屋里就行了。"

小伙子点点头，从此每天都来要两个烧饼，一碗空汤。老板每次都在他的汤中加上几块肉，有时加的多了，空汤几乎变成了真正的羊汤，但他却从来不收小伙子的钱。从此，小伙子几乎每天都来，直到两年后，工作变动离开了这里。

十几年后，一场疾病袭击了这个老板，家人将他送到医院，但高昂的手术费用难住了所有的人。正当妻儿老小围在他的病床边手足无措时，一位护士走了进来，告诉他们有人将病人的手术费用交齐了。

家人十分吃惊，他们想不出谁这么好心。这时一位西装革履的男子带着一大堆礼物走了进来，他正是那个十几年前，每天到老板的餐馆中喝羊肉汤的小伙子。

原来，那时他本是一个大学生，但因为家中贫困，不得不放弃学业，到工地上打工。刚去的那段日子，他身上连吃饭的钱都不够，又因为失去了上学的机会而心情低沉到了极点。正是老板的帮助让他度过了最困难的时候，让他感受到了社会中温暖的一面，感受到了生活的希望。赚到了足够的钱后，他返回了学校。他毕业后成为了一个商人，如今自己的事业已经上了轨道。那天他陪朋友到医院检查，恰好看到了昔日帮助自己的人，当他了解到老板的困难时，就将手术费用付清了。

羊汤馆的老板是个幸运的人，他在无意中为自己种下了一份福泽，十几年后正是昔日的善因，拯救了他的生命。善待那些处于困境之中需要帮助的人，就是善待自己。多一分恭敬就多一分福泽，多十分恭敬就多十分福泽。

恭敬之心就是要学会换个角度为他人着想。每个人的实际状况、生活环境都是不相同的，总是站在自己的立场上评价别人、指责别人是自私、傲慢的表现。有时长辈教育我们，我们会觉得他们的观点太老旧了，对他们的教导不以为然，情不自禁地想去纠正、改变他们。其实，如果我们能够换个立场想一下，他们经历过那些艰苦的岁月，体验过比我们多得多的生活，我们凭什么去按照自己的标准衡量他们呢？尊重长者就要尊重他们的生活习惯和观念，即使自己不认可，也不要居高临下地反驳、批评他们。将自己放低一些，别凌驾于他人之上，承认自己的局限性，这便是恭敬。

人生在世，谁也不是生活在孤岛上，生活中需要人与人之间相互帮助、相互提携。如果你和周围的人都以礼相待，相互尊敬，那么你的人生就会充满爱和温暖；如果你和周围的人都互相厌恶，那你的人生一定到处碰壁。

一位商人，因为出了一点事故，企业资金周转遇到了困境，如果不能得到投资，他经营了半生的事业就要毁于一旦。他将所有的希望寄托在第二天的洽谈会上，届时本地所有的企业家都将聚集在一起，洽谈商务。

商人将他企业所有的优点、各种可能的美好前景都列了出来。第二天他把这些拿给所有的企业家看，但那些投资者没有一个相信他的，没有一个愿意投资帮助他的。商人十分失望，正当他万念俱灰的时候，一个西装革履的年轻商人盯着他看了很久，询问了他一些事，对他说："我决定投资你的公司。"绝处逢生，商人欣喜若狂。

在签订投资合同时，商人不禁好奇地问年轻人："不知道您看中了我企业的哪一方面？"

年轻人笑着说："您的那些计划和蓝图做得一点都不好，我哪也没看上。"他停顿了一下说，"我相信您这个人。"

"我？"

"是啊，您肯定忘了，五年前，您曾经在一个落魄的推销员手中买过一支笔吧。"

原来五年前，商人在路上散步时，看到一个衣衫褴褛的推销员，他神情低落地向路人推销着钢笔。商人见他可怜，就随手掏出十元钱放在他的手中，然后走开了。没走几步，商人觉得这样做十分不礼貌，于是连忙返回来，对年轻人说道："真是抱歉，我忘记取笔了。"并郑重其事地说，"您和我一样都是商人，我曾经也在街上推销过产品。"

商人看着眼前这位神采奕奕的年轻人，惊叹道："您就是那位推销员？"

"是啊，您也许并没有记住我，但我却永远也不会忘记您。当年正是您的一番话让我重新拾起了自尊和自信。我一直觉得自己是个失败的推销笔的乞丐，直到您亲口说我们都一样是商人。"

尊重让年轻人走出了自卑的阴影，也让商人得到了拯救自己事业的资金。生活就是如此，你种下什么就会长出什么：种花的人周围都是鲜花，种刺的人身边都是荆棘。多尊重他人，就是为自己埋下福泽，总有一天它们会盛开出美丽的花朵，给你的生命带来绚丽的色彩和不尽的芳香。

## 事诸父，如事父

### 原　文

事诸父，如事父；

事诸兄，如事兄。

### 译　文

对待叔叔、伯伯等尊长如同对待自己的父亲一般孝顺恭敬；对待同族的兄长，要如同对待自己的兄长一样友爱尊敬。

### 经典解读

爱是可以传递的，我们爱父母，同样也要爱他们的兄弟姐妹，尊重他们的朋友相识。这些长辈在我们小时候也曾经关爱过我们，照顾过我们，不知抱了我们多少次，长大后又对我们有很多提携、教导，我们无论何时都要有感恩之心，在他们需要帮助时尽力去帮助，在他们需要照顾时尽力去照顾。

当今社会独生子女很多，许多小孩没有经受过悌道的教诲，不知道如何去爱兄弟姐妹，这都是教育的缺失。这样的孩子进入社会以后在和周围人相处的过程中就会发生很多冲突，就会表现出一定程度上的自私自利，他们的生活就会很狭隘，人生境界就会很有限。

《礼记·曲礼上》说：年龄大我很多，相当于父亲年龄的，就要以父辈之礼恭敬他；年龄大我十岁的，就要以兄长之礼恭敬他。《孝经》中，孔子也说："以孝来教育人，是让他尊敬天下所有为人父的人；教人尊敬兄长，是让他尊敬天下所有为人兄长的人。"孟子说："老吾老，以及人之老；幼吾幼，以及人之幼。"将对待自己父母的孝顺之心，推及到社会上所有的老人身上，对他们都尊敬、爱戴。将爱护自己孩子的那颗心，推及到社会中所有的小孩身上，给他们关爱、呵护。这就是博爱，是世上最大的爱。社会上的人都要爱，更何况自己的叔伯、兄弟们呢？一个人有了这种博爱之心，有了这样将爱扩展开来的态度，他的心胸就会越来越开阔，人生就会越来越快乐，幸福和成功也一定会降临在他的身上。

**哲理引申**

## 爱是可以传递的

"事诸父，如事父，事诸兄，如事兄。"讲的是一种爱心、孝心的推及、扩散。对待自己父母孝顺，将这种孝心推及到他们的兄弟姐妹身上，就会对自己的叔伯姑舅等产生尊敬爱戴之心；对待自己的兄弟友爱，将这种爱心推及到叔伯的儿女身上，就是对自己的堂兄弟、表姐妹们友爱，这个过程就是将爱在亲人之间不断传递。然而，真正的博爱不会限于家庭之中，不会止于兄弟之间。孟子说："老吾老，以及人之老；幼吾幼，以及人之幼。"爱自己的家人，也要将这种爱心广泛地推及开来，去尊重别人的长辈，去爱护别人的孩子，就像歌中所唱的那样：让世界充满爱。

社会中有很多阴暗的方面，同样也有很多美好的地方。作为生活在其中的一员，每个人都盼望自己身边多一些善与美，少一些丑与恶。追求美与善，不仅要谨慎地选择居处环境，还要主动去创造美，传播善，用我们自身的行动，让自己生活的世界变得更加温馨。

"……只要人人都献出一点爱，世界将变成美好的人间……"世间的很多事情都能够唤醒人们的善良、慈悲和友爱，只要你敢于做第一个，就会有第二个、第三个……接踵而来。用不了多久，你就会发现自己被爱所环绕了。

美国德克萨斯州，一个风雪交加的夜晚，一位名叫克雷斯的年轻人在回家的途中，忽然汽车抛锚在雪地之中。四处看不到人家，克雷斯焦急万分，此时一位骑马的男子恰巧经过这里。看到此情景，他二话没说，用马将克雷斯的汽车拖到了最近的小镇上。

克雷斯感激万分，将自己身上的所有钱拿出来答谢。那位男子将钱推回去，对他说："我不需要钱，只要你的一个承诺。"

克雷斯感到很奇怪，又担心自己无法完成承诺，正在犹豫，男子笑笑说："我只希望，你在看到别人遇到困难时，能够像我帮助你一样去帮助他们。"

克雷斯答应了男子，在以后的日子里，他主动帮助了许许多多的人，并且每次他都没有忘记向被帮助的人转述男子的那个要求。

许多年以后，克雷斯被一场突如其来的洪水困在了孤岛上，一个勇敢的少年冒着被洪水吞噬的危险，划着小船将他救了出去。正当他要感激少年的救命之恩时，少年竟然也说起了克雷斯说过无数次的那句话："这不需要回报，只要你的一个承诺。在其他人遇到困难时，你也能像我帮助你一样去帮助他们。"

一股暖意从克雷斯胸中涌起："原来，这根关于爱的链条，周转了无数的人，最后通过少年还给了我，我一生做的这些好事，全都是为我自己做的！"

爱是会传染的，冷漠、邪恶同样也会传染。如果我们在生活中撒下的不是爱的种子，而是冷漠和邪恶，那用不了多久，我们就会发现自己生活的世界处处都是冷漠，处处都是邪恶。

有位年轻人，去买东西，收到了一张50元的假币，想要扔掉，又舍不得，于是硬着头皮将这张假币花了出去。虽然有些惴惴不安，心中却有种终于将祸害传给别人了的庆幸。

一天，他回到家中，看到母亲十分高兴，就问有什么喜事。

母亲说，自己纳了几双鞋垫，拿到市上去卖，没想到刚出去一会儿，就被人全部买走了，卖了50块钱，怎能不高兴，说着将钱拿出来在年轻人面前炫耀一下。年轻人刚要为母亲高兴，忽然发现这钱好眼熟啊。他接过来仔细一看，原来正是自己曾经花出去的那一张。

他不知道，母亲要是知道自己纳了几天的鞋垫竟然换来一张假钞会有什么反应，她一定会伤心至极的。他偷偷地将假钞换掉，走到室外撕得粉碎。

"原来罪恶是到处传播的，而且它回来得竟是这么快。"年轻人不禁暗暗感慨。

我们传播爱，社会上的爱就会越来越多，总有一天会返回到我们自己身上；我们传播恶，社会上的恶就越来越多，总有一天它们也会施加在我们身上。社会就像一大缸清水，加入什么颜色就会显示什么颜色，我们每个人都有能力决定它的状态，为了自己，为了亲人，何不多奉献一点爱，让世界变得更加美好？

# 谨而信

## 朝起早，夜眠迟

### 原 文

朝起早，夜眠迟，

老易至，惜此时。

### 译 文

早上要早点起床，晚上也别很早就睡觉。因为时光宝贵，转瞬即逝，应当好好珍惜和努力。

### 经典解读

修身齐家，为学立志都在一个"勤"字。早起迟睡，就是勤劳的开始。

对于个人养生来说"一年之计在于春，一天之计在于晨"。早上空气好，出来呼吸、运动一下，正好可以去除一晚身体内的浊气，让人全天都焕发精神。此外，长期早起晚睡，还能让人养成做事勤快，不拖拖拉拉的好习惯。

曾国藩曾经说过："居家以不晏起为本。"意思就是居家不能形成懒惰，睡懒觉的习惯。在一家之中，"勤则寿，逸则夭；勤则兴，逸则亡"，勤俭持家的家庭才能兴旺发展，懒惰之家只能越来越衰落。

作为晚辈早起向尊长问安是礼节，起来为长辈做好饭菜是孝顺，即使不用做饭的孩子，能够早起为家里打点水，扫扫院子，收拾下屋子，让等着上班的父母少操点心都是好的。有些家长，过于迁就孩子，每天早上都期望他们多睡会儿，以为睡多了对身体好，后来孩子懒得日上三竿还不愿爬出被窝，如此培育出来的只有懒汉而已。

为学立志也应该早起晚睡。"闻鸡起舞"就是历史上的典范：西晋时的祖逖，从小勤练武术，钻研兵法，立志要干一番大事业。与他同时代的刘琨也是个有抱负的年轻人，两人很快便成为好朋友。两人每到夜半，一听到鸡鸣，便起床练剑。长大以后，他们都成为了抗击胡人的大英雄。

著名华人企业家李嘉诚，在被问及自己为何成功时，他说自己每天六点准时起床，锻炼身体后，八点就到达公司了。这样的习惯他坚持了一辈子，有那样的家产和成就也就不足为奇了。

成功要起早，人的一切成就都应从不睡懒觉开始。

**哲理引申**

## 珍惜自己的时间财富

"朝起早，夜眠迟，老易至，惜此时。"这两句话就是要人们尊重时间。《淮南子》有云："圣人不贵尺之璧，而重寸之阴。"时间是人最大的财富，年华逝去是人生最大的痛苦。"花有再开日，人无少年时"，叶落了还能再长，花谢了还能再开，而人生的时间用完了，就再也不会回来了。所以孔子发出"逝者如斯夫，不舍昼夜"的感慨。

寸金难买寸光阴，人生短暂，百年时光不过白驹过隙，有多少人能在即将离世的时候，不为自己的碌碌无为而悔恨，不因自己的一事无成而羞耻，不为自己少年时的轻狂、浮躁而心痛万分。

时间的流逝是无情的。朱自清先生在《匆匆》中写道："洗手的时候，日子从水盆里过去；吃饭的时候，日子从饭碗里过去；默默时，便从凝然的双眼前过去。我觉察他去的匆匆了，伸出手遮挽时，他又从遮挽着的手边过去……"所以，我们要珍惜时间，不让它匆匆溜走。

大画家齐白石就是个珍惜时间的典范。他早年曾为木工，自己喜欢作画，就在做工之余抓紧一切时间追求自己的爱好，每时每刻他都将习字本、账簿纸带在身边，一有闲暇就拿出来，在上面画上一会儿。

在学习篆刻时，他请教一位老篆刻家，如何才能学好，老篆刻家对他说："你去挑一担础石回家，等它们都变成了泥浆，你的印就刻好了。"齐白石回去后，果然挑了一担础石。每天早起他就开始刻印，吃饭后、睡觉前，他无不要拿起石头刻上一会儿。手上磨出了血泡，他都不在意，一边刻，一边拿着前人的作品对照。时间一天天过去，石头刻了磨，磨了刻，最后全部变成了泥浆，齐白石的篆刻技艺果然得到了大大提升。

后来，他学习画虾，为了观察虾的生态特征，他在案头摆了一个大海碗，碗里养着几只活蹦乱跳的小虾。一有时间他就趴在案头上，看碗里的虾相互嬉戏。一次，两只小虾不知为何打了起来，齐白石立刻被吸引了，他专注地看着、想着，手在桌上描摹着，等家人叫他吃饭时，他才发现腿都站麻了，走路都走不了了。

齐老到了90岁依然没有忘记珍惜时间的重要性，每天坚持作五幅画。一次，他过生日，亲朋好友前来祝贺，客人络绎不绝，老人迎来送往，等到最后一批客人离去时已经是晚上了。他再也支持不住，躺下就睡着了。

第二天刚刚起床，他顾不上吃饭就跑到画室中开始作画，家人劝他先吃饭，他却不肯歇一歇。等五张画都画完了，家人长长松了一口气，等着他吃饭，谁知老人摊开纸又开始画了起来。家人问道："您不是每天五张画吗，已经画完了为何不先吃饭呢？"齐白石道："昨日客人太多，没有时间作画，今天多画几张，以补昨天的'闲过'。"

齐白石就是如此珍惜时间，不肯让一天闲过。凭借这种勤奋的精神，他的画越来越好，得到了大家的佩服和喜爱。"少壮不努力，老大徒伤悲",年少时不加紧努力,不去为了理想而拼搏,年老了悲伤又有何用。立志当趁早,早早为自己树立远大的志向,像齐白石老人那样,珍惜时间为这个志向而努力才是一个人走向成功的正确途径。

年轻人刚踏入社会,没有名气,没有钱财,事业还未取得成功,但他们有充足的时间,这是年龄大的人所不能比的。当你看到身边的人都开着宝马、奔驰,享受着豪华的生活时,不要羡慕、不要妄自菲薄,好好珍惜你的时间去奋斗,终有一天你会得到自己想得到的一切,时间就是你最大的本钱,就是你最应该好好利用的财富。

一个年轻人,感到自己一无所长,生活过得十分窘迫。于是他就去拜访一位哲人,希望哲人能够给他的未来指明一条道路。

哲人问他:"你为何来找我呢?"

年轻人回答:"我长了这么大至今还一无所有,恳请您给我指明一个方向,让我能够像身边的其他人一样富有。"

哲人摇了摇头说:"我感觉你现在就和其他人一样富有啊,每天时间老人都会在你的'时间银行'中存上86400秒的时间。"

年轻人苦涩地一笑,说:"可这又有什么用处呢?它们既不能化作金钱,也不能变为一顿美餐,更不能为我带来荣誉和快乐……"

哲人肃然打断了年轻人的话题,问道:"你看过有多少人是天生就富有的?他们之所以富有,就是因为他们善于利用时间老人赠予他们的时间啊!而你之所以失落,就是因为你没有珍惜那些时间财富,将它们白白抛弃,任它们肆意地流走。"看年轻人若有所悟,哲人继续说道:"一寸光阴一寸金,时间才是世界上最珍贵的财富,你看那些弥留之际的富翁,他们愿意用所有的财富,换来一段继续生存的时间都不可能。那些延误了乘机的游客,仅仅差了一两分钟,所损失的财富就难以想象。那些处在危机之中的人,几秒钟就可能改变他们的命运。那些运动员可能只差一两秒钟结果就完全不同。"听了哲人的一番话,年轻人羞愧地低下了头。

哲人继续说:"只要你明白了时间的珍贵,去发现一件自己想做的事情，珍惜时间老人存给你的时间财富，那么一切事情就会变得好起来。"

时间就是每个人最大的财富，只要我们拥有现在，那么我们就是富有的。我们每天都有 86400 秒的时间可以支配。如果你不珍惜，时间就会像风一样从你身边溜过，你的生命中只会添加一片苍白。懂得珍惜时间，知道每一秒都是不可错失的财富，都会给生活涂上一抹色彩，那么我们的人生也就自然绚丽起来了。

一个立志做大事的人是不会任时间白白流逝的，他应用好每一分每一秒，努力提高自己的学识、修养，为以后建立、发展事业做准备。人生很短暂，我们在这个短暂的生命中，要对得起父母的养育之恩，要对得起兄弟姐妹的关照，要对得起成长过程中诸多长者的提携，要对得起国家对我们的培养，更要承担起每个人应负的社会历史使命。一个人如果认识到自己所承载的这么多责任，他又怎么会天天睡懒觉呢？

## 晨必盥，兼漱口

**原　文**

> 晨必盥，兼漱口，
> 便溺回，辄净手。

**译　文**

早晨起床后，必须先洗脸、刷牙、漱口。如厕后，一定要洗手。

**经典解读**

早晨起床后，先洗脸、刷牙、漱口，才能使精神清爽，确保一天有一个好的开始。如厕后，一定要洗手，养成良好的卫生习惯，才能确保健康。健康是人从事一切事业的前提，有了健康才能尽情享受精彩的人生。

人们常说"病从口入"、"病从小处生"，很多严重的疾病都是由小到大，积累而成的。病症还未显示出来的时候，人不知道注意，不知道及时爱护自己的身体，等症状一旦出现往往就晚了，那时再后悔已经没用了。

**哲理引申**

## 不要等失去健康才后悔

早起刷牙漱口，饭前便后洗手，这些都是最基本的卫生习惯，重视这些生活小事，才能有个好身体，才能尽自己的家庭和社会责任，才可以不让父母为自己担忧，也算是尽孝的一部分。

人们常说："身体是革命的本钱。"一个人拥有一个好的身体，才能完成学业，才能追求事业，才能孝顺父母，照顾家人。没有好的身体，不仅自己事业、生活受困，而且还会拖累家人。网上有一个段子说得很好："穷人失去健康，等于雪上加霜。富人失去健康，等于一辈子白忙。男人失去健康，她会成为别人的新娘。女人失去健康，他将会重新装点自己的洞房。老人失去健康，天伦之乐成为奢望。儿童失去健康，他的父母会痛断肝肠。人这一辈子，没了健康，什么都是在白忙。"

健康来自于平时的生活习惯。有的人五六十岁就药不离口，有的人八九十岁还身体倍儿棒，健康状况的不同很大原因来源于生活习惯的不同。要想拥有健康，就必须从小养成良好的生活习惯。注意个人卫生，勤洗手，勤刷牙；吃东西前要检查是否变质，水果洗后再吃；晚上睡觉前将手机放在远离身体的地方，关闭无线网，减少身体遭受的电磁辐射；能不熬夜的时候，就不要熬夜；看书、工作时间长了多运动，以免身体陷入亚健康状态……

人生如一场赛跑，我们奔跑着冲向事业、财富的目标，但没有健康就等于失去了人生的参赛权；人生如同建造一座高楼，每个人都希望自己的这座高楼越高越好，而健康就是这座高楼的基础，没有健康的支撑，一切奋斗都是空的。很多人年轻时，眼中只盯着未得到的财富、事业，反而忽略了自己最该珍视的健康，等到财富、事业都有了，健康却没了。即使是亿万富豪，手中握有无数的名车、美酒，没了健康，又有什么用呢？一切都将成为过眼云烟。

一位外国作家，曾讲过一个这样的故事：

小镇上来了一个马戏团。马戏团在当地招募了一些临时工做杂务，并提出如果为他们做三个小时的工作，就可以得到一张外场看演出的票，如果做六个小时就可以进入内场观看，要是干一整天，就可以得到最前排最好位置的票。

两个穷孩子十分想看马戏团的演出，又出不起钱购票，他们知道马戏团的规定后十分高兴，于是进入马戏团为他们做杂务。从早上起来，他们就不停地干活，干了三个小时后，他们想："如果再干三个小时就可以进入内场观看了，内场看起来一定要比外场精彩得多。"于是尽管他们有些疲惫了，但还是继续坚持做了下去。当干了六个小时后，他们又想："为何不再干下去，那样就可以到最好的位置观看演出了。"他们十分疲惫，但还是选择继续做下去，最前排最中间的位置牢牢地吸引了他们。

晚上，兄弟俩累得筋疲力竭，但如愿以偿地拿到了最好位置的票。他们兴高采烈地进入了内场，高兴地坐在了梦寐以求的位子上。但他们实在是太疲惫了，当主持人出场的时候，大家都热烈地鼓掌，而这两个可怜的孩子，却在掌声中沉沉睡去了。当他们醒来之时，马戏团的演出已经结束了。

这个世界很精彩，就像马戏团的演出一样。而我们每个人，都渴望有一天能坐在最前排最中间的位置看这场演出。我们其实也一直接受着这样的鞭策——演出很精彩，一定要努力、努力、再努力，争取坐在第一排最好的位置看演出。然后我们就拼命干活，干到身体崩溃，终于得到那张美好的票了。

可是，到了这一刻，你已经老了，耳聋眼花，疾病缠身，虽然拿到了那张梦寐以求的入场券，却再没有精力和心思去欣赏这场演出了。

你是愿意付出适当的努力，然后高高兴兴地在内场看演出，还是愿意在最好的位置沉沉睡去呢？每个人都该不懈地拼搏，但应该记得在追求我们的目标时，不能丢掉现在所拥有的健康。如果有一天你感觉累了，感觉不堪重负了，那么就停下来好好衡量一下，给人生一个更准确的定位吧。记住，来到这个世界，我们是为了看一场精彩的演出，而不是坐在最好的位置上睡觉。

## 冠必正，纽必结

**原　文**

冠必正，纽必结，
袜与履，俱紧切。
置冠服，有定位，
勿乱顿，致污秽。

**译　文**

戴帽子要戴端正，衣服扣子要扣好。袜子穿平整，鞋带应系紧。衣服帽子要放整齐，有固定的位置。脱下后不能乱扔、乱放，导致屋内脏乱不堪。

**经典解读**

这几句话，主要是告诉人们注重服装礼仪的整齐干净。料理好自己的衣物，生活细节井井有序，就会节省很多的时间；料理好自己的衣物，也是勤俭节约的体现；料理好自己的衣物，还会让人养成做事谨慎利落的好习惯。

一屋不扫，何以扫天下。人生应从大处着眼，小处着手，养成良好的生活习惯，这会对你的一生产生重大的影响。

## 小节不拘 难成大事

上面这段话，主要是告诉人们要注重仪表整洁，从小事上养成自己谨慎、认真的好习惯。去军队参观，往往最让人震惊的不是那些飞机大炮，而是军人一尘不染的宿舍，叠得如豆腐块一样的被子。很多人质疑，军人枪打得好就得了，为何要花费大量时间在叠被子或是踢正步上呢？

其实，叠被子、踢正步，这些看似和战争不太相关的小事，往往是最能体现士兵素养的。每天在内务这些小事上追求完美，追求纪律，才能在战斗的关键时刻坚持纪律，保持完美。战斗中的每一个小节都会影响战斗的结果，士兵的每一个细节，都可能变为关乎生命的大事。

不仅士兵如此，生活中的每一个人都应养成良好的生活习惯，这对你的一生都会产生很大的影响：面试官更加青睐于那些仪表整洁的人；异性总是会被干净得体的人吸引；心思缜密、做事认真的人更容易在事业、学术中取得成功……

一位青年应聘一家跨国公司的技术岗位，在做测试卷时他各方面答得都很好，但却在最后写应聘岗位的时候写错了字，因为这个小小的失误，他被拒绝了。青年很不服气，找到了人事部门主管。

青年说："贵公司要求的是一个懂技术，有能力的人，而我在专业知识方面自信满足要求，你们用一点不相关的小错误拒绝一个有潜力的员工，不是可惜吗？"

主管看了青年一眼答道："懂技术、有知识，确实很可贵，但最可贵的是一个人长久养成的生活、工作习惯。我们公司从事的都是高精密研究，每个环节都十分重要，错了一小步就会造成巨大的损失。知识不够，技术不懂可以慢慢学，但做事马虎却是很难改掉的，我们可以承担培训技术的成本，却无法承担员工失误的风险。"

差之毫厘，失之千里。不注重小节带来的风险是无法估量的。英国有这样一个民谣：少了一个铁钉，丢了一只马掌；丢了一只马掌，翻了一匹战马；翻了一匹战马，伤了一位骑士；伤了一位骑士，败了一场战役；败了一场战役，失了一个国家。

1885 年，在英国的波斯沃斯，国王理查三世的军队准备与里奇蒙德伯爵的军队决一死战。战斗开始的那一天，理查三世让马夫备好自己最喜欢的战马，让铁匠给战马钉好马掌，自己信心百倍地准备出征。不料想，铁匠在钉最后一只马掌时，发现缺了一颗铁钉，而国王马上就要出征作战，已经来不及把最后一只马掌钉牢，于是国王骑着战马出发了。

两军对垒，理查国王冲锋在前，"冲啊，冲啊！"他高喊着，率领队伍冲向敌阵。敌军已经开始乱了阵脚，国王的队伍眼看就要获胜。这时，突然一只马掌掉了，奔跑的战马猛地跌翻在地，国王也被抛出好远。里奇蒙德伯爵率领的军队看见国王落马，立刻反守为攻，冲上来俘获了理查三世。理查三世事后悲愤不已，"一颗铁钉竟让我失去了整个国家！"

细节养成习惯，习惯造就人生。想要成功就要从穿衣戴帽那些小事做起，一点点培养自己的好习惯、塑造自己完美的人格，不要让自己的工作、事业、爱情因为一点小节未注意到而一败涂地。

任何事物都有一个从量变到质变的过程，小节问题同样具有潜移默化的作用，平时不拘小节，就有可能微恙成大疾，小问题演化成大问题。反腐成为当今最热门的词语，当翻看那些贪腐官员履历时，人们会发现很多官员并不是天生就腐败的。那些受贿、贪污几百万、上千万的人大多是从抽一条烟、吃一顿饭、收一些土特产开始的。总认为这些小事情只是人之常情，即使犯错也是小事。事实上，有了第一次就会有第二次，积少成多，积小成大，开始的松懈，终于让他们陷入了不可自拔的泥潭。当事情败露，惩罚到来时再去反省就晚了。

"勿因善小而不为，勿因恶小而为之！"列宁也曾说：要成就大事，就要从小事做起——大事是彼岸，小节是舟；只有注重了小节，才能到达理想的彼岸！

# 衣贵洁，不贵华

## 原　文

> 衣贵洁，不贵华，
>
> 上循分，下称家。
>
> 对饮食，勿拣择，
>
> 食适可，勿过则。

## 译　文

穿衣注重的是整洁，不在于是否华贵。穿什么衣服，一方面要考虑到是否符合礼节，另一方面也要考虑到自己的经济状况。

对于饮食，不要过于挑剔。吃饭吃饱就可以了，不要过量。

## 经典解读

穿衣服干净、整洁、得体就可以了，至于是否华贵、是否是名牌，这都不重要。衣服得体主要考虑两个方面，一个是是否符合礼节，符合风俗习惯，尊重他人；一个是衡量自己家中的经济状况。丧礼不穿红色，有些地域、民族因为某些风俗习惯，在一些场合忌讳一些颜色、服饰，这都是穿衣时应考虑的。人们都喜欢穿得好点，维护面子，但不应为了满足虚荣心，而给家中增加负担，让父母为难。

饮食不要过分挑剔，均衡的营养有助于健康。无论饭好还是饭坏，都不要暴饮暴食，这既失风度，也不利于身体。

子曰："食无求饱，居无求安。"《管子》云："厚于味者，薄于行。"人生要有更高的追求，不要将所有的精力都放在吃喝之上，过于注重吃喝，只能成为饭桶。

## 哲理引申

<h2 style="text-align:center">俭以养德 奢以害身</h2>

"衣贵洁，不贵华"、"对饮食，勿拣择"，所讲的就是一个"俭"字。勤俭节约，是中华民族的传统美德，是修养其他道德必不可少的行为基础，也是我们每个人义不容辞的责任。在平时生活中应时刻记得："一粥一饭，当思来之不易；半丝半缕，恒念物力维艰。"古人云：俭以养德。一个人过于注重衣着的奢华，就难以集中精力修养自己的内在道德；一个人过于注重口味的享受，就必然减少了学习知识的时间。

"由俭入奢易，由奢入俭难"。一个人如果养成了奢侈的习惯，是很难改正的，如果将生命的大部分时间都用在吃喝玩乐上，这个人是很难在事业上取得成就的，相反，奢侈浪费是导致很多家庭破产、国家败亡的主要原因。

殷商时期，纣王继承了帝位，即位之初他就命人为他制作了一副象牙筷子，这事恰好被贤臣箕子知晓了。箕子忧心忡忡地对同僚大臣说："大王生活要腐化了，国家以后可就危险了啊！"

同僚很奇怪，问："不就是一副象牙筷子吗？国家这么大，大王用象牙筷子也没什么啊，您为何小题大做呢？"

箕子叹了口气，说道："一副筷子虽小，但这却是滑向奢侈深渊的开端。有了这样的筷子，一定不能再用瓦器盛饭，要配犀角之碗，白玉之杯。玉杯肯定不能盛野菜粗粮，只能与山珍海味相配。吃了山珍海味就不肯再穿粗葛短衣，住茅草陋屋，而要衣锦绣，乘华车，住高楼。国内满足不了，就要到境外去搜求奇珍异宝。人的贪欲是没有止境的，国家再大，人民再多，也总会有承受不了的一天，上面的人骄奢无度，下面的人苦不堪言，上下离心背德国家如何不危险呢？"

果然，纣王对生活的要求越来越高，不断搜刮财宝，盘剥百姓，大兴土木，大选美人充斥宫殿，整天在淫歌艳舞中饮酒作乐。国内百姓苦不堪言，四方诸侯都心生不满，周国的文王、武王趁机扩充势力，最终一举消灭了殷商，纣王也自焚而死。

"非淡泊无以明志，非宁静无以致远"。立志、修身都尚节俭、尚朴实。智者深知这一点，所以无论在高位还是在低位，都有意地坚持节俭、朴实的生活。曾国藩是近代家教的典范。他本人就十分崇尚节俭，虽然身居高位，家产富足，他却常以豆腐、腌菜、泡菜佐食，且都是菜根，只在客人来的时候稍加荤菜，也主要是给客人备的。曾家家规有"女子每月做鞋一双，腌菜一坛"。李鸿章曾说："恩师的一日三餐连一般百姓都不如。"

无独有偶，北宋名臣范仲淹就是个一生力行节俭的人。

范仲淹小的时候，读书于淄州长山醴泉寺，每天的饮食仅仅一钵稀粥，先冷却，然后分成四块，早晚各两块，再配以盐拌韭菜末。此时他每天只想着读书，倦怠时以凉水浇脸，饥饿时以稀粥为食，日夜与诗书相伴。同学见他如此刻苦，于是向父亲说了他的情况，同学父亲邀请他到家中吃饭，范仲淹婉言拒绝。同学将好的饭菜带来给他，过了很多天发现范仲淹还是每天吃稀粥，那些好的饭菜一动没动，都馊掉了。同学很气愤，问范仲淹是不是看不起自己。范仲淹说："你们的好意我都心领了，我并非不知感恩，只是因为自己吃稀粥吃习惯了，一旦尝到了美味，就怕自己以后再也吃不下粗饭了。"

范仲淹成为朝廷重臣后，依然以节俭持家，要求家人生活杜绝奢靡。他的二儿子范纯仁娶了朝廷重臣王质长女为妻，儿媳妇从小享受已成习惯，结婚以后到范家很不适应清贫生活。一天范仲淹看到这位儿媳从娘家拿来优质丝绸做帐幔，心里很不高兴，指责儿子和儿媳说："这样好的绸缎，怎么能用来做帐幔呢？我们家一贯讲究清素节俭，你们如果把这些奢华的坏习惯带到家里，搞乱了我的家法家规，我就要在庭院里用火烧这些绸缎！"在他的要求下，媳妇撤去了那些奢华的帐幔，渐渐也养成了节俭的好习惯。

范仲淹《严先生祠堂记》有云，"云山苍苍，江水泱泱，先生之风，山高水长"，这便是他一生所追求的境界与品质，也是当前物欲横流的社会所最缺少的风气。作为子弟，每个人都应该将修德、求学放在前面，努力追求更高的理想，成为对社会更有用的人才，如此才能对得起自己，对得起父母家人。作为父母来说，要从小教给孩子节俭的美德，不要对他们娇生惯养，过于溺爱纵容反而会害了他们。

# 年方少，勿饮酒

### 原　文

年方少，勿饮酒，

饮酒醉，最为丑。

### 译　文

年纪还小时，不要去饮酒。饮酒醉了，丑态毕露，让人难堪。

### 经典解读

三国时期经学家王肃在《家戒》中说："酒，是为了对别人表示敬意，是为了怡养自己的身心，增强欢乐气氛的，但如果过量饮酒，酒反而成了祸害，甚至给人带来灾难，所以一个人在酒上不能不慎重啊。"

饮酒有好处，可以调节人的心情，活跃氛围，但过量饮酒的害处是很大的。首先，对健康十分不利：大量饮酒会伤害中枢神经，伤害肝脏，导致大脑皮质萎缩，引起胃出血等；其次，酗酒容易导致人情绪激动、判断力下降、扰乱社会秩序；再次，醉酒者常常有暴力倾向，影响夫妻关系，是家庭暴力出现的重要原因；酗酒还会导致人精神恍惚，难以集中精力，给工作、学习、生活带来很多负面影响。

酒经过长期的发展，已形成一种文化，其中有精华，但更多的是糟粕，而涉世未深的年轻人最容易受到这种糟粕文化的影响。因为酒，结交很多不三不四的朋友；因为酒，滥用职权，违反法律；因为酒，沉溺于享乐、奢侈之中……年轻人血气未定，面对外界种种诱惑，还不具备完全的抵御力，所以说"年方少，勿饮酒"，过量饮酒常常有后患！

## 哲理引申

### 年少莫饮酒

上面这段话主要告诉人们，年纪轻轻的，不要沉溺于饮酒寻欢之中，要能对抗酒色等各种诱惑。

当今社会，酒已成为吃饭、聚会的必备之物，白酒、啤酒、红酒、洋酒……各种各样。很多人觉得干什么没有酒就营造不出气氛来，朋友聚会要喝酒，谈生意要喝酒，过生日要喝酒，结婚生孩子更要喝酒……殊不知满满一杯酒，看似喝的是快乐，其实都是慢性毒药。有人喝酒成瘾，年纪轻轻就患上了高血压、肝硬化等只有老年人才易患的疾病。有的人一次喝酒太多，酒精中毒，险些丢掉性命；还有的人喝了酒开车，出了车祸既害了自己又害了别人……

人人都知道喝酒对身体不好，但还是有那么多人喜欢酗酒；人人都知道赌博害己败家，但还是有那么多赌徒；人人都知道贪污腐败没有好下场，但还是有那么多官员走上歧路……为什么人们明明知道是错误的事，还要坚持去做呢？就是因为这些人在外界的诱惑面前过于软弱，在面对冲突时，理智轻易地就向欲望屈服了。

一个人只有树立坚定的立场，时刻把握自己的处事原则，做到内心的坚强，才能在物欲横流的社会中，在各种欲望之下，不被诱惑侵蚀，立于不败之地。在做事之前多反思，多问问自己，它能给我带来什么？它到底是有利的还是有害的？我如此做是否理性？有利的事就立刻去做，有害的事就果断放弃！人有欲望，但不应该被欲望牵着走。

酒祖仪狄酿出了十分美味的酒，就将它献给了大禹，大禹喝了以后十分高兴，一连三天忘记了上朝，他醒来以后，想到自己的所作所为，慨然长叹，后世一定有因为饮酒而失去国家的人，于是就疏远了仪狄。大禹，可谓是能够真正对待外界诱惑的人了，在外界诱惑给自己带来不尽愉悦时，还能想着自己的志向和得失。相反，很多人面对诱惑，只想着眼前的利益，忘记了做人根本的原则，最后一点点地下滑，直至堕入罪恶的深渊无法挽回。

一个青年找到智者倾诉说自己自制力太差。智者问："为什么这样说呢？"

青年回答道："我有两个坏习惯，一是喜欢饮酒，二是喜欢赌博。我知道这很不好，我的妻子因为这个整天生气，我的母亲因为这个整日操心。我想戒掉，却无法如愿。"

智者回答："在饮酒前，用锥子狠狠地扎自己一下；在赌博前，用锥子狠狠地扎你的母亲一下。"

青年疑惑地问："这是为什么？我只是想戒掉自己的毛病，并不想伤害自己，更不敢伤害我的母亲啊？"

智者说："锥子只能刺痛大腿，而饮酒损害的是自己的五脏六腑，是五脏六腑重要，还是大腿重要呢？你赌博，你的母亲心中十分痛苦，锥子刺她只痛在腿上，是大腿重要还是心重要呢？"

是啊，我们之所以无法抵御那么多的诱惑，就是因为目光过于短浅，还没有看到它们带来的真正坏处。很多人，酗酒不知悔改，直到有一天家人都离他而去，才知道跪在地上痛哭流涕；很多人上了赌桌什么都忘记，直到债主上门，才晓得自己犯了多大的错；很多贪腐官员，平时不知收敛，当惩罚降到了头上，才知道自己已经无法挽回了……

面对诱惑时，先想想它造成的后果，痛就不要去做，大声地对诱惑说不，人生才能健康正常地发展。

# 步从容，立端正

## 原　文

步从容，立端正，

揖深圆，拜恭敬。

勿践阈，勿跛倚，

勿箕踞，勿摇髀。

缓揭帘，勿有声，

宽转弯，勿触棱。

## 译　文

走路步伐应当从容稳重，站立时身姿应当端正大方。问候他人时，鞠躬致礼要真诚恭敬，不可敷衍了事。

进出门时不要践踏门槛，不要歪歪斜斜地倚靠着什么；坐的时候不要伸出两腿，不要没事摇晃大腿。

掀开门帘时动作要舒缓，不要发出大的声音；转弯时动作要大方得体，不要碰触物品的棱角。

## 经典解读

这几句主要讲君子行止的仪容问题。

《诗经》上说："人而无仪，不死何为？"人应该注重自己的仪容，行进止退都要动作舒缓大方，这样才是对身边人尊重有礼；一个人如果过于随意散漫，就会让人觉得不礼貌、不恭敬。"站有站相，坐有坐相"，站立就要抬头挺胸，精神饱满，不可以弯腰驼背，垂头丧气；坐着时，身躯要端正，两腿要摆好；行走时步伐应当从容稳重，不慌不忙，不急不缓；问候他人时要真诚恭敬，不能敷衍了事；进出门时脚不要践踏门槛；更不要一坐下来就拼命地摇腿，这些都是最基本的行为要求。

生活中，做任何事情都要细腻、轻柔，不可以粗鲁、急躁，一方面轻拿轻放、走路轻盈，不致打扰到别人，是替他人着想的体现；另一方面也要在这些小事中，养成淡定、安稳的性格，戒除急躁、急于求成。

**哲理引申**

## 为人应沉稳 举止莫轻佻

上面这段话，告诉人们要行事沉稳、舒缓，站有站相，坐有坐相，不能总是慌慌张张，失魂落魄的。人无论在什么时候，都应该有个好的"相"。相由心生，这个"相"，不仅仅是相貌、长相，还有站相、坐相，以及其他生活中的一举一动。一个人的站相、坐相，是内在心境的外显，可以通过它们观察一个人内心如何。如果做事规规矩矩，说明这人一定是个谨慎、仔细的人；做事毛手毛脚，说明他内心浮躁；做事慌慌张张，说明他心中不安，有心事；做事从容不迫，说明他为人坦荡……

心境支配动作，动作反过来也能影响一个人的心境。安静地坐禅，就是为了养护内心的宁静；练兵时大声嘶喊，就是为了培养内心的勇气。而本节所讲的"进出门时不要践踏门槛，不要歪歪斜斜地倚靠着什么；坐的时候不要伸出两腿，不要没事摇晃大腿"也是为了养成沉稳的气质，规矩的性格。

沉稳的气质往往在人际交往中给人以踏实、稳健而且富有魅力的感觉，可以体现出一种强大的气场，让人觉得这人靠得住，办事靠谱，会给他带来很多益处。相反，如果一个人外表轻佻，做事风风火火的，让人一看就感到靠不住、不靠谱，也就没人愿意将事情托付给他了。

张扬大学学的是金融专业，毕业以后找工作找了好久，参加过几次面试都被拒绝了。他实在不知道自己哪个环节出了问题，论学习自己是班里的前几名，各科成绩都十分优秀；论长相，虽谈不上帅，倒也一表人才，绝对不会让人讨厌的；论言语，他口齿清晰，谈吐大方，没理由被人看不上啊？

于是他找到了就业指导中心的老师，讲述了自己遭遇的情况，老师和他聊了几句后说："明天这个时间到我的办公室来，我们来一次模拟面试。"

第二天，张扬一走进老师的办公室，老师就皱起了眉头，问："你以前都是这么去面试的？"

"是啊。"

"那难怪被人拒绝了。"老师说，"金融行业需要的是成熟理性的人，你看看你，正装都没有穿，还穿着运动鞋、运动服，头发也没有整理，阳光倒是很阳光，可没有需要的那种沉稳的特征。进门打招呼的动作过于轻佻了，坐到我面前时椅子也没有摆正……这些小节都是你被拒绝的原因。"

张扬认真听从了老师的教导，练习了自己面试的技巧，终于找到了一份满意的工作。

很多很有才华的学生，就是因为没有及时转换自己的形象，给人一种轻佻、不沉稳的感觉而失去了工作的机会。社会不同于校园，人与人之间不会像同学、朋友之间那么互相包容、互相了解。人们接触的机会很少，所以第一印象就显得十分重要，给人留下一个沉稳的印象，往往就能得到改变命运的机会，相反，如果留下轻佻浮躁的印象，则会失去很多本应该获得的机会。

人们往往可以从一个人的行为举止上看出这个人前途如何。历史上有这样一个"看相"的故事：

魏明帝去世后，魏国大权都掌握在大将军曹爽手中，当时的大名士何晏是曹爽的亲信，一时权倾朝野，一次他在宴饮中邀请著名的相士管辂为自己看相。

何晏说："听闻您算卦神妙，不妨为我算一卦，我能否位列三公呢？我最近经常梦到青蝇数十只，飞到鼻子上，驱之不肯去，不知道有什么暗示呢？"

管辂说："现在你位高权重，而感怀你恩德的人少，害怕你的人多，这并不是多福啊！鼻子是天中之山，越高就越能长寿富贵。今青蝇是逐臭的东西，而云集鼻子之上，盛衰祸福，不可不慎。谦惠慈和，非礼不覆，上追文王，下思孔子，然后三公可决，青蝇可驱也！"

当时曹爽的另一个亲信邓飏也在场，听了这话，不以为然地说："此老生之常谈！"

管辂回答说："夫老生者见不生，常谈者见不谈。"这句话的意思就是说我这个老生，将要看到你们"不生"了，这是隐语，预言了他们将死。

何晏听了很不高兴，就下了逐客令让管辂回家了。管辂回到家把预言说给他的舅舅听，舅舅吓得不得了，说："你怎么能乱解梦呢？何晏、邓飏都是曹爽的亲信，如今正得势，怎么可以得罪他们！"

管辂说："与死人说话有什么可以畏惧的呢？我是从他们走路言行中看出他们不会长久的。邓飏走路时，筋不束骨，脉不制肉，起立倾倚，就像没手没足一样；何晏神情魂不守舍，血气不华，精气浮躁，面如槁木。这都是将要败亡的信号。"

他舅舅听了大怒，骂他胡说八道。

然而过了不久，司马懿就发动政变，史称高平陵之变，诛杀曹爽，何晏、邓飏等人都因为依附曹爽而被夷灭三族。这个时候他舅舅才算服了。

管辂看相，其中含有阴阳五行等封建迷信成分，但他对何晏、邓飏二人分析得还是很准确的——举止轻佻、浮躁的人，一定不会长久。"筋不束骨，脉不制肉，起立倾倚"，就是告诫人们要行坐有节，要沉稳，不要轻佻。

孔子早就告诉过人们，"席不正不坐，割不正不食"，这并不是迂腐，而是着意对人性情的一种培养。在当今生活中，我们更要注意努力在生活中培养自己沉稳的性格，改掉轻佻浮躁的毛病。

做一个沉稳的人就要遇事冷静，临危不乱。在很多突发事件中，我们并不是毫无能力应付，而是过分紧张和盲目轻佻的选择让我们乱了阵脚，从而导致了各种危害的发生。做一个沉稳的人，就要学会控制自己的情绪，不要总是为了一些小事向他人倾诉，或是将他人当作自己的发泄口，这样只能让自己更加脆弱、浅薄；做一个沉稳的人，要学会规划自己的时间。无论做什么事都要先做好各种准备，这样就不会临时抱佛脚，遇事手足无措了；做一个沉稳的人，不要急功近利，看到别人干什么自己就一时冲动，盲目跟风，这样只会让自己失去判断能力，越来越没有自主能力。

对自己的言行，一定要深思熟虑，不要因一时意气而追悔莫及！对复杂的事情，要有耐心，不要因为一时的挫折，而自暴自弃！对身边的人，要宽容大度，不要因为一点小事乱发脾气，把自己变成孤家寡人！沉稳淡定让人越来越接近成功，而浮躁轻佻则让人远离目标！

## 生活中要学会从容

"步从容，立端正"，就是告诉人们干什么都要沉稳、从容，不能急躁。生活需要踏踏实实地过，幸福需要一点一滴地品味，你所做的就是舒适地迈开自己的脚步向前走，用自己的心去体味生活。

从容是一种生活态度。从容就是不逼迫自己，不给自己和周围的人带来太大的压力。从容地生活，快乐地工作，是对自己最好的奖励，是对身边人最好的慰劳。面对落差，面对失败，面对挫折，不要着急，不要自暴自弃，相信阳光总在风雨后。

从容是一种源自内心的自信。有了这种自信，遇事才会坦然、冷静，面对突如其来的打击，才会泰然处之。工作或是生活中，我们常常会遇到这样、那样的不如意，从容就是相信自己，相信只要拥有冷静的心态，便一定可以战胜所有的困难。

从容是一种海纳百川式的宽容。别人冒犯了我们，不去计较；同伴做得不够好，不去抱怨；别人对我们有误会，不去怨恨。从容地面对一切失意和挫折，告诉自己："天下本无事，庸人自扰之。"生活这么美好，我为什么要生活在烦恼、痛苦之中呢？

寺里的老和尚带着自己的小徒弟去山下办事，路上遇到一条河流。刚刚下过一场雨，河上的小桥被冲坏了，往来的人都脱下鞋子蹚过河去。一位年轻漂亮的女子，在河边犹豫彷徨，看来是想过河，又有点害怕。路人看到她年轻漂亮，都不敢上前帮忙，唯恐别人误会自己。

老和尚见了，便主动上前背起女子向河对岸蹚去。然后放下女子，与小和尚继续赶路了。小和尚看到师父前去背那女子心中就犯了嘀咕：师父怎么了，别人都害怕被说闲话，他一个出家人倒不注意了，竟然在众目睽睽之下背着一个陌生女子过河。

在后来的路上，小和尚一路走，一路想，几次想出口问师父，都没有开口。最后快到目的地了，终于忍不住了，说道："师父，你犯戒了！你天天教育我，为什么自己却在路上背起了一个女人呢？"

老和尚叹了一口气说："我背的女人，过了河就放下了，你却在心里背了一路，现在还没放下！"

老和尚是个有智慧的人，背起女人是权变，过河就放下是从容，而别人虽然没有将女人背在背上，却将"男女授受不亲"的偏见放在心里，不能放下。不能放下的东西越多，人心就越累，人生就越痛苦。

从容告诉人们放下，放下偏见、放下仇恨、放下忌妒。从容告诉人们停下，停下抢夺、停下贪婪、停下奢望。现代社会就像一个巨大的车轮，一刻不停地向前飞奔着，生活在其中的我们，不得不拼尽全力跟上它的步伐，唯恐一停下来就被社会所淘汰。时间久了，我们忘记了生活本身的样子，只记得：要不停地跑，不停地跑……

我们到底在追什么？是什么驱使我们"忘我"地前行？有人说是金钱的缺失，有人说是和他人的巨大差距，有人说是对少数机会的渴望，有人说是养家糊口的巨大压力。这一切真的那么重要吗？为了它们我们真的连停下来喘口气的工夫都没有吗？当我们眼睛盯着这一切的时候，早已忘记了什么才是生活的本质、什么才是人生的目的。速度并不等于成功，疾行并不等于先到。很多人之所以感觉压力巨大，感觉自己的生命绷得紧紧的，完全是因为浮躁、焦虑、恐惧而导致的盲目跟风。

奥巴马、普京的位置我们可能永远爬不上去，马云、王健林的财富我们可能永远比不过，但我们有必要为此而感到忧虑，为此而逼迫自己吗？人应该追求本真的自我，执着于自己心灵的需求。富贵是人人都想要的，孔子却说："君子固穷"、"不义而富且贵，富贵于我如浮云"，当官是大多数人都梦想的，陶渊明却"不为五斗米折腰"，甘愿"采菊东篱下，悠然见南山"。

领悟生活的真谛，守护最朴实最健康的当下，才是人生最好的选择。很多人每天都被"急"和"忙"催促着，但是急过了、忙过了，到头来还是不尽的空虚。心中浮躁，生活方向不对，越是努力，你就越离目标遥远。学会减速，"慢"下来，静静地用心体悟生活，我们会发现花开花落之美，会感到平淡生活的可贵。

一位渔夫躺在河边，懒洋洋地望着河里的鱼漂，心里盘算着中午的鲑鱼、三明治加啤酒的午餐。这一幕恰好被一位商人看到，于是走来对他说："你为什么不多放几根鱼线呢？那样就可以钓到很多鱼了。"

"要那么多鱼有什么用？"渔夫不解地问。

"要是有很多鱼，你在满足生活之余，就可以拿去卖钱，攒够了一定的钱，就可以买一艘大的渔船，还可以开一家鱼店，以后规模大了，甚至可以开连锁店，两家、三家……用不了多久，说不定你就会成为一个富翁了。"商人得意地说道。

"那又怎么样呢？"渔夫平静地问。

"那样的话，你就再也不用为生活发愁了，你可以做一切想做的事，每天躺在这里。无忧无虑地钓鱼、晒太阳。"

"可是，我现在就在这么做啊！"

生活到底是什么？其实，很多时候幸福就在我们身边，我们所期望的生活正是自己现在正在做着的，只不过我们自己没有感受到，反而翻山越岭，跋山涉水地去他处追寻。我们得到了什么呢？财富、名利、权力、地位……到头来发现，这些其实都不是自己真正想要的，我们所想要的只是无忧无虑地"钓鱼"。

被人误解时能微微一笑，是一种修养；受委屈的时候能坦然一笑，是一种大度；吃亏的时候能开心一笑，是一种豁达；无奈的时候能达观一笑，是一种境界；危难来临时能泰然一笑，是一种大气；面对万事万物能平静地一笑，就是一种从容。从容地生活，从容地享受自己的生命吧！

# 执虚器，如执盈

## 原 文

执虚器，如执盈；

入虚室，如有人。

## 译 文

拿东西时要注意，即使是拿着空的器具，也要像里面装满东西一样。进入无人的房间，也要像有人在一样，保持应有的仪容。

## 经典解读

为人处世要有恭敬之心，行事立身要有谨慎之心，恭敬之心、谨慎之心来源于何处？就是生活中点点滴滴的小事。《诗》云："战战兢兢，如临深渊，如履薄冰。"每天都怀着这种心情做事，唯恐将事情做不好；每天都怀着这种心情待人，唯恐对人不周到。日复一日，恭敬、谨慎之心也就养成了。

"入虚室，如有人"，为人应当表里如一，在他人面前怎样，独自居处时也应当怎样。《中庸》有言："君子必慎其独也。"《汉书·刘向传》中说："君子独处，守正不挠。"

当今社会，慎独的美德尤为稀缺。由于市场经济负面效应的影响和新旧道德交替产生的空缺，社会上出现了很多丑恶的现象：假商品、毒食品、不守交通规则、缺少社会公德，要治理好这些不能仅仅靠法律制裁，不能仅仅靠摄像头监督，最有效、最长久的办法就是提倡传统美德，而慎独正是最为迫切的。

<u>哲理引申</u>

## 君子慎独

以上两句，告诉了人们慎独的重要性。修行最难的就是慎独。所谓"慎独"就是"君子不欺暗室"，在独处之时也要谨慎地坚持自己的原则，在没有他人监督的时候也能不违背道德规范。

慎独是一种生活智慧。懂得慎独的人知道生活追求的是什么——是自己内心的坦荡，而非他人的评价、赞誉。懂得慎独的人知道尊严来源于哪里——是自身道德的真正完满，而不是在他人面前的虚伪巧饰。懂得慎独的人知道什么对修行最有害——不是错误被发现，而是掩饰错误，故作高尚；懂得慎独的人知道何为内，何为外——他们为自己活着，而不是为了他人眼中的自己。

一天，斑鸠看到猫头鹰背着大包小包向山林的另一侧飞去，就问："你这么匆忙是在干什么啊？"

猫头鹰说："我准备搬到东边去住。"

斑鸠问："你不是刚刚搬过来吗？"

猫头鹰说："村里的人都讨厌我的叫声，因此我要搬走了。"

斑鸠说："你怕被别人讨厌，就要改变自己的叫声啊。你要是不改变自己的叫声，难道搬到别的地方去，人们就不讨厌你了吗？"

在这则寓言中，猫头鹰就是一个不懂得慎独的"人"，这样的人，十分在乎他人的评价，总是根据他人的褒贬而四处奔波，却从来不知道真正地改变自己。慎独的人能够"定乎内外之分，辨乎荣辱之境"，他们永远会从自己身上找原因，所以他们总是能够及时改正自己的缺点，及时赢得他人对自己的尊重。而不知慎独的人，总是在环境上找问题，总是抱怨他人的错误，所以他们永远不会进步，永远活在对他人的幻想之中。

慎独是一种心境。古代的圣贤就是用慎独来冶炼性情，修养品德，洁净灵魂，最后达到修身、齐家、治国、平天下的人生目标。曾子说："吾日三省吾身。"屈原说："举世皆浊我独清！"陶渊明说："不汲汲于富贵，不戚戚于贫贱。"无论外界如何，慎独之人都能反省自身，坚守原则，不被外欲所驱使。

东汉名臣杨震就是一个能够慎独的人。《后汉书·杨震传》记载，杨震为官清廉，不谋私利。一次，他在上任的途中路过昌邑县，县令王密是杨震早年推荐的人才，王密为报答杨震推荐之恩，夜里揣着十斤金子前去拜见。杨震说："你这是为何？难道你还不了解我吗？"王密说："不碍事，夜里没人知道。"杨震严肃地对他说："天地知，神灵知，我知，你知，怎么能说没人知道呢？"说得王密羞愧而去。

慎独是一种情操。面对权力、金钱、美色的诱惑时，保持一种淡定的心态；在没有他人监督的情况下，保持一份清醒的自律头脑。内不欺己，外不欺人，上不欺天，下不欺地；每动一心，应明天知，地知；每行一事，应知举头三尺有神明；每见一人，应晓"他人视己，如见肺肝然！"

一位游客去泰国旅游，在一个集市的货摊上看到了几件十分可爱的小纪念品，他选中了三个后就问价，女售货员告诉他每个100泰铢。游客还价60泰铢，售货员不同意，对游客说："我每卖出100铢，老板才会付给我十铢的报酬，如果按每个60铢卖，我就什么也得不到了。"

听了售货员的话，游客对她说："这样吧，你卖给我60铢一个，我额外给你20铢的报酬，这样，你得到的报酬比老板给你的还多，我也少花点钱，我们双方都有好处。"

本以为售货员一定会答应，没想到她立刻摇头。游客于是向她强调："我绝对不会对他人说的，你的老板也不会知道。"

售货员坚定地摇了摇头，说："佛会知道。"

是啊，佛会知道。女售货员是个有信仰的人、有智慧的人，她做到了"慎独"二字，能够在利益面前坚守了自己的良心，坚守了自己的原则。虽然没有得到额外的金钱，但她的心灵是坦荡的，永远不会为此而感到自责。

慎独是其他美德的一种延伸。在父母看不到的地方，想到他们的谆谆教导，不违背他们的告诫，这是慎独；在妻子不在身边的时候，坚持对爱情的忠贞，这是慎独；在朋友看不到的地方，记着交友以信的原则，不去做见利忘义的事，这是慎独；在缺乏监督的环境中坚持自己的职责，不做违法乱纪的事，这是慎独；看到没人要的财物，可以占有，而不去占有，这是慎独……慎独就要提高自己的道德修养，坚定自己内心的人格力量，认清什么该做，什么不该做，该做的事，即使他人都反对，也不停止一步；不该做的事，即使他人都去做，也不动摇半分。

慎独是我国传统文化中独具特色的修身之法、养德之方。几千年来，它对我国人民人格塑造、道德提高起到了不可忽视的积极作用。慎独是中华民族传统道德的精髓之一，在现代化建设中更应该发挥重要的作用。我们每个人都应用它来衡量自己，来要求自己，来磨砺自己，做一个表里如一，道德高尚的人！

# 事勿忙，忙多错

## 原　文

事勿忙，忙多错，

勿畏难，勿轻略。

## 译　文

做事不可急忙慌张，因为错误多从忙中出。做事既不要畏惧困难，也不可掉以轻心。

**经典解读**

遇事从容不迫，才能懂得轻重缓急，先后顺序，不会在忙中出错。处事接物当中要懂得先后顺序，要看清楚事情的轻重缓急，哪些事要现在做，哪些事可以暂缓一步做，哪些事并不必要去做。

古人强调修心："泰山崩于前而色不变，麋鹿兴于左而目不瞬。"要在平时生活的小事中注意培养自己的耐心、毅力以及处理问题的能力。把遇到的困难当成一项项挑战，不要害怕它们，而要感谢挑战、感谢逆境，坚信只要不怕困难，通过努力，就一定能成功。

**哲理引申**

## 成功最忌急于求成

"事勿忙，忙多错"，就是说干什么都不能急，急了就会出错。上学的时候，体育老师都会告诉我们，对于跑步，不同距离的比赛，有不同的技巧。若是 50 米短跑，参赛选手需要短时间内爆发所有的力量；若是 100 米短跑，就得稍稍控制体力，以确保从头到尾都能保持很快的速度；若是 400 米、800 米中长跑，那么一开始就不能太使劲，以确保后段路程的体力；若是 1000 米以上，那就不能靠急性子和爆发力了，而要靠不紧不慢的持久力和忍耐力。

"欲速则不达"，无论干什么都要一步一个脚印，踏踏实实地来，如果只是为了短期利益而急于求成，那反而会离目标越来越远。世上没有空中楼阁，揠苗助长只会让所有的禾苗干枯而死。

寺中院子里长了几棵大树，秋天到了，风一吹树叶就飘落下来，铺满院子。寺中负责打扫院子的小沙弥为此十分苦恼。为了扫净落叶，他不得不每天天刚亮就起来扫地，可是树叶就像有意和他作对一样，头一天扫完了，第二天依旧满庭都是；有风的时候，刚刚清扫完，一会儿又飘下几片，似乎总也扫不净。

做饭的和尚看到小沙弥的困窘，就对他说："你在扫地前为何不使劲摇晃一下大树呢，这样就可以使第二天的落叶一起落下来了。"小沙弥很高兴，于是他起了个大早，扫地前使劲地将所有的树木都摇了一摇。他累得满头大汗，但想到第二天就不用扫落叶了，心中十分高兴。

然而，第二天小沙弥刚刚推开门，就看到满地都铺着金黄色的树叶。"也许是自己摇得还不够用力吧。"小沙弥不死心，于是更加用力地摇了摇所有的树，尽管很累，但想到明天就真的不用扫地了，他还是满心幸福。

可第三天，当他推开门时，眼前依旧是遍地黄叶的情景。小沙弥气得坐在地上哇哇哭了。方丈看到后，问明了缘由，笑着对他说："这些树每天都会有新落叶，今天的树叶只能落在今天，明天的树叶也只能落在明天。我们今天的事，就是扫净今天的树叶，明天自然有明天的树叶要扫，为什么要急着将明天的事做完呢？"

我们在生活中，也常常遇到小沙弥这种情况，总是想一口气将所有的事情都解决，结果今天的事也没做好，明天的事也没了结。到头来自己忙忙碌碌，晕头转向，什么也没干成。

渴望成功的心态谁都能理解，但要时刻明白，成就大事业没有一蹴而就的，心急吃不下热豆腐。一步一步打好基础才能走得更高，一口吃得太多，只会引起消化不良。"宝剑锋从磨砺出，梅花香自苦寒来"，任何一种本领都要经过艰苦的磨砺，任何一个光灿灿的奖杯背后，都付出了无数沉默无言的汗水。

就像蛹化为蝶一样，所有的事业都必须经历一个痛苦挣扎、奋斗的过程，才能让人强大并成熟起来。急于求成，只能适得其反，结果只能功亏一篑。

传说，热带雨林中有一些"神木"都是无价之宝，只要得到它们便可以一生富贵。一个年轻人听了这样的传说，决定深入雨林探寻神木。他历经了千辛万苦，终于在树林中发现一棵巨大的散发香气的树木。年轻人十分高兴，就砍下大树，将树干拖到集市上去卖。然而，一连几天，没有一个人对他的木头感兴趣。年轻人十分失望，觉得自己带来的根本就是普通的树，没有一点价值。这时，他发现旁边卖炭的人生意很不错，就把自己的树也烧成了木炭。年轻人将木炭卖完以后，就回到了家中，他将自己发现树木又烧炭卖掉的事告诉了父亲。

他的父亲听完后连声惋惜，对年轻人说道："孩子，你所找到的就是传说的神木啊，它叫沉香树，从上面切下一小块，价钱顶过你卖一年木炭，可惜你却将它烧掉了。"年轻人听后，后悔不已。

孔子说："无欲速，无见小利。欲速则不达，见小利则大事不成。"人做事的时候眼光要远一点，不仅要看到近期的得失，还要看到长远的影响。真正成大事者要有一份定力，遇事要能临危不乱、镇定自如，这也是一种智慧的胸襟。

然而现实生活中存在很多急功近利的现象：建房子的过于追求工程进度，反而忽视了房屋质量，人们住进去不是漏水，就是裂缝，在新房子里战战兢兢完全失去了迁入新居的乐趣；发展经济时，只盯着指标，结果工厂办好了，环境却彻底毁掉了，只能再花大力气、投入大量金钱治理；为了解决环境问题，开始大量造林，林子一造造一大片，但一年过后成活的没有几棵，树种也浪费了，劳动也白瞎了，问题一点没有解决；教育孩子时，根本不考虑孩子的心灵成长，不考虑孩子的接受能力，一下子报一大堆班，恨不得将那些知识一下子都灌进孩子脑袋里；上学的时候，只关心什么专业好就业，完全没有在意自己的兴趣、特长，结果学了以后，发现兴趣不在，后悔不已……

这些现象，归根到底就是因为人们太急于求成了。在功利主义的驱使下，为了及早获利，不惜走不切实际的"捷径"，违背事物发展规律，到头来好心变坏心，好事成坏事，害人、害己，甚至危害国家、人民。这些教训都告诉我们，急于求成是永远不会获得想要的效果的，只有脚踏实地才能获得最终的成功。

# 斗闹场，绝勿近

原　文

斗闹场，绝勿近，

邪僻事，绝勿问。

## 译　文

容易发生争吵打斗的不良场所，绝对不要去接近。邪僻不法之事，绝对不要过问。

## 经典解读

有些人看到他人争吵、打闹就喜欢看热闹、围观，这既滋长了自己幸灾乐祸的不良之心，又容易受到波及，被无端伤害。有些人认为自己自制力很强，面对赌博、色情、毒品等罪恶之物，觉得一时寻求点刺激没有什么，以后能戒掉，可往往沾上一点就再也离不开了，直至沦落到不可救药的地步。

子曰："非礼勿视，非礼勿听，非礼勿言，非礼勿动。"君子要时时刻刻以礼立身，以德自守，严格地坚守自己的原则，不合乎礼节之事，不要去看，不要去听，不要去说，不要去做。争吵打闹的场所，赌博色情等是非之地，经常接近，耳濡目染，就会染上坏习惯，污染了自己的心灵。邪恶之行都生于微末，君子看到这些行为，一定要有被火烧、被电击那种反应，早早避开，以免误入邪途。

现在网络、媒体越来越发达，所报道的事很多都是以"怪、力、乱、神"等噱头来吸引人的眼球，教人向善，传播正能量的少之又少。对于这些东西，不闻不问便是最好的处置方式。负的能量是可以积累的，一个人头脑里如果都是这些邪僻、负面、偏激的东西，心灵、道德、世界观就会慢慢地发生改变。宁静修身，清净养德，无欲无争生智慧，远离

117

那些邪僻之事、邪僻的传闻，才能得到最完满的人生。

**哲理引申**

## 智者慎众

前面讲过君子应该慎独，这里"斗闹场，绝勿近。邪僻事，绝勿问"则告诉人们应该"慎众"。

人们都听说过矮子看戏的笑话：

小镇上有个矮子，身材只有三尺高，他特别喜欢凑热闹。一天，街上来了一个戏班子，人们听到锣鼓声都围了过去。矮子心想："这么多人都围了过去，演的戏一定十分好看吧！"于是也赶了过去。可是戏场早被人群围得严严实实的了，矮子挤不进去，个子又太矮，只能在外面干着急。大概是戏演得很精彩吧，人群中一会儿传出锣鼓声，一会儿传出喝彩声。矮子站在外围，听到别人喝彩，十分着急，却毫无办法。但他并没有离开，很快就找到了自己的乐趣，每当人群喝彩的时候，他也跟着大声叫好："太精彩了！太好看了！"

矮子的表现引起了身边人的注意，他们回过头，问："你这么矮，怎么知道戏很好看？"矮子回答道："别人都说好看，当然好看了！"

开始读这个故事的时候，觉得这个矮子真是可笑啊，明明自己看不到表演，却学别人一样喝彩。别人喝彩是因为看到了精彩的表演，而他却完全是对他人的模仿、追随。

很多年以后，再次读到这个故事的时候，却如何也笑不出来了。并不是因为故事太虚假，而是它太写实了，在这个可怜可笑的矮子身上，忽然看到了太多人的影子，有陌生人、有朋友，甚至有自己。

很多时候，我们并不是活在自己的世界中，而是活在他人的眼睛里。我们根据别人的选择而作出自己的选择，根据别人的评价而塑造自己的人生，我们根本就不知道真正的生命应该如何过，它到底精彩在哪里，别人说好，我们就觉得好，别人说坏我们就觉得坏，别人说应该坚持，我们就坚持，别人说放弃吧，我们就放弃了。我们一直跟在人群的后面，却根本不知道自己将要走向哪里。

从众，让人产生一种不自觉的盲目。我们仿佛有着一个个清晰的目标，有着一个个评价成功还是失败的标准，可是，我们根本不知道这样的目标是谁给我们定下的，这样的标准是否符合自己。看着他人上学自己就上学，看着他人考研自己就考研，看着他人找工作自己也连忙找一份工作，看着他人考公务员自己也去考公务员，在行动之前根本就没有好好地问问自己为何要这样选择，这样选择真的对吗？因为这种盲目的从众，很多本来可以出类拔萃的人物，在错误目标，错误动力的鼓动之下，走向了平庸；很多颇具特长的人，在错误标准的消磨中，泯然众人了。

真正的智者时刻提醒自己要"慎众"，每个人都是不同的，无论身边的人选择什么道路，自己都不要盲目追随他们。

一位年轻人，考上了一所很好的大学，家人都以此为骄傲。但他上了两年大学以后，发现自己的爱好、兴趣根本不在所学的专业上，相反他对电脑组装十分感兴趣。于是，他决定放弃上学，自己开一个修理电脑的小店。家人朋友听了这个消息都劝他不要轻易放弃学业，即使想要做什么也应该大学毕业以后再说啊。

但年轻人说："我知道自己想要的是什么，与其在这儿浪费两年时间，换来一个不在乎的毕业证，还不如早点出去，积累点工作经验呢。"

父母开始很不理解他这种追求，说："别人上学都是毕业后找个好工作，安安稳稳地生活，你怎么就非得特立独行呢？"他耐心地开导父母，告诉他们自己这样做是经过深思熟虑的，终于说通了父母。

刚开始时，他的小店收益很一般，很多同学嘲笑他的选择。但是他并未放弃，从未后悔过，默默地提高着自己的能力。两年后，他开设了第一家分店，五年后，他在那座城市中开设了十多家分店，有些人开始佩服他当初的选择。

没想到这时，他突然将所有的店铺转手，自己开办了一个互联网公司。不巧遇到了金融风暴，几年来赚的钱一下子都亏进去了，家人朋友都劝他退出，但他还是相信自己的选择，借了很多债务维持自己的公司。发不出工资时，他和员工们一起吃住在公司中，有时为了完成一项业务，连续三十几个小时顾不上睡觉。而此时，他的那些同学们大多工作顺利，家庭和睦。有人问他是否后悔过，他笑了笑说："自己的人生自己做主，趁着年轻拼搏一下总比一直随大流好得多！"

后来，随着电子商务的发展，年轻人的公司得到了迅速的发展，十几年后，他的资产比他们班上所有同学加起来还要多。

秋菊没有追随其他花朵而凋零，所以能在萧瑟的秋风中散发着自己独特的芳香，在凛冽的寒风中展现着自己坚强的品格；雄鹰没有追随候鸟们迁徙，所以能在寒冬中振翅于高山之巅，在云层之上勾勒出生命的壮丽；那些成功者没有追随世俗之人而沉沦，所以能在历史的海洋中尽情翱翔，能够在茫茫人海中脱颖而出。要想成为一个出类拔萃的人物，就应该"慎众"，找到真正属于自己的舞台、自己的道路。

不仅在人生发展道路的选择上要"慎众"，在品德修养的维护上、在社会道德的建设上更要"慎众"。"慎众"就要时刻坚持为人处世原则，无论身边的人如何，都能够明确自己该做什么，不该做什么。

一个小和尚在外出回寺的途中，看到很多人都争着搬一堆石头，于是他也挤过去抢了一大块，抱着沉重的石头走回了寺中。禅师看到徒弟抱着一大块石头回到寺中，很是吃惊，就问："徒弟，你为什么要带一大块石头回来呢？"

小和尚气喘吁吁地说："我，我看山下的人，都在抢这种石头，我想它们一定很值钱，也就抱回来一块。"

禅师听了大笑："山下的人腌酸菜，用这些光滑的大石头压着酸菜缸，我们寺中并不腌酸菜啊，你费力将它抱回来，却是白费力气了！"

过了一段日子，小和尚陪着师父下山，在过河时，小桥垫石少了一块，人们来往都小心翼翼地唯恐将桥弄翻，掉到水中，小和尚见状也踮着脚蹦过河去。禅师看了看，脱掉鞋子，下河将小桥垫好。回到寺中，禅师问："徒弟，今天路过的桥坏了，你怎么不去将它修好呢？"

小和尚说："别人天天从那过，他们都不修，我们为何要修呢？"

禅师语重心长地对他说："别人都做的事，不一定是对的，别人都不做的事，不一定是错的。我们修行是为了自己求得圆满，不是为了迎合众人。盲从众人行事，就会让你搬着无数沉重而无用的石头；盲从众人不做为，就会让你错过很多积德行善的事。"

法国社会学家勒庞在他的著作《乌合之众》中说道："孤立的人可能是一个有教养的个人，但在群体中他却变成野蛮人——即一个行为受本能控制的动物，孤立的个体具有主宰自己的反应行为的能力，群体则缺乏这种能力。"人天生就具有从众之心，并善于用他人的过错来减轻自己的罪恶感。于是，明明知道不该做的事，我们看到他人做，自己也就去做了；明明知道应该出手去做的事，看到他人视而不见，自己也就装作看不见了。

社会上存在很多丑恶的现象，老人倒了没人敢扶，虚假货物大行其道，肆无忌惮地炫富，肆无忌惮地挑战道德底线。其实很多人都知道什么该做，什么不该做，当问及为何不见义勇为时，人们都会回答"因为旁边的人都没有做"；当被指责为何要违背社会公德时，很多人会狡辩道"周围的人都是这么做的"。古人见贤而思齐，可现在的很多人却见不贤而思齐，导致了自己道德的缺失，社会公德的沦丧，这便是从众习性所带来的消极影响。

其实，我们完全可以再勇敢一点，大声地告诉自己要"慎众"，要自己支配自己的人生。不因为他人的选择而改变自己的志向，不因为他人的麻木而丧失自己的美德，不因为他人的偏见而违背自己的良心。如果人人都能如此，世上冷漠、罪恶的现象就会少很多，社会也才能更加温暖，更加和谐！

# 将入门，问孰存

**原文**

> 将入门，问孰存，
> 将上堂，声必扬。
> 人问谁？对以名，
> 吾与我，不分明。

**译文**

　　将要入门前，应先问问里面是否有人，不可冒失地闯进去。进入客厅之前，应提高声音，让屋内的人都知道有人来了。如果屋中人问谁来了，应该回答自己的名字。而不是说："我！我！"这样会让人无法分辨你到底是谁。

**经典解读**

　　进门之前，问一下里面是否有人，这是最基本的礼貌。如果房中有人，问一问是对人的尊重，也避免了忽然闯入吓人一跳，或是看到不该看的事，弄得两面尴尬。进入客厅时同样应该出点声，让人知道有人来了，做好心理准备，不至于吓人一跳，或是听到自己不该听的事。

　　人家问你是谁，应该回答自己的名字，如果仅仅说："我！"这会让人搞不清你到底是谁。现在人们相互交流多用电话、手机，就更应该注重这一点，打电话时，如果别人没有你的号码，问是谁时，你应报出自己的名字，而不是"我！我！"这样的回答。如果你说了"我"，他人没听出来，这就很尴尬。再者打电话，说"我"，让对方猜是很多骗子常用的手段，这样会让对方产生疑惑、误会。

## 给别人留下足够的空间

入门、上堂前给里面的人一个提示，让人准备一下，这是对别人的尊敬。生活中，每个人都应该给别人留出足够的空间、时间，让别人将隐私放起来。

人们在生活中常常听到这样一句告诫：别把自己不当外人。很多人不明白这句话的意思，为何要将自己当作外人呢？交友不是应该亲密无间，不分彼此吗？是的，朋友之间的确应该相互了解、相互接近，但了解需要有一个度，接近也需要维持适当的距离。不注意这个度，了解就会变成侵犯，接近就会变成麻烦。生活中，人与人之间的距离有时很奇妙，未靠近时，总想靠近对方，以为贴在一起才显感情深厚，可是当真正靠在一起的时候，却又忽然感到十分不自在，发现以前眼中完美无缺的人身上竟然到处都是缺点。所以，和任何人相处都不应该过于接近，与其相互摩擦、碰触，不如留有一定的空间，让彼此都舒服。

在中国传统山水画中，有一种叫作"留白"的作画技法。留白就是在整幅画中留下空白，用白来衬托彩，给人以想象的余地。后来人们将其应用到心理学之中，称为"留白效应"，其可归纳为：在人际沟通和人与人间互动中，不要过于亲密，应保持适当距离，给人留下感到舒适的自由空间。

丽娜毕业以后，进入了一家网络公司。这是她的第一份工作，以前从未接触过职场生活，她对新的生活环境充满了期待。然而，进入公司以后她发现，在一起工作的同事，大多是冷冰冰的，每当她想要拉近与其他人的关系时，他们大多刻意保持距离，当她提议大家一起出去玩玩时，别人也一般找借口拒绝。只有一位姓王的大姐十分热情，经常对丽娜问这问那，让她感到了一丝工作中的温情。

可是，每当丽娜和王姐交谈后，很多同事都用异样的目光看着她，还有人私下里对她说王姐这人事特多，最好别走得太近。丽娜心中暗想：你们都是冷冰冰的人，反而看不得别人热情。一段时间以后，丽娜将王姐当成了自己的朋友，王姐也对她推心置腹，有时还会请她到自己的家中做客。

然而，不久以后，丽娜就发现了王姐的一个毛病——不把自己当外人。

一次，丽娜来到公司，发现自己的抽屉被人动过，就问同事们是谁动的，同事们撇撇嘴示意王姐。原来王姐早上来发现自己的咖啡没有了，想到丽娜抽屉中有，就自己拿了一包。丽娜虽然心中有点不高兴，但一想既然是朋友，也没什么大不了的。后来，她经常发现自己的东西忽然不见了，很多人告诉她是王姐拿去了，她委婉地询问了王姐，王姐有点不高兴地说："有时我这儿找不到，就从你那儿拿了，我并不是占小便宜的人，月底都还给你，朋友嘛，哪用分得这么清楚！"

王姐对丽娜的确很热情，经常从家里给她带些好吃的。但她也经常将一些事交给丽娜，从来不问丽娜有没有时间，一次丽娜本来和朋友约好了去逛街，王姐突然告诉她自己要接孩子，有项工作赶时间，需要丽娜帮忙完成，说完转身就走了。丽娜忽然发现王姐平时的热情都变成了自己身上沉重的债务，她觉得这份友情简直就是一种折磨。

公司交给每个员工一项任务：就是对周围的同事进行评价。丽娜认为几个同事做得不够好，而自己做得十分出色，就给自己写了很好的评价。下班时她将评价表放在抽屉中就走了。第二天早上来到公司，却发现自己的评价表就摆在桌子上，这自然又是王姐做的了。办公室很多人都看到了丽娜对自己的评价，有些人还颇有意见，这件事让丽娜得罪了好几个人，很长时间在办公室里抬不起头。

丽娜终于知道为何办公室其他人那么冷漠了，就是因为王姐的过分热情让他们看到了亲密的压力，让他们不堪承受，宁愿选择相互之间保持距离。后来，丽娜也像其他同事那样，将抽屉装了锁，故意找借口推辞王姐的各种邀请了，她们也逐渐从亲密的朋友，变成了普通同事，后来又如同路人了。

世上很多人都是这样，太过于接近，失去了足够的空间，就会让人发现彼此之间的瑕疵、缺点，最终亲密变成负担，友谊变成陌生。即使是亲密的爱人，如果时时刻刻都在一起，每分每秒都不分离，也会因为彼此之间过于了解而相互干扰，不再相互吸引，不能继续相互容纳。

留白效应告诉人们，不要过分去干扰他人的生活，不要侵犯他人的隐私。每个人都有自己需要维持的独立空间，他人进入就会觉得不舒服，感觉受到了侵犯。很多朋友，认为自己应该全部了解朋友的生活，认为对朋友的私生活进行指点是对他们的帮助，是为了他们好，却不知道，别人或许根本不希望你了解他们的私生活，根本不想让你指指点点。有些家长过于关心孩子，就私下里查看孩子的手机短信、聊天记录、日记本等，其实这就是侵犯了孩子的隐私，会引起孩子们的极大反感。曾经有报道说，一个女孩因发现自己的日记被母亲私下查看，而一气之下离家出走了。

在一个文明的环境里，每个人都应该尊重别人的隐私。窥探别人的隐私向来被认为是素质低下、没有修养的行为。想要了解朋友，想要了解孩子，一定要注意自己的身份，要委婉谨慎地向他们询问，他们如果想告诉你自然会对你倾诉的。如果他们不想说，也不要去强行了解，让别人保守一段秘密，是一种尊重。

留白效应所强调的还告诉人们要谦虚谨慎，不要自以为是。有些人自己觉得和朋友关系不错，对朋友有过帮助，就经常拿人开一些玩笑，借故贬低他人抬高自己，这些行为有一两次，人们可能会当作玩笑，一笑而过，可次数多了，总将自己对别人的恩惠放在嘴边，总是碰触别人的伤疤，就会让人感到十分不舒服，很不喜欢你在身边。韩信是汉初三杰，在刘邦夺取天下的时候立下了盖世之功，但他为人很不谦虚，总觉得谁都不如自己，周勃、樊哙等刘邦的老部下对他十分尊敬，他却说自己以和这种人为伍而感到羞耻。刘邦问他能带多少兵，他说自己带兵多多益善。这种自大、骄傲的性格，最终招来杀身之祸。

留白效应告诉人们"不在其位，不谋其政"。很多事不应该你管的，你偏要去管，这就侵犯了他人的权利，必然让人厌恶痛恨，给自己惹来麻烦。三国时杨修就是这样的人，侍奉曹操时，该说的说，不该说的也说，总是揣摩曹操的心思，引起了曹操的厌恶。后来，他又牵涉进曹操选择继承人事件中，让曹操忍无可忍，找个借口将其杀死了。

留白效应不仅仅是给他人留下足够的空间，也要给自己留出一点余地。很多人在与人交往时推心置腹，恨不得将所有的事情都讲给人家听，这既让人厌烦，又留下了很多隐患。当两人关系冷淡以后，那些曾经说过的秘密，就会像钉子一样插在两人之间，让谁都不舒服。若是这些事外泄，还会引起朋友之间的误会、纷争。

我们在生活中一定要懂得留白，懂得给他人和自己都留出足够的空间。其实，每个人外表都有一些看不见的刺，人与人交往就像刺猬取暖一样，不要太远，太远不会产生热量，更不要太近，太近会将彼此都刺伤。

# 用人物，须明求

## 原 文

用人物，须明求，

倘不问，即为偷。

借人物，及时还；

人借物，有勿悭。

## 译 文

借用别人的物品，一定要事先讲明，请求允许。如果没有征得对方同意，就擅自取用这是偷窃的行为。

借来的物品，要准时归还。别人向你借物，有就不要吝啬。

### 经典解读

借用别人的东西，一定要征得他人同意。如果你私自拿走了，别人想用时找不到，就会给人造成麻烦。一件东西，自己不知道却消失了，这在他人眼中和失窃又有什么区别？

"好借好还，再借不难"，很多人借东西用完了不想着归还，如果他们忘了，就一直留在那。当别人想使用时，却找不到，心中难免烦恼。这就是借东西的人不自觉，不懂得尊重他人，这种人没人愿意再借给他东西了。

### 哲理引申

## 借来的都是信任

莫泊桑的小说《项链》中主人公玛蒂尔德，让人印象深刻。她本是一个漂亮的女子，因为有点小小的虚荣，在一次参加舞会时，借了朋友的一条钻石项链，不幸的是项链被她遗失了。为了让朋友安心，她私下里购买了一条一模一样的项链还给朋友，为了付清这条项链的钱，她和丈夫整整劳苦了十年。最后，朋友告诉她丢失的项链是假的，故事结果让人唏嘘，但玛蒂尔德和丈夫为了丢失的项链劳苦奋斗的勇气确实让人佩服。

生活中没人能完全自给自足，每个人都需要向其他人寻求一些帮助，都有可能向他人借些东西以解燃眉之急。朋友之间相互帮助是应该的，向人借东西也没什么难堪的，关键是借了东西要还。俗话说"有借有还，再借不难"，为何再借不难呢？就是因为在按时归还中体现了一个人的诚信，体现了一个人的责任感。

别人给你帮助，看重的是双方之间的感情和相互信任，你却像刘备借荆州一样有借无还，那就背弃了双方之间的感情。感情没了，面对纠纷就只能以"兵刃"相见了，现实中很多感情，都是如此而变成怨情的。

孔子说："人而无信，不知其可也。"一次借东西不还，下次再借时，信任已经没了，谁还会再借给你？每个人都有一张道德信用卡，我们的每次行动它都会详细地记着，经常借债不还的人，信用额度会越来越低，当没人再相信他时，这个人就无法在世上立足了。

有一位老太太，虽然年近七旬，却每年种二三十亩的稻谷、养一百多头猪。很多人乍听到都会震惊，一个老太太怎么能有这么大的能力呢，即使她能种出来、养出来，那这些东西要卖出去也是很费精力的事，她是怎么办到的呢？

这位老太太之所以能做成这么多事，就在于"诚信"二字。十几年前，老太太的丈夫和儿子先后患病去世，留下了25万元的债务。儿子的债务，在法律上她没有偿还的义务，很多债主看到老太太遭遇了这样的悲惨事件，一个人孤零零的，也不打算再向她讨债了。但这位老太太却说："欠债还钱，天经地义。别人借给我们钱，是信任我们、同情我们，我们不能因为自己遭受了灾难就忘了他人的恩情，丈夫、儿子虽然走了，但我还在，只要我还能干一天，我就要把这些债还给人家，把这么多恩情还给人家。"

为了还这些债，十几年来，老太太凌晨4点就起床，晚上12点才睡觉，一个人做两个人的工。连年轻人都难以承受的劳累，她承受下来了，从来不抱怨，不叫苦。为了赚更多的钱还债，老太太开始种稻米、养猪。

为了养好猪，她就在猪圈边搭个小窝棚，随时照看它们。收稻子时，因为害怕稻米被偷，老太太连续二十来天睡在稻谷堆中。卖猪、卖米时，是老太太最激动的时刻，拿到钱，赶紧看看自己的账本，谁的账欠得时间最长，就跑着给人家送去……

开始，她也担心稻子卖不出去，猪卖不了好价钱。一年上万斤大米囤积在粮仓中，老太太急得团团转，"米卖不掉，剩下的债务就还不了，自己就要多欠一年的'良心'债。"附近的人，知道了老太太的困境，开着车主动上门来买她的米，你买 100 斤、他买 200 斤……媒体也知道了老太太的事，将其报道了出来。"老太太卖米还债"的消息立即在社会上疯传开了。经过大家这么一"吆喝"，不少社会人士纷纷从远处赶来买米，不久上万斤大米销售一空。

如今，老太太的债已经全部还完了，她的生意也越来越红火，每天都有很多远处的人打电话来问有没有米。

人们为何要不辞路远地买老太太的米呢？就是因为他们信任她，一个能够坚持还债，把他人的恩情放在第一位的人，还不值得相信吗？有位老板，集资了很多钱，当资金链出现问题时，他没有及时向债主说明，而是选择了跑路。虽然最后解决了问题，他也将所有的债务还上了，但面对危机时跑路的行为却让他失去了所有人的信任。没人再愿意借给他钱，没有人愿意继续和他合作，于是他的生意越来越惨淡，最后企业倒闭，破产了。

借了东西，这是得到了他人的信任，得到他人信任，就应该以信用相还。即使遇到了特殊情况不能还上，也要将真实情况告诉别人，好让他人放心，知道自己是真的遇到难处了，不是故意逃避。

老李认识一个老乡，不久两人就成了熟人。一天，老李正在饭馆里吃饭，老乡忽然火急火燎地找到了他，对他说自己亲戚被车撞了，在医院里急需交住院费。老李二话没说，出去取了 3000 块钱，交到他的手上。

然而，此事过后，那位老乡忽然不见了，电话也打不通，这让老李十分郁闷。开始他还担心那位老乡出了事，后来听朋友说，那人根本没事，就是搬到了别处住。老李心里很不是滋味，甚至怀疑老乡欺骗了他。后来，在路上他碰到了那个老乡，还没张口，老乡就连连向他道歉，然后说："那钱我都记着呢，只是现在手头实在是紧巴，总是还不上，所以也不好意思见你，不知道该怎么和你说……"

3000 块钱并不是太多，不能及时还上也没什么要紧的，可是避而不见这不是以小人之心，度君子之腹吗？老李想到这，就对人叹息："可怜我还将他当作朋友，他却这样想我？难道我是个斤斤计较、落井下石的人吗？"

借了东西能还给别人的时候，一定要及时去还；还不上，也要及时对人说明，以诚相待。"诚信是金"，也是行为处事的基本规范。向人借东西，借来的是信任，不要因为一时的贪欲而将信任弃之不顾。利益是暂时的，但信誉却是永久的。信誉可以换来金钱，但金钱却买不来信誉。

# 凡出言，信为先

**原　文**

> 凡出言，信为先，
> 诈与妄，奚可焉！

**译　文**

开口说话，一定要以诚信为先。欺诈与夸妄，是万万不可的。

**经典解读**

"言必信"是中华民族的传统美德，周成王桐叶封弟、曾子杀猪教子、尾生抱柱而死等故事举不胜举。言而有信，才能取信于人，才能立身处世。经常说不信实的话，就会像《狼来了》故事中的那个孩子一样，得到一时的嘴上痛快，失去的是人们的信任，最后自食苦果。

诈，就是欺骗别人；妄，就是吹嘘自己，贬低别人。做人一定要真诚，不能生活在欺诈与夸妄之中。花言巧语，华而不实的人是无法取得他人的信任的，是无法踏踏实实地进步的。

## 诚实的力量

　　这段话告诉人们，做人应该诚实。德国诗人海涅说过这样的一句话："生命不可能从谎言中开出灿烂的鲜花。"一个人要想拥有灿烂的生命，就必须脚踏实地地努力，诚实地面对世间的一切。

　　诚实是一种无形的力量，是中华民族的传统美德。从小我们就听到各种教人诚实的故事。《丢斧子》的故事中，诚实的孩子得到了意想不到的报酬，而贪婪的财主则因为欺骗而失去了生命；《狼来了》的故事中，不诚实的孩子，喜欢欺骗捉弄他人，最终落入了狼口。

　　在生活中，时时刻刻都应坚持诚实守信的原则。与人相处要诚实，有什么做错的事，要勇于承认，不要隐瞒、欺骗；考试、测试时要诚实，作弊可能会得到分数，让你过关，但真才实学是弄不得假的。应聘、面试时要诚实，你什么样最终会被别人看得一清二楚，过分夸耀，即使得到了工作也很难长期干下去；与人做生意要诚实，别人可以被骗一次，绝不会永远被骗，一次不诚实，没人会再和你合作。

　　诚实能得到他人的尊重，给人带来意想不到的好处甚至免去灾祸。

　　北魏之时，太武帝拓跋焘下令编写一部当朝史。于是大臣崔浩就组织人员编写了《国史》一书，但编出来后，很多鲜卑贵族认为书中所写非实，有侮辱皇族先祖的嫌疑。太武帝大怒，将崔浩等人下狱。当时太子的老师高允也参加了写作，皇帝要找他问话。太子拓跋晃害怕他被治罪，就提前找到了他，对他说："进去见皇上，我随你去。假如皇上有什么话问你，你就依我告诉你的应答。"

　　见到太武帝后，拓跋晃说："高允小心谨慎，臣很了解他。虽然与崔浩同事，但他身份微贱，写《国史》的事都是崔浩一手操办的。臣请求宽恕他的性命。"太武帝问高允："《国史》都是崔浩所写的吗？"高允回答说："《太祖纪》是前著作郎邓渊所写。《先帝纪》以及《今纪》，是我和崔浩一同写作的。但是崔浩政事太多，只是总裁修订而已。至于注疏，我写的也要比崔浩多。"太武帝大怒说："看来你比崔浩的罪过还要严重，怎能留你生路！"太子连忙上前求情说："高允是见到陛下的威严一时糊涂。我先前问他，他说都是崔浩写的。"太武帝又问高允："真像太子说的那样吗？"高允说："臣才识浅薄，写史触怒了天威，罪应灭族，今天已到临死了，绝不敢胡说。太子是因为臣为他讲书，他哀怜为臣，才为臣求命。如果皇上不问我，我便没有这番话。既然问了，我只能如实回答。"

太武帝听了以后说："正直，这也是人情所难，而你能临死不移，这就更难了！你对我如此诚实，真是忠贞的臣子啊。我宁愿漏掉有罪的人，也应该宽恕你。"

高允没有为了逃避罪责而说假话，他的诚实得到了太武帝的赏识，竟然被免去了死罪。无独有偶，历史上还有因为诚实而挽救了一个国家的事例：

春秋时期，楚国围攻宋国国都，城中的食物都吃光了，形势十分危急。此时，恰好楚国也快没粮食了，楚王就派将领子反前去打探虚实。子反登上土堆向城中探望，此时宋国大臣华元也在城墙上向外探望。

子反问华元："宋国现在情况怎么样了？"

华元说："情况很糟糕啊！"

子反问："怎么个糟糕法啊？"

华元答："城中人饿得互相交换儿子吃，劈开尸骨当柴火烧。"

子反说："哎！那真是惨极了。可你为什么要把这些情况告诉我呢？"

华元答："我听说君子见到别人有难就生怜悯之心，小人见到别人有难反而庆幸。我看您是个君子，这才将实情告诉您。"

子反说："原来是这样啊。那你们继续坚守吧，我们军中也只有几天的粮食了。"

子反回到楚军大营，楚王问子反："宋国情况如何了？"子反回答：

"情况很糟糕，城中人饿得互相交换儿子吃，劈开尸骨当柴火烧。"楚王十分高兴，说："那样太好了，我们可以在断粮之前一举拿下宋国了。"子反说："不行，我已经告诉他们，我们的粮食也快没了，他们一定会死守的。"楚王大怒，骂道："你怎么能和敌人讲实话呢？"子反平静地说："小小宋国都以诚相待，我们堂堂楚国怎么能欺骗人呢？"楚王说："虽然这样，我还是要打下宋国再回去。"子反说："既然您要打，那么请让我回去吧！"楚王见子反这样，就说："得了，你都离开我回去了，我一个人留在这里有啥意思啊，我跟你一起回去算了！"于是撤兵而走了。

诚实具有强大的力量，它显示着一个人的高度自重和内心的安全感与尊严感，它让高允在狂暴的君主面前保全性命；让宋国在楚国的大军压境之下得以存续。

诚实是一种最可贵的美德。美国首任总统华盛顿曾说过："我希望我将具有足够的坚定性和美德，借以保持所有称号中，我认为最值得羡慕的称号：一个诚实的人。"

诚实是一种无价的信用。不诚实的人会失去他人的友情，不诚实的求职者会失去工作的机会，不诚实的商人会在众叛亲离中走向没落；不诚实的政权，会在人们的唾弃中倒下。

诚实是一把金钥匙，它帮助我们开启一个个人生宝藏，在一次次困境中打开通往成功之门。诚实是最明亮的灯塔，给所有相信、坚守它的人以无限的希望。

诚实是一朵兰花，它开在人们荒芜的心田；诚实，是一杯浓茶，它让生活更加浓郁芳醇；诚实是一曲劲歌，它奏响了时代的最强音；诚实是中华民族的传统美德，为人处世的最基本准则。

即使在生活中，遇到再多的欺骗，尝过再多的误解，受到再多的苦难，也要相信这个世界是诚实的，诚实的人永远会占大多数。不要因为花园中有几棵杂草而放弃为它浇水；不要因为旅途中有几段坎坷，而放弃了追逐的乐趣。相信诚实蕴含在所有人的心中，相信世界本是美好的！

## 为人不要浮夸

"凡出言，信为先"，就是说言语应当与内心相合，做人要言行一致，表里如一。孔子说："巧言令色，鲜矣仁！"夸耀、伪饰，有损于仁德，是君子所厌恶的。

现实中，很多人爱面子，怕丢人，总是将自己裹在厚厚的虚伪装饰之中，本来没有钱，却非得穿名牌，充大款；本来没有学问，却非要引经据典，贻笑大方；本来只是个普通人，却非要和一些权贵拉关系，在别人面前标榜自己多么有能力，认识哪个大人物。其实这些拙劣的表演，他人一眼就看穿，只不过不愿说出来而已，自己还沉浸在虚荣中，在他人心中早就一文不值了。

一位哲人收了一位徒弟，这个小徒弟十分聪明，却爱慕虚荣，每天都要将自己所学拿出去向小伙伴们吹嘘一番。

一天，哲人将他带到了果园里，此时果农们正在摘果子，他指着一堆摘下的果子对徒弟说："去里面挑一个最好的果子。"

徒弟选来选去，挑了好久才拿一个又大又圆的送给老师。哲人问："你为何觉得这个是最好的果子呢？"

"因为它是里面最好看的，个头大，表面又光滑。"徒弟答道。

"我看未必。"哲人说着，自己也到果堆里面挑了一个果子。

徒弟看到老师拿的果子又小又不光滑，上面布满了风吹日晒的疤痕。

看到徒弟不相信的样子，哲人说："每个果子咬一口试试。"

徒弟咬完后才发现，自己挑的果子虽然大而美却又涩又酸，而老师挑选的则又甜又脆。

看着徒弟疑惑的样子，哲人说道："果子是用来吃的，外表如何并不重要。有的果子躲在风吹不到，日晒不到的地方，虽然光滑好看，其果肉却毫无价值；有的果子经常风吹日晒的，虽然貌不起眼，却甜在其中。人也是一样，好的名声、好的服饰，只是外表。别人和你交往真正看重的是你的学问、你的德行。如果一个人只为名声而活着，那就像果子只为外表而生长一样，内心一定会有所欠缺。就像果子一样，人们只要一尝就会发现谁好谁坏，有真才实学还是空有花架子。"

夸妄是一张透明的面具，它只能用来欺骗自己虚伪的心；夸妄出来的荣耀就如皇帝的新装一样，只能暂时满足一下自己的虚荣，既不能遮丑又不能保暖。夸妄的言行，不仅令周围人反感，有时还给自己制造麻烦。

战国时期，赵国有一个方士，平时最喜欢在他人面前吹嘘，自称见过伏羲、女娲、神农、蚩尤等上古人物。别人不信他，他就编出了很多自己和那些上古人物交往的经历，每天吹嘘不已。一天，赵王骑马摔伤了肋骨，医生给他开药说，必须用千年之血做药引子，才能治好病。这让赵王很忧愁，去哪弄上千年的血呢？这时有人将那个方士吹嘘的话告诉了赵王，赵王大喜，派人将方士抓了起来，准备取他的血治病。方士这时才知道大祸临头，吓得不得了，哭着说："我的父母才50岁，邻居的老人过生日，我去祝寿喝酒，喝醉了才编出那样的瞎话的。真的没有活过千岁啊！"赵王怒斥他一番，让人将其乱棍打出了。

这个方士，因为喜欢夸诞吹牛，险些为自己惹下杀身之祸。当今依然有很多人，为了出名，为了引起别人的关注，而大肆炒作，结果往往是名声没得到，反而因为不诚实受到人们的鄙薄。一位相当出名的演员，在网上大肆宣扬自己应邀参加国际重要颁奖典礼，还贴出了很多参加典礼的照片。可后来人们发现，她根本没有受到邀请，也没有真正参加典礼，所有的消息都是自己为了满足虚荣而故意炒作的，所有的照片都是炒作人员用软件合成的。一时间，这件事成为了所有媒体的笑料，该演员的形象也大打折扣，喜欢她的粉丝大大减少。一些和她合作的广告商、摄制组也开始质疑她的人品，取消了和她的合作。

夸妄带来的虚荣是短暂的，更多的是谎言被他人揭穿后的羞耻和伤痛。美国马萨诸塞大学心理学教授苏珊·惠特本博士介绍说，浮夸是自恋的基本类型之一，是自我膨胀的表现，一旦受到攻击，被人揭穿，他们就会感到很受伤。

公司来了一位新员工，什么都好，就是喜欢说大话，喜欢"装"。和同事们相处时，他总是侃侃而谈。

一次，公司领导要出门，却没有订到机票，忽然想到这个员工曾经说过自己认识机场的大人物，就让他帮自己购买一张机票。不久以前才夸下海口，这位员工想要拒绝又怕领导误会，又担心伤了自己能人的面子，就硬着头皮应承了下来。可他说的那个大人物，就是一个普通的员工，而且和他根本不熟，已经很久没有联系了。

他去求别人当然是没有办成，最后机票没买到，耽误了领导的急事，领导对他很有意见。周围的人纷纷拿这件事来笑话他，有时开玩笑地请他帮忙，他既羞愧又受伤，只好离开这个单位另寻出路了。

要想避免夸妄带来的羞辱和伤痛，最好的办法就是时刻坚持诚实的原则，有一说一，有二说二，不因为虚荣而故意夸大自己。夸妄带来羞辱，诚实带来尊重。你要让自己成为哪一种人，是徒有其表，没有内涵的人，让人轻视，还是道德完备，具有才能，让人尊重的人呢？你更愿意和哪种人交往，是戴着美丽面具的人，还是露出平实容貌的人呢？显然大家都希望自己是一个有内涵的人，希望能和表里如一的人交往。那么就踏踏实实、一步一个脚印地做人、做事，将伪装的面具和虚假的名声都抛得远远的吧。生活根本不用伪饰什么，别人不会在乎你什么样，你自己又何必太过虚荣，做真正的自己才是最好的、最轻松的！

## 话说多，不如少

### 原　文

话说多，不如少，

惟其是，勿佞巧。

刻薄语，秽污词，

市井气，切戒之。

**译　文**

话不要太多，多说不如少说。说话要实事求是，不要讲些谄媚取巧的言语。尖酸刻薄的语言，下流肮脏的话，以及街头无赖粗俗的口气，都要避免不去沾染。

**经典解读**

孔子说："辞达而已矣。"说话能够清晰表达自己的见解、主张就可以了。该说的说，不该说的千万不要说，说错了话让人轻视，用错了词让人误解，说错了场合让人尴尬，这都不是聪明人该做的事。西班牙思想家巴尔塔沙·葛拉西安也说："过分的夸耀引来人们的好奇心，好奇心又滋生欲望。待之后人们发现你是在夸大其词时，期望落空，就会有种被欺骗的感觉，于是滋生怨恨、厌恶之心，因此，谨小慎微之人在评价事物时总是很谨慎，宁可言之不足，也不夸大其词……夸大其词近乎说谎，会危及自身声誉，让人对你的人品产生怀疑，让人怀疑你的见识。"

《论语·卫灵公》篇有这样两句话："可与人言而不言，失人；不可言而与之言，失言。知者不失人，亦不失言。"人与人之间有各种缘分，人与人之间也能通过语言沟通交流，其中也体现了心性的善与恶，光明面和黑暗面，失人、失言就是错失了人心向善、升华的良机。所以说，说话一定要掌握好分寸。谄媚的话不说，有损于自己德行；讽刺的话不说，招来他人怨恨；轻薄的话不说，伤害自己人格；诡辩的话不说，损害他人信任。

**哲理引申**

## 善于选择善言

上面这段话告诉人们在生活中应该实事求是，不要说些谄媚佞巧的言语，污言秽语，市井习气都是该早早摒弃的。同时，也告诉那些听话的人，要善于辨别好话、坏话，选择那些真实、对自己有教益的话听，而不要被奉承阿谀的奸言所蒙蔽。

《孟子》中记载了这样一段话：

孟子的学生乐正子要在鲁国当官了。孟子听到这个消息后高兴得睡不着觉。他的另一个弟子公孙丑问他："乐正子很有能力吗？"孟子说："没有。"公孙丑问："有智慧和远见吗？"孟子说："没有。"公孙丑问："见多识广吗？"孟子说："不。"公孙丑问："那您为何高兴得睡不着觉呢？"孟子回答："他为人喜欢听取善言。"公孙丑问："喜欢听取善言就可以做官了吗？"

孟子回答："喜欢听取善言，治理天下都足够了，更何况做官呢？若是喜欢听取善言，四面八方的人都会不远千里赶来把善言告诉他；假如不喜欢听取善言，他就会说：'呵呵，我都已经知道啦！'呵呵的声音和脸色就会把别人拒绝于千里之外。贤士远止于千里之外，那些进谗诽谤阿谀奉承的人就会来到。与那些进谗诽谤阿谀奉承的人一起相处，要想治理好国家，能办得到吗？"

所谓善言，就是正直的话、真实的话、善良的话；与此相对的则是谄媚的话、奉承的话、虚情假意的话。一个人喜欢善言，身边才会聚集正直的朋友，真诚的朋友，善良的朋友；否则就会被虚假的人、奸邪的人所包围，这样别说治国平天下了，就连自家都管不好，自身都难保。

"良药苦口利于病，忠言逆耳利于行"，很多正直、真实的话听上去往往并不是最好听、最让人高兴的。明智的人不会因为自己的主观意愿而选择话语，他们最愿意听取能够告诉他们真相的话，即使那些话会给他们带来忧虑，让他们希望破灭。而那些愚蠢的人，则只想生活在欺骗和幻想之中，说真话的人，他们会认为是在讽刺自己，而那些阿谀奉承的小人反而能赢得他们的信任。可无论听到什么，客观事实是不会改变的，能够择取善言的人，及早地面对现实，避免了将要到来的祸患，而生活在幻想中的人，则最终将被他们的虚假而毁掉。

古时候，有个国王十分爱听好话，于是身边聚集了很多专门阿谀奉承的小人。国王每天生活在这些虚假的言语之中，政事也不管，百姓生活十分困苦，怨声载道。但在那些佞臣的言语中，国王对此一无所知，相反，他觉得自己是这个世界上最聪明、最伟大的统治者，自己的国家是世上最强大的国家，国中的百姓都十分爱戴他。

一天，一个佞臣对他说："大王如此贤明，国家如此强大，邻国的国君那么无道，我们应该发动军队攻打他们，解救那里的百姓，大王也可以建立不朽的功绩了！"国王听了立刻动心了，于是召集将军们准备出兵。一位将军进谏，对方军力强大，不可轻起战端。国王很生气，认为这位将军贪生怕死，立刻将他投进了监狱。其他人见状，再也不敢进谏了，只好硬着头皮召集军队向邻国进攻。

毫无理由地轻易发动战争，士兵们没人愿意卖命，两军一交战立刻就溃败了。国王派人前去打探战况，去的人回来如实报告："我军吃了大败仗！"国王很生气："我这么英明，我的国家这么强大，怎么可能吃败仗呢?!一定是你欺骗我！"于是下令将打探的人投入监狱。再次派人打探，打探的人回来报告："我军已经被击溃了，敌人就要打到国都了！"还没等国王发话，他身边的佞臣们就说："你怎么敢如此胡说，还不快拖下去！"于是这人又被投入了监狱。这样没人再敢说真话，派出去的人回来都胡编一通大胜克敌的假话。国王心中狂喜，成天和身边的人饮酒庆功，期盼着军队胜利归来。

敌军到了国都之下准备攻城，城中人心惶惶，喧哗一片，国王问身边的人是什么响动，佞臣们报告说："我军打了大胜仗，正在准备进城呢。"国王心中十分欣喜，立刻下令打开城门，迎接军队归来。城门一开，敌人就潮水般涌了进来，国王做了俘虏，身边的佞臣早就趁机逃得不知去向了。

商纣王听信费仲、恶来的谗言，杀死了忠心耿耿的比干，而导致亡国；吴王夫差听信伯嚭的谗言而杀死了直言进谏的伍子胥，从而导致了亡国；楚怀王听信上官大夫的谗言，而放逐了一心为国的屈原，最后身死他乡；明熹宗宠信喜欢阿谀奉承的魏忠贤而导致天下大乱……佞巧之言虽然顺耳，实际上却是毒害人心灵的毒药，长期听信就会让人失去判断能力，变得是非不分；正直之言虽然有时觉得刺耳，但却能让人清醒，及时发现错误，不至于犯下大的过错。圣明的领导者，都是闻过而喜，听到别人直谏自己的缺点就感到高兴，听到他人阿谀奉承，一定会提高警惕，对这种小人敬而远之。

唐太宗就是一个能够正确分辨善言、谗言的人。

大臣魏徵本为太子李建成的僚属，唐太宗杀死李建成后，知道他有才能，不计前嫌，任他为谏官，允许直接询问政事得失。有一次，唐太宗鉴于兵源短缺而应宰相的请求下旨征用不到参军年龄的中男入伍。当诏令转到门下省时，魏徵竟拒旨意而不签字。太宗大怒，斥责他说："我已经决定了，这事和你有什么干系？"魏徵却不买账，继续直谏，直到唐太宗认识到错误，取消了命令。唐太宗后来不仅没有怪罪他，反而奖赏了他一口金瓮。

一天，唐太宗带着大臣们到御花园休憩纳凉。他站在一棵大树下，树干粗直，枝繁叶茂，顿觉心旷神怡，暑气尽消，脱口赞道："多么好的一棵大树啊！"跟在他身边的大臣宇文士及，察言观色，立刻奉承道："阔大的树冠，象征陛下的功业伟绩！大树的阴凉，就是陛下赐给臣民的恩惠和福泽！"没想到唐太宗听了以后，不仅不高兴，反而严厉地斥责他说："以前魏徵经常劝我提防疏远那些善于阿谀奉承的小人，我不知道是谁，今天才知道，你就是这样的人啊！"听了太宗的训斥，宇文士及心中惶恐不安，立刻跪下叩头不止，从此以后再也没有人敢随便奉承了。

在现实生活中，听到赞美的话一定要反思，自己是否配得上，别人是出于真心的还是阿谀奉承；听到令自己不开心的话，也不要大动肝火，同样反思一下，自己是否有些地方做得不足，是否还有应该改进的地方。能够正确地辨别直言与谗言，就可以成为智者了，在生活中也就不会有太大的失误了。

# 见未真，勿轻言

> 见未真，勿轻言；
> 知未的，勿轻传。

在未见到事情的真相前，不要轻易地言说它。在不了解真实的情况前，不可以随意传播。

孔子曾经说过："多闻阙疑，慎言其余，则寡尤；多见阙殆，慎行其余，则寡悔。"把存在疑惑之事放在一边，谨慎自己的言行，才能减少忧虑和悔恨。没有见到的事不要乱说、乱传，不实的话乱说、乱传，就会变成谣言，谣言既伤害他人，也伤害自己。经常言不符实就会被人们贴上"不诚实"的标签，不诚实的人到了哪里都没人敢用，到了哪都不会受人欢迎。

## 莫做"三季人"

这段话主要是告诉人们，要实事求是，不要听风便是雨四处传播流言，也不要听到什么信什么，心中顽固不化。很多人得到点见闻，就以为是真真切切的了，不进行分辨、甄别，就对他人乱评价，对事情产生固执的看法，这往往会闹出笑话，造成误会。

古代有个三季人的故事：

一天早晨，子贡在书院门口打扫院子。一个人走过来问子贡："你是孔子的学生吗?"子贡回答:"是的。您有何见教?"

客人说:"听说孔子是一位名师,那么你一定也是具有智慧的高徒吧!我想请教你一个时令的问题,不知可否?"

子贡爽快地答道:"好。"

客人道:"我的问题很简单,就是一年有几季?"

"四季。"子贡笑答。

"不对,一年只有三季!"

"怎么可能是三季呢,一年春、夏、秋、冬四季,是人人皆知的!"

"明明只有春、夏、秋三季,哪来的四季!!"

"四季!!!"

"三季!!!"

两人都觉得自己所知千真万确,各不相让。

最后,实在争论不清,二人就约定去找孔子评理,谁说错了就要向另外一个人磕三个头赔不是。说着二人走进内院,孔子正在读书,子贡连忙上去讲明事情原委,让老师为自己做主。

孔子听完以后,先是不答,观察来人一阵后对他们说:"一年的确只有三季。子贡,你错了,赶紧给这位先生磕头吧!"

子贡正待争辩,却听孔子催道:"子贡,还不跪下!"

师命难违,子贡只好跪着向那位客人磕了三个头。来人见此,大笑而去。

待来人走后,子贡委屈地问老师:"老师,一年明明有春夏秋冬四季嘛,刚才您为何要说三季,让我平白无故地输了三个响头?"

孔子哈哈大笑,继而说道:"你没有观察来人就和他争论。方才那人一身绿衣,分明是田间的蚱蜢。蚱蜢者,春天生,秋天亡,一生只经历过春、夏、秋三季,哪里见过冬天?在他的思维里,根本就没有'四季'这个概念。你和这样的人就是争上三天三夜也不会有结果的!"

这只是一个故事,但其中蕴含的哲理却足以引起人们的深思:即使是自己所亲身经历的事,也未必就是真实的,更何况是仅仅"见未真"、

"知未的"的呢。

现实中我们通常会为了一些小事，而争论不休，最后搞得面红耳赤、不可开交；我们经常会根据自己的见闻对他人的言行举止指手画脚、说三道四；我们会根据自己的经验判断为他人作出相应定论；我们会对违反我们心里"常识"的事情进行非议、指责……其实，很多时候，我们在不知不觉中就成了可笑的，让人无语的"三季人"。

每个人眼中的世界都是不同的，每个人做事的目的和价值观都有差别，在我们谈论自己的看法，给别人评价之时，一定要有这样一个观念：我所说的也不一定是正确的，先别急着下结论，以免贻笑大方。孔子曾说过："多闻阙疑，慎言其余，则寡尤；多见阙殆，慎行其余，则寡悔。"多听听别人的意见，再慎重地说出自己的看法；多见见不同的事情，再慎重地作出决定，如此才能少些后悔，少些忧虑。

每个人都有坚持自己立场的权利，都有选择相信自己所见的权利，但这有个前提，那就是尊重他人，确定自己的选择没有对他人、社会造成什么不好的影响。一些集体的事，自作主张、自以为是地按照自己的想法做了，往往会伤害到他人的利益；一些传闻，没有加以甄别就四处传播，往往成为流言的传播者；看到一些事，没有深入考察就下判断、下结论，往往会对他人造成误解。

孔子周游列国时，曾遇到过很多苦难。一次，邹国人、蔡国人认为孔子师徒到了楚国，会危害到自己国家的利益，就将他们围困在两国之间。孔子等人进退不得，粮食也快吃完了，经常饿肚子。

一次，孔子在给弟子们讲学，颜渊负责做饭，孔子讲着讲着忽然发现子贡脸色不对，就问子贡怎么了。子贡支支吾吾地说道："您总是夸奖颜渊德行高尚，好学有道，可是刚才我不经意回头时，竟发现颜渊在偷吃饭。"

当时，大家被围困，粮食已经很少了。孔子一直讲究谦让，做饭偷吃东西显然是一种很不好的行为，其他弟子听了子贡的话都议论纷纷。有人说："颜渊平时在老师面前那样恭敬，根本都是装的。"有人嚷道："老师还饿着肚子呢，弟子怎么能先吃！"孔子听了也不禁动容，面露不悦之色。

弟子们心想，颜渊这下要被责罚了。可孔子想了想说道："不可能，颜渊不是这样的人，子贡，你是不是看花眼了啊？"

子贡说："我看得真真切切，颜渊就是用手抓饭放入了口中。"

孔子将颜渊叫了过来，问道："颜渊啊，子贡说刚才看到你吃饭了，是真的吗？"

颜渊说："是真的。"其他弟子听了立刻议论纷纷，说即使再饿也不能这样做啊。

孔子摆摆手，示意他们静下来，继续问道："你为何要先吃饭呢？"

颜渊回答："我刚才烧火之时，不小心将一点炭灰弹入了锅中。把脏的饭弄出来后，觉得丢掉怪可惜的，就用水涮了下自己吃了。"其他学生听了这个解释，才恍然大悟，原来他不是偷吃。

孔子听了也欣慰地笑了笑，然后意味深长地对弟子们说："今天的事，很有教育意义。不要轻易地对一件事下结论，不要先入为主地去指责他人。即使眼睛看到的，也不一定是真的，更何况那些我们没有看到，仅仅是听闻而来的呢。"弟子们纷纷点头说知道了，子贡也为自己误会颜渊而惭愧地低下了头。

我们每天都接触大量的信息，这些信息既有真的，也有假的，甚至有的是一些别有用心之人专门制造的谣言。我们如何对待它们呢？我们不能对其视而不见，也不能完全相信它们，要对其进行仔细甄别。即使自己相信了，也不能自以为是地到处传播，因为你眼中认为是对的，在其他人眼里可能恰恰是错的。

夏虫不可语冰，人又未尝不是夏虫呢。今天人们的世界观和千年以前人们的世界观已经完全不同；现在我们头脑中所想的和幼年时头脑中所想的有几分重合呢？现在信誓旦旦，言之凿凿的话，过了一段时间回头再看，可能就是荒唐可笑的了。为了不让自己后悔，为了不给他人带来危害，所以，不要轻易给事情下结论，不要轻易地评论、指责他人，做到"勿轻言"、"勿轻传"，别让自己成为一个可笑、可恨的"三季人"。

# 事非宜，勿轻诺

## 原 文

事非宜，勿轻诺，
苟轻诺，进退错。

## 译 文

不合礼义的事情，不要轻易答应他人。如果轻易允诺，就会陷入两难之地，进退都有过。

## 经典解读

事情还不了解，不要轻易许诺他人，如果许诺了别人，又发现这事不符合义理，那么做还是不做？做了有违道义，不做又有失诚信——轻易地承诺让人进退两难！

很多人就是为了显示自己的豪爽，经常不考虑事情是否合乎道义，是否违背原则，脑袋一热，就轻易答应了别人。等到冷静下来却发现自己根本不能兑现诺言，如果按答应别人的去做，就会违背道义，可不做又显得自己不诚信。到头来要么为了兑现诺言，昧着良心做坏事，要么弃曾经的承诺于不顾，引来他人的怨恨。

再者不恰当的事，若是答应了朋友，去做了，这不是真正的对朋友好，而是助长他的错误，是害他。一个真正为朋友着想的人，绝对不会不考虑恰不恰当就随便答应他们的要求，从而纵容他们，让他们在错误的道路上越走越远。

## 哲理引申

### 事非宜，勿轻诺

孔子说过："信近于义，言可复也。"信诺符合道义，才值得去践行；

145

若是不符合道义，固守诺言反而是一种错误。为了避免这种错误，最好的办法就是不要轻易答应别人，在做出承诺之前，就考虑好自己所承诺的是否恰当，是否合乎道义。

很多人认为爱一个人，就应该答应他的所有要求；答应得越是迅速、果断，感情就越为深厚。其实，这是一种错误的观点。什么事情都许诺，不去辨别事情是否符合义理，那不是爱，而是一种纵容、一种伤害。

春秋的时候，卫庄公有个宠爱的小妾，生了个儿子叫州吁。卫庄公对这个小儿子十分宠爱，百依百顺。无论儿子提出什么样的要求，他都尽量答应。

一次州吁说："我要到宫殿上，和您一起受大臣们朝见。"卫庄公说："不行，这不符合礼制，大臣们会不高兴的。"州吁立刻变得不高兴起来，说："您贵为一国之主，我作为您的儿子，这点事都做不成。那些大臣都是您的奴仆，您为了他们让自己的儿子不快，这算是宠爱我吗？"庄公一看，爱子不高兴了，连忙答应他的要求："好吧，好吧，那你就和我一起去！"

第二天，大臣们发现庄公的小儿子轻佻地坐在殿上，很不悦，劝谏庄公说这样不符合礼制。庄公承认了自己的错误，却说："我已经答应儿子了，没有办法啊！"

过了一段时间，州吁又向父亲请求自己穿世子的衣服，乘世子的车子。庄公本不想答应，但看到儿子一脸期待的样子，又答应了。大臣们看到州吁穿着世子的衣服，乘着世子的车子，都觉得不恰当。劝谏庄公说："国家只有一个世子，您让州吁这样，不是要在国家引起混乱吗？应该赶快制止他。"庄公说："可是我已经答应了他，怎能违背诺言呢，就让他这样吧，以后的事我会注意的。"大臣们见庄公不听，叹息着退出去了。

后来卫国有了战事，正准备出兵时，州吁又向父亲请求自己带兵，庄公想也没想就答应了。大臣石碏表示反对，他劝谏卫庄公说："父母爱惜自己的儿子，就要用道义去教育他们，不让他们走上邪路。骄傲、奢侈、放荡、逸乐，这是走上邪路的开始。这四种恶习之所以发生，是由于宠爱和赐予太过分。州吁的请求都不符合礼制，您却每次都答应，这是不妥当的。如果您准备立州吁做太子，那就应该定下来；如果不这样，继续放纵他，迟早会酿成祸乱的！"卫庄公听了不以为然，石碏失望地告辞了。

不久以后，卫庄公去世了，他的嫡子完继承了王位，为卫桓公。卫桓公继承王位，州吁心中十分不满，时刻想着将哥哥的王位夺过来。卫桓公十六年，州吁联合了逃亡在外的卫国人，袭击了桓公，将桓公杀死，抢夺了王位。但卫国人都不拥护他，州吁十分着急，便向大夫石碏询问意见，石碏建议他到陈国去求陈桓公帮助。州吁去了以后，卫国大夫请求陈桓公将州吁等人抓住，不久将他和他的党羽全部杀死。

卫庄公喜欢自己的儿子州吁，无论他提出什么要求都轻易许诺，从不考虑是否符合礼义，到头来却害了儿子，最后导致他走上邪路，死于非命。所以说，他这种不顾礼义而轻易做出的许诺，不是爱护，而是一种伤害。"事非宜，勿轻诺"，面对他人请求时，不要因为两人之间的感情而盲目作出决定，首先要看事情是否符合道义，是否违背原则，违背原则的事，即使再亲的人，也不能答应，不违背原则道义，再考虑自己是否有力量完成而决定答不答应。

不察道义，轻易地许诺，不仅会放纵他人，还会给自己带来灾祸。很多人都是很信守承诺的，崇尚"季布一诺，价值千金"，答应了别人的事就会拼命去实现。如果事情合理还好，即使很难也不过造成些麻烦而已，但如果事情若是与道义相悖，那就不是一点麻烦的问题了，很可能令自己成为罪恶的帮凶，最后承受轻诺说带来的灾祸。

古代有两个辖区相邻的大将，一个姓张，一个姓刘，他们两个一起经历过战争，结下了深厚的友谊。一次，在宴饮之中，酒到酣处，张将军说："我与刘兄同生共死，意气相投，不如今日结为异姓兄弟如何？"刘将军当即同意，于是二人焚香起誓，约为兄弟。

又喝了一些酒，张将军说："他日兄长无论有了什么事情，小弟一定赴汤蹈火！"刘将军致谢以后，张将军又问："万一小弟有了祸患，兄长会如何做呢？"刘将军刚要说话，旁边的谋士踩了踩他的脚，示意他不可许诺。但刘将军看了谋士一眼，还是承诺道："万一兄弟有了祸患，无论什么事我都会赴汤蹈火，为你解忧！"

事后，刘将军问谋士，为何要在酒席上示意自己。谋士说："将军是个信守诺言的人，一言九鼎，答应了别人就会去做。我看张将军心中对朝廷颇有些不服之心，将来一定会作乱的，您答应和他一起共患难，只怕会给自己带来灾祸啊！"刘将军听后不以为然。

数年以后，张将军果然和朝廷翻脸，起兵作乱。但因为实力悬殊不久就被朝廷击败，于是他逃亡投奔刘将军。部属们都劝刘将军将他交给朝廷，但刘将军拒绝道："以前我们约定共患难，他出兵时我没有帮他，已经做得不对了。今日再将他交给朝廷，世人岂不都要嘲笑我是背信弃义的小人了！"部下劝道："忠于朝廷是大节，您身为一方大将，不为朝廷分忧，却坚持着昔日盲目许下的一句诺言，这怎么能算是明智呢？"刘将军不听，但这件事不久以后就被朝廷得知了。朝廷派大军前来征讨，刘将军抵抗失败，自己也成了阶下囚，被世人视为乱臣贼子。

不要轻易地许诺，许诺的事若没有得到履行就会丧失自己的威仪，惹来他人的怨恨。但若坚持去履行，却忽略了事情是否符合礼义、原则，就会放纵自己所爱的人，助长他们的罪恶；或是为了维护诺言，被迫去做不正确的事，给自己带来灾祸。

总之，事非宜，勿轻诺；苟轻诺，进退错。

# 凡道字，重且舒

**原 文**

凡道字，重且舒，

勿急疾，勿模糊。

**译 文**

讲话时要口齿清晰，语气舒缓，不要急切，更不要模糊不清。

**经典解读**

讲话要沉稳、大方，不要扭扭捏捏，吞吞吐吐。语气有力且舒缓，能够让对方听清楚，这既能给人留下良好的印象，也是对人的尊重。

说话口齿不清，让人听起来费力，没人喜欢和这样的人交谈，就会影响到自己社交。此外，说话吐字不清晰还经常让人产生误会，引起纠纷，给自己和他人都带来麻烦。

**哲理引申**

## 表意须清晰

在现实生活中，人们常常用"我这人不会说话"来自谦，也常常用"这人真会说话"来赞许别人。"不会说话"并非称一个人是哑巴，而是形容其不懂得说话的艺术。说话很简单，人们从小就开始说，说到老，但真正能够说好的人却不多。说话是门大学问，说话时要注意不同的环境、不同的场合、不同的对象、不同的时间……什么时候说什么话，什么时候如何说，采用什么语气都是大学问。

本节所讲的内容，就是告诉人们说话时最基本的道理：言语要舒缓，吐字要清晰。说话就是为了表达自己的感情，表达自己的意见，如果说话太快，让人摸不着头脑，或是吐字模糊，听者不知所云，那话就白说了。"凡道字，重且舒。勿急疾，勿模糊"，就是讲说话吐字要懂得铿锵有力，一个字一个字讲得清清楚楚。同时语气还不能严肃刻板，要让人听起来很舒坦、很放松。

有人说通过平时的说话，最能看出一个人的涵养。的确，与人交往多了，你就会发现，越是说话温和，谈吐舒缓得当的人越是有素质，这样的人无论什么时候都能给身边的人一种很温馨的感觉，所有的人都愿意和这种人交往。相反，那些平时喜欢疾言厉色、咋咋呼呼，或是喜欢在私下嘀嘀咕咕、嘟嘟囔囔的人则让人"闻而止步"。

　　说话是为了让他人听的，不得体的语言，不恰当的语气，都是对听话人的不尊重。有些人和别人在一起时，常常喜欢嘀嘀咕咕地自言自语，别人在他身边都听不清说什么，只好经常问他"你刚才说什么?"他的回答也总是心不在焉的"没什么"，结果没有人再喜欢和他在一起，人们觉得这样的人没法交谈，和这样的人在一起太累了，你总得提起精神来分辨他嘴中发出的那种声音是不是你应该听到的，是不是需要回应的。

　　做事太急往往不能达成效果，容易出错，说话也是这样。总是赶着说话，让人听不清，就会耽误事。有的人平常说话语速并不快，但一遇到紧急事就沉不住气了，事越急，说话越急，越让人听不清，这样反而误了事。

　　部门来了一位新领导，这位领导处处都好，唯独说话又轻又快，很多时候人们还没听清他说什么，他的讲话就结束了。一次，员工忽然接到领导的电话，领导叽里呱啦地说了一大通，还没等员工反应过来，电话就挂了。员工不得已打了回去，领导又重复了一遍，可员工还是没有听清楚他在讲什么。领导最后问一句："明白了吗?"员工实在没有勇气再问一次，只好回答："明白了。"

　　可明白什么了呢，他什么也没听清，只是隐隐约约地听到，"明天"、"休假"等几个词。于是，打电话给同事，结果同事的情况都和他差不多。这些员工一合计，最近公司忙着做一个项目，有事时经常加班，没事时就休假，今天领导打电话一定是通知明天要休假一天。于是，约好了一起出去玩。

　　实际上，公司接到通知，第二天项目准备验收，让他们好好准备下。领导第二天早早来到公司，却发现没有一个员工前来。只好急急忙忙地召唤他们，结果自然耽误了项目验收工作。他对这些员工大发脾气，可员工们也都是满腹委屈，辩解道："实在是听不懂您在说什么啊!"

　　这件事上，员工们没有弄清领导的意思，固然有错，但那么多员工没一个听得清楚的，领导自然也难辞其咎了。现在手机是人们必不可少的生活用品了，我们很多交往都是通过打电话来实现的，因为信号、噪音等种种原因，讲话舒缓，表意清晰就更加显得重要了。

不仅仅说话要表意清晰，在其他方面也要如此，比如写字，有人喜欢"草书"，写起字来连自己都未必认得，其他的人看到了如同看到天书，如果是长距离信件，或是重要文件，就不知道要耽误多少事情了。现代人喜欢上网，打字聊天，输入法中有很多近似的词语，如果太匆忙，过于追求效率，不看清楚就输入，这亦和说话谈吐不清让人弄不明白一个道理。

表意不清，往往会引起他人的误解，给自己带来不必要的纠纷。一天，市场管理处忽然接到大量投诉，很多顾客反映一家商铺正在进行欺诈宣传。原来商铺播放了这样一条宣传广告："全场九折，欲买从速！"可是因为录音人口齿不清，很多顾客将"九折"听成了"六折"。听到降价这么多的消息后，顾客纷纷来商铺前排队购买，可选好了商品在付款之时，才发现是"九折"不是"六折"。于是他们认为自己受到了欺骗，白白浪费了很多排队购买时间，让商铺做出解释。经过管理部门协调，商铺不得不承认自己的错误，给予那些排队的消费者六折的优惠。

言谈不清惹来麻烦，言谈得当则带来名誉。言语是一个人的名片，言谈清楚优雅的人更容易引起他人的注意，更容易得到成功的机会。孔子在教育弟子时，就很重视言语一科，将其与德行、政事、文学等并列。

裴秀是魏晋时期的一位大臣，从小就知道勤奋学习，从不放过任何一个机会。小时候，家中常常有客人来访。家中每次宴请客人时，母亲总是有意让他去端饭送菜，服侍客人。裴秀也特别珍惜这样的机会。在接待过程中，他总是言语虔诚，举止有礼，借机和客人交谈几句。客人们见他如此虚心懂礼，言谈清楚、优雅，也都很喜欢他，所以他的名声很快就传开了。

所以说，要想让人更加了解自己，要想不断培养自己认真仔细的性格，要想在生活中少些麻烦，都需要时刻注重自己的言语表达，做到舒缓不急，温和清晰。

# 彼说长，此说短

原　文

彼说长，此说短，

不关己，莫闲管。

译　文

遇到他人搬弄是非，说长论短，事不关己不要介入。

经典解读

不要搬弄是非，不要在人背后说长论短。看到别人做得不对，要么当面劝告别人，让其改正；要么让其烂在心中。说人长短、说人是非，逞一时口快，失去的是美德，得到的是怨恨。所以古人说："莫说他人短与长，说来说去自招殃；若能闭口深藏舌，便是修行第一方。"

近年来，微博、微信等自媒体越来越发达，人们传播消息的途径越来越广泛，消息传播速度越来越快。然而，数量众多的谣言也在这一场所中暗暗滋生，产生恶劣的社会影响。有些人为了博取眼球，故意制造一些耸人听闻的传言，严重扰乱公共秩序，这种行为不仅有违道德要求，更是违法行为，要受到法律的制裁。我们每一个人都应该从自身做起，不造谣、不信谣、不传谣，对于未经核实的消息不要随手任意转发，决不当谣言的制造者、传播者。

哲理引申

## 别让自己成为流言传播者

搬弄是非，说长论短，散播流言是最愚蠢、最可恨的事情。因为流言蜚语，一代影后阮玲玉，香消玉殒，早早结束了自己的生命；因为流言蜚语，很多忠心耿耿的将领，兢兢业业的大臣，以死证明自己的清白；因为流言蜚语，无数恋人在世俗的指责中不得不分手，甚至以死殉情。

流言蜚语是最锋利的刀刃，普通刀剑刺伤的是皮肤，而流言蜚语刺伤的却是人心。皮肤刺伤了，过不了多久就会长好，而心被刺伤了就很难愈合了。所以人们说："刀剑伤人容易好，恶语伤人恨难消。"流言无形，伤人最深；流言易来，伤人最广。

公司里来了一个叫张强的小伙子，他刚刚读完研究生，进入公司担任技术人员。公司为了让他尽快融入集体，特地找了一个经验丰富的女同事带他，女同事恰好和张强在同一所大学毕业，于是对他特别照顾，两人以师弟师姐相称。

在师姐的指导之下，张强进步很快，心里十分感激。为了表示对师姐的感谢，他每天中午吃过饭后，都要给师姐买一些零食、水果。有时师姐工作忙，赶不上吃饭，张强就下去帮她买好了饭带上来。

这本来是很正常的答谢行为，可不久办公室中竟然出现了一些闲言闲语。有人说，张强是在追求师姐，有人说师姐故意招惹人家年轻小伙子。后来，一到两人在一起，就有人在后面窃窃私语，每当张强给师姐带饭，就有人偷着笑，甚至当面开玩笑，最后连领导也听闻了这件事，找到张强谈话，委婉地告诉他公司不允许办公室恋情。张强向一些询问他的人都好好解释了，他虽然不好意思，但认为身正不怕影子歪，自己没有那种心思，别人的流言蜚语又有什么用。

可师姐是有男朋友的，她的男朋友听到了流言，就每天来接她，看到张强就没什么好脸色，这样师姐和张强也越来越觉得别扭。后来，他们再也不敢私下相处了，张强也不再主动去找师姐了。但即使这样，流言还是存在，说他们这是在掩饰。张强心中烦闷极了，工作也没法用心去做，回家觉都睡不好。

不久，张强就递交了辞职信。

流言蜚语不会给自己带来任何好处，但它对别人的伤害却是实实在在的。长者常常教导晚辈说"嘴上长个把门的"，无论在生活中，还是工作中，都应该严格管好自己的嘴，牢记"祸从口出"的教训。很多人"见风就是雨"，一些捕风捉影的事，到了他们嘴里，就变得近乎真切，不由得你不信。这样的"谣言制造者"，不仅不会因为他们的"广闻博知"而受到他人尊重，反而会遭到所有人的厌恶。因为大家知道，一旦秘密进入到你的耳中，将会被你大肆地传出去，甚至还会遭到添油加醋的扭曲。于是，没有人再会信任你，你将失去所有听到他人秘密的机会，当然还有你的人格。

传播流言蜚语容易，但要收回来就难了。古人说："白玉有了污点还能磨去，言语上的污点却永远也磨不掉。"要想不伤害他人，不成为一个令人生厌的"流言传播者"，对于别人的秘密，听到、知道后只要记在心里就行了，要努力做到守口如瓶，不要去散布那些有可能破坏别人名誉或是有损别人声誉的小道消息，也不要去亲近那些喜好散布别人坏话的人。

徐某是一家网店的老板，平时经常在微博上发布一些产品信息，后来他发现总是发产品信息，关注自己的人太少。于是，他开始搜集一些小笑话、哲理故事、火爆新闻等，这样关注他的人越来越多，他的网店生意也越来越好。

后来，徐某发现，如果能时常在他人之前爆出一些"大新闻"，那样关注率会飞速飙升。他每天都在寻找着生活中的火爆事件。一天，徐某在网上看到了一张电视剧的花絮，图片上警察正在抓捕几个劫匪。徐某心中一动，为什么不将这个事编造成一条大新闻呢？那样自己的关注率一定会飙升起来。

于是，他将该照片传到了自己的微博上，并配上文字说明："市中心医院门口，几个恐怖分子手持炸药箱，被特警当场击毙！"徐某的微博发布后，人们纷纷转载，他的关注率的确火爆上升。但没过多久，警察就找上了门。徐某散布的假消息在市民中引起了不小的恐慌，警方介入调查，证实这些信息系谣言后，追查其来源，一下查到了徐某。

戴上冰冷的手铐后，徐某后悔不已，痛心地说道："流言只能害人害己，再也不为博取眼球传播流言了！"

散布流言害人害己，不要让自己成为流言传播者。如果你想得到他

154

人的尊重，就要做一个让流言止于己的智者，在你听到有损于别人的流言时，你要本着对被贬损人负责的原则，终止这种消息的传播，让人们了解所传事情的真相。消除流言，我们的生活才会保持平静；消除流言，我们的天空才会保持洁净。

## 见人善，即思齐

### 原　文

　　　　　　见人善，即思齐，

　　　　　　纵去远，以渐跻。

　　　　　　见人恶，即内省，

　　　　　　有则改，无加警。

### 译　文

　　看到他人的优点，就要思考着向人看齐。即使目前和人相去甚远，也要下决心逐步赶上。

　　看到他人的过错，就要反省一下自己是不是也如此。自己也有同样的错误，就及时改正，自己没有这样的过错，就要加以警戒不要去犯。

### 经典解读

　　没有人是完美无缺的，也没有人是一无是处的。我们要善于发现其他人的缺点和优点，将他人当作一面镜子来观照自己，去找出他人有自己也有的缺点加以改正，他人有、自己没有的优点加以学习，这样才能不断提高自己的能力，完善自己的人格。

　　曾子就是一个善于自省的人，他说："吾日三省吾身，为人谋而不忠乎？与朋友交而不信乎？传而不习乎？"我们每个人都应每天反问自己，我这一天到底做了什么有意义的事情，犯了什么错误？有错的事及时改正，不要让自己再犯第二次，有意义的事继续去做，发扬自己的优点。

## 哲理引申

### 学会将他人当成一面镜子

这几句话就是孔子所说的"见贤思齐焉，见不贤而内自省也"。见到他人的优点要去积极学习，见到他人的缺点要反思自己有没有，有则改之，无则加勉。

古人云："以铜为镜，可以正衣冠；以古为镜，可以知兴替；以人为镜，可以明得失。"镜子虽小，却能清晰照出我们的喜怒哀乐、妍媸美丑，它告诉我们自己衣冠是否整洁，脸上是否有污，头发是否杂乱。出门前照照镜子，便不会因为衣装不整而惹来嘲笑。人知道以铜为镜，更要学会以人为镜。以人为镜，就是将别人作为自己的参照，用他们的美丑优劣来衡量自己，用他们的得失荣辱来激励自己，用他们的对错正误来告诫自己。

以人为镜，不仅可以看到别人对自己的看法，自己同别人的差距，更可以在他人的行为中吸取经验、教训，知道自己将得将失，将成将败，从而为到来的挑战与机遇早做准备，让自己的人生更加完美。

以人为镜，可以明得失。他人既可以作为我们的反面教材，又可以成为我们的老师。人们都容易发现他人的过错，而忽略自己的过错。以人为镜，就要发现他人的缺点，从而反省自己有没有相同的缺点，如果有，就及时改正，如果没有就对自己加以劝勉，警诫自己不要犯同样的错误。以人为镜，还要发现他人的优点，然后思考自己有没有具备，如果有就继续发扬，如果没有就积极向他人学习，让自己的人格更加完善。

以人为镜，可以知荣辱。我们做事的时候，都期望有个美好的结果，可没发生的事，又如何预测呢？那么，此时就可以观照他人了，历史上，很多人做着和我们同样或是类似的事情。在他们的荣耀与屈辱之中，我们可以看到自己的影子，可以及时规范、改正自己的行为。社会中，有很多优秀的榜样、先进的典型，也有很多遭人唾弃的反面典型，从他们的荣耀与屈辱中，我们可以清晰地认识到自己应该怎样做。

以人为镜，可以知善恶。我们可能不知道自己做的事是善的还是恶的，是别人喜欢的还是讨厌的，但他人所作所为我们都看得清清楚楚，他人的好与坏我们能清晰地辨析出。看到见义勇为的英雄，我们心生感动；看到厚颜无耻的骗子，我们心生厌恶。将他们作为一面面镜子，努力去做对人有好处，让人感动的事情；避免去做给人造成麻烦，让人厌恶的事情，我们的道德才会越来越高，心灵才会越来越善良。

大街上，两个年轻人因为一点小小的摩擦而争执了起来，一个人拉着另一人的领口，让他扶起倒在地下的自行车；另一人则紧攥他的胳膊，想推开他。无聊的路人，看到这一幕纷纷聚拢过来，围成了一大圈。人群越聚越多，有人开始起哄道："打呀！打他啊！"甚至有人开始为"谁能打赢"而立下赌约，一场争执仿佛变成了一场表演。在人群的起哄声中，两个年轻人开始推推搡搡，随时可能大打出手。

这时，一位白发苍苍的老人走上前去，用手拉住了他们两个人。周围有人叫道："干什么？让他们打啊！"老人一言不发，轻轻地对二人说："不要打，好好的打什么架？"然后俯下身子，将自行车扶了起来，用自己的衣服，拭擦掉了上面的泥土。

听到老人诚恳的声音，和他略显笨拙的动作，争执的两人松开了手。围观的人也纷纷劝道："一点小事，何必动怒。""都退一步，不就好了。"那几个起哄的人，见状赶紧红着脸离开了。

老人就是一面镜子，让麻木的人群，清晰地看到了自己的美和丑，让善良的人，找回自我，敢于说出心中的良言；让起哄的人因为自己的无聊生事而感到惭愧。以人为镜，让我们知道社会需要的是什么，自己应该做的是什么。

以人为镜，可以促发展。促发展就是让自己更加优秀，让自己的工作更加完善，让自己的技艺更加精湛。"人不知其苗之硕，不知其子之恶"，对自己的东西，我们往往过于"自爱"，而不能发现它们的缺点，此时多听听别人的意见，会对自己提高起到巨大的作用。

东晋著名雕刻家戴逵之所以能够成功，除了聪明勤奋之外，就要归功于善于听取别人意见，尤其是反面的意见。一次，他雕刻了一尊几丈高的大佛像，但他总是对这尊佛像不太满意，觉得没有那种圣洁的灵气，可又看不出问题出在哪里。于是他每天躲在佛像的帷幕里，仔细聆听观看佛像众人的议论，听到批评的声音，就将它们一一记在心里，然后对这些批评进行仔细分析，琢磨佛像哪些地方真的存在不足，需要改进，哪些地方无须改进。就这样，他一边听，一边改，一直揣摩了三年，终于雕刻出了一尊完美的佛像。

以人为镜是一种美好的品质，每个人都需要一面能够照出自己心灵的镜子，来发现内心的善良，消除内心的丑恶。以人为镜，是一种极高的智慧，我们每个人都需要一面镜子，照出自己的思想，让自己远离黑暗，走向光明。以人为镜是一种学习能力的体现，我们每个人都应不断在"镜子"中找到自己的缺陷，找到改善的方法。以人为镜是我们前进的巨大动力，看到与他人的差距，让我们充满危机感，看到自己的优点，又让我们倍感激励。

古往今来，以人为镜者往往取得成功，自高自大者往往走向失败，以人为镜，不仅可以明得失，还可以知方法，得技巧，谙规律，补短缺，何乐而不为？

# 惟德学，惟才艺

原　文

惟德学，惟才艺，

不如人，当自励。

若衣服，若饮食，

不如人，勿生戚。

158

## 译 文

德行、学问、才能、技艺，才是一个人应当看重的，在这些方面不如他人，就应该激励自己，努力进取，赶上他人。

衣服、饮食这种身外之物，不要看得过于重要。在这些方面不如他人，也不要心生忧戚。

## 经典解读

一个人所忧心的事情，显示了他的价值观，显示了他的品位。孔子说"君子忧道不忧贫"，君子所担忧的是自己的志向不能实现，是自己的德行不够完美，是自己的才学不如他人，而那些没有远见的小人则担忧自己吃的不如他人，住的不如他人，钱财没有他人多，地位没有他人高。

人要懂得攀比。孟子说过："舜也是人，我也是人，为何我不如他呢？"看到别人取得成功就该想想，我为何没有成功呢？是道德有缺失，学习不努力，还是没有找准目标，这样人才能得到激励，才能充满不断拼搏的动力。

人不能盲目攀比。别人钱多，吃得好，穿得好，不要羡慕忌妒。曾子曾经说过："晋楚之富，不可及也。彼以其富，我以吾仁；彼以其爵，我以吾义。吾何慊乎哉？"他人的钱财地位如何，是他人的事，我所看重的是道德仁义，在道德仁义上没有缺失，吃住不如人又算得了什么？

## 哲理引申

### 追求心灵的满足

"惟德学，惟才艺，不如人，当自励。若衣服，若饮食，不如人，勿生戚"。古人告诉我们要重视德行，重视才艺，而不必在意吃穿饮食等享乐。其实，人生的目标很多，有人恪守孔孟之教，以仁义道德为基准，做一个传统的读书人；有人喜欢清静自然，隐居山间寻仙访道，在"闻赤松之清尘兮，愿承风乎遗则"的歌声中逍遥一生；有人则热烈地燃烧生命的激情，在"酒筵歌席莫辞频"的咏唱中尽享年华。

如何度过有意义的一生，世上的路千条万条，关键的是要认清自己真正需要什么，不要等到生命结束时才发现一生都在盲目地追求。在一座墓园中，一块石碑上刻着这样的话："一生都在追求，一生都在错过；一生都在获得，一生都在失去。"

是啊，我们的一生都在不断地追求着，可我们所求的又有多少是我们真正需要的，我们所得到的，又有多少是真正有意义的。有人问，什么才是真正值得追求，真正值得拥有的？智者回答："自己的心，心灵的满足。"

从前有位国王，他有四位妻子。

国王最爱他的第四位妻子，给她穿最好的衣服，给她吃最美味的佳肴。

国王也很爱他的第三位妻子，常带着她去邻国访问。

国王同样爱着他的第二位妻子。她是国王的知心人。国王凡是遇到什么麻烦事，总要去找她商量并在她的帮助下渡过难关。

国王的第一位妻子对他忠心耿耿，为帮助国王守住财富和王位付出了很多。然而国王却并不珍惜这位妻子。尽管她深爱着国王，国王却无动于衷。

终于，国王病重，时日无多。他暗想："我有四个妻子，死的时候却只能一个人去吗？"

于是他问第四个妻子："我最爱你，你能陪我一起进坟墓吗？""想都别想！"这位妻子丢下一句话，头也不回地走了。

伤心的国王于是问第三个妻子："我一辈子都爱你，你准备好同我一起去了吗？""不！"这位妻子答道，"你死了，我就改嫁。"

接着他问他的第二位妻子："你总能帮我。现在，你能同我一起去吗？"对方答道："这次我可帮不了你，我能做的至多是给你下葬。"

这时，一个声音传来："我陪你去，你去哪儿我都陪着你。"国王朝着声音传来的方向望去，原来是他的第一位妻子。望着这位因营养不良而骨瘦如柴的妻子，国王热泪盈眶地说："我早该对你好一点。"

第四位妻子是我们的身体。无论在世时耗费多少时间和精力去保养，一旦离开人世，身体也就离我们而去。第三位妻子是财富、权力和地位。哪天我们死了，这些东西都将落到别人的手里。第二位妻子是我们的家人和朋友。无论他们愿意给予我们多大的帮助，至多也只能陪我们走到墓穴的门口。第一位妻子是心灵。人生在世，总在不断追逐财富、权力和欢娱，反而忽视了心灵。然而只有心灵才会陪伴我们走到天涯海角。

每个人都是独一无二的个体，都应该认识到自己独特的禀赋和追求，从而实现真正的自我，真正地成为自己。年少时，我们很容易受到外界风气和他人的影响，盲目地随大流，从而误导了自己很多重要的选择。

美国著名导演奥逊·威尔斯，在电影《公民凯恩》中讲述了一个报业大王的传奇经历：凯恩的母亲因为得到一张金矿的产权契约而发了大财。她决心要让自己的儿子接受大城市的最好教育，成为"美国最阔的人"，于是将他托付给了银行家赛切尔。

凯恩虽然很反感，但不得不接受他们的安排。在赛切尔的严格教导下，他变得专制、自私、唯利是图。为了发展自己的事业，各种手段他无所不用，为了走上政坛，他和自己不爱的总统侄女结婚。后来，他得到了一切，事业、财富、权力，他利用这些做他想做的任何事，甚至，操纵他人的人生。

然而，在得到了一切之后，他却感到人生越来越空虚，最后孤独地在为自己修建的豪华宫殿中去世。凯恩去世的时候，只说了一句让人困惑不解的"玫瑰花瓣"——刻在他小时候滑雪板上的一个词。

《公民凯恩》被称作是电影史上的一座丰碑，它让太多的人在里面看到了自己的影子，看到了忙碌的世人和他们迷失的心灵。我们有多少人像凯恩一样，追求着自己根本不需要的东西，在所谓的成功之中走向孤独、失落。

人只有找回真正的自我，找回内心的自知、自明、自足，才会得到真正的幸福、真正的成功。一定要及早拨开世俗的迷雾，认清自己最需要的是什么，走适合自己的路，做最能满足心灵的选择，方向如果选择错了，再努力都是南辕北辙！

# 闻过怒，闻誉乐

**原　文**

> 闻过怒，闻誉乐，
>
> 损友来，益友却，
>
> 闻誉恐，闻过欣。
>
> 直谅士，渐相亲。

**译　文**

如果听闻他人指出自己的过错就发怒，听闻他人对自己赞誉就欣喜。那么坏朋友就会前来，而真正的良师益友反而会离你而去了。

听到对自己的赞誉就怀着谦卑恐惧之心，听到他人指出自己过错，就欣然改正。这样正直的人就会逐渐喜欢和你接近了。

**经典解读**

孔子说："有益的朋友有三种，有害的朋友有三种。与正直的人交朋友，与诚信的人交朋友，与知识广博的人交朋友，是有益的。与谄媚逢迎的人交朋友，与表面奉承而背后诽谤的人交朋友，与善于花言巧语的人交朋友，是有害的。"阿谀奉承的话听起来顺耳，却是害人德行的毒药；而那些正直的话，虽然听起来可能不舒服，却是对人有益的。阿谀的人和你相处并非真的是为了你好，他们只是暂时讨好你，获得一些利益；真正的朋友时刻为你好，怕你犯错误，所以才直言劝谏你。在生活中要善于分辨哪些话是对自己有益的，哪些话是阿谀奉承的，要认清哪些人是真正值得交往的，哪些人是应该及早远离的。

**哲理引申**

## 善良的告诫最可珍惜

很多人在生活中都会犯"闻过怒，闻誉乐"的毛病，听到别人对自己赞誉心中就产生欢乐，听到别人对自己指责心中就产生不悦，听到别人说自己的优点心中生出欣慰，听到别人说自己的不足心中生出慊慊之情。喜欢赞美，厌恶批评，是人之常情，但我们不能一味以情用事，一味根据心情的好坏来取舍言论和人，夸誉褒扬的话能让我们心情愉悦，受到鼓励，但同时也会让我们忘乎所以，产生麻痹大意之心；批评指责的话会让人心情低沉，意气受挫，但却更能让人看清自己，唤起应有的危机感。

生活中有很多人，他们性格耿直，喜欢说直话，常常给人一种迎头泼冷水的感觉，但他们是真正有情义的朋友，真正的良友。他们的话虽然不中听，却中行，他们的劝告破坏气氛，却能让人避免被忽略的灾祸。他们的告诫又直又硬，却发自真正的善心，是善良的。古人云："千人之诺诺，不如一士之谔谔。"正直的告诫，一句比千万句赞扬、阿谀更有益、更值得珍惜。

对于那些真正聪明的人来说，一次劝诫产生的影响比蠢人受 100 次鞭挞还深刻，然而对于那些自认为比别人聪明的人，却往往会为了满足个人的私欲，一时贪婪起来，忘记了所有的告诫，那就什么蠢事都会干出来，最终将毁了自己。

一个读书人经过多年科考，终于等到了金榜题名的时候，在出去做官之前，他摆了一场巨大的宴席，将所有的朋友、亲戚请来，感谢他们多年来对自己的照顾和帮助。酒足饭饱之后，亲友们纷纷祝贺他即将取得高位，有的称赞他从前读书用功，有的说很早以前就知道他一定会有出息的，还有的祝福他以后步步高升，恭维他将来前途不可限量。

163

读书人发现，只有他的老师一言不发。于是，他上前敬酒，问："老师，我是不是有什么照顾不周的地方，让您不高兴了？"

老师叹了口气，说道："我不是为自己不高兴，而是为你感到忧虑啊！你虽然读书很用功却存在几个毛病：第一，自制力不强。这样的人当官最危险，最容易被金钱、权力腐蚀，害了百姓，害了自己。第二，好酒好色，如果继续这样，这官只怕你当不好。第三，爱虚荣。别人一奉承，你就找不到自己了……"

还未等老师说完，读书人就打断了他的话："我今天请大家来是为了表示对你们的谢意，并不是自己找不痛快的。您说这些话岂不是伤了我们师生的感情！"

老师见他这样，知道自己的劝诫根本不会起任何作用，就叹了一口气走了。

读书人做了官以后，身边所有的人都阿谀奉承他，他逐渐将以前从书上读的那些做人大道都抛弃了。一些财主、商人为了非法谋取利益，就偷偷送钱给他，他一概照收不误。那些人做了很多坏事，而他却不闻不问，只知道沉迷于酒色之中。身边的人如果对他进行劝谏，他就很不高兴，借故将人调走，而那些阿谀奉承的小人则都得到了重用。好好的一个地方，被他治理得乌烟瘴气，很快，有人一纸诉状将他告到了上级衙门。正好朝廷在大力查处不合格的官僚，读书人不仅撤了官，还被远远地发配到边疆地区。

在临走的时候，亲朋好友们都来送他，他流着泪对老师说："要是早听您的劝诫就好了啊！"

生活中，很多人就是毁在了不听别人善言劝诫之上，总觉得自己什么都明白，什么都知道，他人的劝诫是多此一举，羡慕忌妒，给自己泼冷水。却不知道，人在得意之时，最需要的就是迎头而来的冷水。

善意的劝诫，让被胜利冲昏的头脑重归于冷静。一位将军屡战屡胜，所有的幕僚都为他庆祝，此时，一位谋士告诉他说，不要太自信，骄傲之时就是失败之时，敌人说不定正在准备偷袭我们。将军听了，觉得很有道理，于是设下埋伏，夜里果然有敌军来袭。

　　善意的告诫，让被阿谀奉承包围的心时刻坚守正道。一个年轻的官员，每个星期都要回老家一趟，别人问他为何回家这么勤，他说："只有在家里才能认清自己。"原来，在外面和朋友、同事在一起，听到的都是阿谀恭维的话，只有他的母亲，一遍遍地告诫他，不要贪污，不要违法，不要害了自己。很多年后，他的很多曾经共事之人，都落马了，唯有他还好好的。

　　善意的告诫，让被欲望埋葬的良知重新回归。一位食品企业家，看到别人都低价购买劣质原料生产，从而谋取暴利。他也囤积了一批，准备效仿。这时一位老朋友，当面指责了他的过错，让他在众人面前很难堪，不得不放弃这个想法。他打算与这个朋友绝交，不久，电视台曝光了食品安全问题，很多使用劣质原料的食品公司因此而破产，很多企业家为此而锒铛入狱，他却安然无恙，企业得到了更好的名誉、更好的发展。此时，他才明白正直的告诫，才是最值得珍惜的。

　　……

　　我们每个人都会犯一些错误，都会偶尔涌起走"歪路"的想法，此时要多听听身边善意的告诫，它们是最有价值，最值得珍惜的话语。

# 无心非，名为错

**原 文**

　　　　无心非，名为错；

　　　　有心非，名为恶。

　　　　过能改，归于无，

　　　　倘掩饰，增一辜。

**译 文**

　　无心之过称为错，若是明知故犯，有意犯错便是罪恶。

知错能改，错误便可以原谅，过错也就归于无了。如果死不认错，还要去掩饰，那就是错上加错了。

## 经典解读

《尚书·大禹谟》中说："宥过无大，刑故无小。"过，就是无心而犯的错误；故，就是故意而犯的过错。无心的过错，并非出于恶念，人们应该进行包容；而有心的过错，则要严厉制止。

"人非圣贤，孰能无过，过而能改，善莫大焉"，犯了过错就要诚心忏悔，勇敢面对，这样至少可以消除自己心中的愧疚，或许能够获得他人的谅解，而狡辩推卸责任，用尽方法掩饰则只会激怒他人，只会增加自己的罪过。

## 哲理引申

### 勇敢地面对自己的过错

"过能改，归于无。倘掩饰，增一辜"就是说，世上没有从来不犯错误的人，错误是不可避免的，有了错误没什么可怕的，重要的是要敢于面对它，"有则改之，无则加勉"。改过了的错误是进步的阶梯，而逃避隐瞒错误则是滑向失败的深渊。

孔子谈到自己最得意的弟子颜渊时说："不迁怒，不贰过。"勇敢地面对自己的错误，不将过错迁怒到他人身上，时刻牢记着上次过错的教训，不再犯同样的过错，这是对待错误的最好方法。

在生活中，有些人害怕错误、逃避错误，唯恐他人指出自己的错误，为自己的错误找各种各样的理由、借口。这样的人是可悲的、是胆怯的、是没有前途的。正如戴尔·卡耐基所说的："任何笨蛋都可以护卫自己的错误——而且大部分蠢人也确是如此——只有承认自己错误的人，才能鹤立鸡群，胜人一筹。"

逃避错误、掩饰错误，就等于再犯一次错误，带来的后果往往比不经意地犯错要严重得多。

　　胡洁在一家公司里负责市场调研、统计工作。在一次对新产品市场占有率的调查中，她不小心犯了一个小小的错误，将一个小数点打错了。她本想去改正，但刚刚进入主管的办公室，主管就兴奋地对她说："小胡，你这次做的调研，老板十分满意，他正拿着你的报告给所有的领导开会布置任务呢！看来你这下是要得到提拔了！"

　　胡洁刚要张开的嘴闭上了。她想：没想到老板这么看重这次调查结果，要是现在告诉他们自己将数据弄错了，他们一定很不高兴，那自己就再难等到提拔的机会了。或许，他们关注的根本就不是那个弄错的数据呢；自己等这件事过了以后，私下改过了就算了。

　　胡洁没有将这件事告诉任何人，反正数据都是自己收集的，别人也不知道对不对。她为了"弥补"那个明显的错误，就将很多其他调查数据都改掉了，以满足那个错误的结果。公司十分重视胡洁的调查，围绕这项调查制定了规模庞大的生产、营销计划，胡洁也被提拔为部门经理。

　　然而，假的数据根本不符合市场现状，公司生产出来的产品大量囤积，根本销售不出去。在事实面前，胡洁不得不承认自己犯错误，造假、隐瞒错误的事实。结果可想而知，她被解雇了。在临走之前，老板对她说："你的调查，本来是个极其出色的成果，如果你早些承认错误，我们可能制定出更好的方案，你还是会得到提拔的，可你却选择了逃避、隐瞒，结果耽误了公司，更耽误了你自己。"

　　"知耻近乎勇"，敢于直面自己的错误，敢于承担错误导致的后果，这是一种可贵的勇气，能够这样做的人是一个勇者，一个虚心的人，重任和机会才会降临到他们身上。

　　直面错误，坦承错误，还是一个领导者的必备素质。敢于承认自己的错误，肩负起应肩负的责任，这样的人才是真正有担当的人，他们才能得到他人的尊重和认可，才能领导别人。

　　著名生物学家、诺贝尔奖获得者戴维·巴尔的摩是国际生命科学界极少数叱咤风云的人物。当他担任洛克菲勒大学校长的时候，曾与另一所大学的一名女教授合作一个项目，后来有人发现这个项目中的一篇论文出现了问题。这篇论文本不是巴尔的摩发表的，他只是合作方，但他却站出来打抱不平，说："科研文章里有错误是经常发生的，并非所有错误都是故意造假。"然而，人们却发现文章中的很多数据都是不真实的，以致美国国会专门成立了一个调查组对此进行调查。在众多证据面前，巴尔的摩很强硬，不断为自己和合作者寻找借口，甚至宣称国会调查属于政治干预科学。然而，在越来越明显的事实面前，他再多争辩也没有用，反而让人们对其产生了反感。最后，洛克菲勒大学的校董会认为背着洗不清污点的人不适合再当校长，巴尔的摩被迫辞职。

直面错误，坦承错误，也是父母教育孩子，必须坚持的原则。聪明的父母绝不会靠掩饰错误，在孩子面前树立"绝对正确"的形象来赢得孩子的尊重，这样只会让孩子对世界充满不真实的过高期待，当他们知道事情的真相时，父母的形象和他们对世界的幻想就会轰然倒塌，造成心理上无法逆转的忧伤。一个男孩，在上学的路上遇到了一点事故，本来不是他的错，父亲却不分青红皂白地打了他。虽然后来父亲也知道自己错了，但因为顾及面子没有承认，就这样，父子二人之间产生了芥蒂，时间越长，芥蒂越深，最后，儿子竟到了害怕见到父亲的地步，经常找借口不回家，即使回家了也不愿意和父亲交谈。不承认错误的危害就是如此之大，让世间最亲密的父子关系都受到影响。

"失败乃成功之母"，人总是在失败中获得成长。一个渴望成功的人，就不该对奋斗中的错误有任何胆怯。真正的勇士，敢于直面惨淡的人生，敢于正视淋漓的鲜血，难道还怕正视自己的错误吗？

每个人都会犯错，只要接受它、面对它，它就会很快过去，但如果我们用谎言去掩饰它，你就会发现，错误越来越大，你不得不寻找更多的谎言去掩饰以前的谎言。最后，生活到处都是谎言，自己无论如何也应付不过来。用一颗平常的心来面对成功和失败，正视自己的错误，改正自己的错误，包容别人的错误，我们的路会越走越宽！

# 凡是人，皆须爱

**原　文**

凡是人，皆须爱，

天同覆，地同载。

**译　文**

无论是什么人，都应该怀有仁爱之心。

同是天地所生万物滋长的，应该不分你我，共同帮助爱护。

**经典解读**

爱护同类是万物的本性，路边的小狗、山里的小鹿见到同伴受伤都不忍离去，还要找吃的照顾它们。作为万物之长的人类，更应当有慈爱之心、恻隐之心。孔子说："仁者爱人。"孟子说："无恻隐之心非人也。"爱人，就是要有让人好的心愿，看到他人遭受苦难就心生怜悯，想去帮助他；看到他人享受幸福就为他感到高兴，希望他永远这样好。

尽管国家、民族、文化的差异，将人们分为各种各样的群体，但共同生活在同一片蓝天之下，我们对爱的执着是相同的，爱是不分国界的。爱能创造一切。爱加深亲情，让母亲更加慈祥，父亲更加严肃；爱巩固友情，让朋友更加可爱，同学更加亲近；爱调节人与人之间的关系，让互不相识的路人之间也充满温馨和谐；爱消除怨恨，让对手、敌人都能相互谅解、尊重。

雨果说："人间如果没有爱，太阳也会灭掉。"爱就像黑夜中的明灯，让在纷繁世界中迷茫的人们找到生命的方向；爱就像冬日的阳光，温暖每个人的心灵，让人们融化掉心中的坚冰；爱就像炎炎夏日中的缕缕清风，让人们在苦闷的日子中感受到阵阵清爽。爱是永恒的火焰和不灭的光辉，我们每个人都应该让爱照亮自己的生命，让爱陪伴着自己成长。

**哲理引申**

## 仁爱改变世界

"凡是人，皆须爱。天同覆，地同载"，这是告诉人们要时刻怀有仁爱之心。如果说有一个词能得到全世界各种文化的认可，那它一定是"仁爱"。从孔子的"仁者爱人"、墨子的"兼爱"无不讲求仁爱。

仁爱是一种最伟大的信仰。正因为仁爱之心，为了拯救世人孔子一生奔走传道。

仁爱是最高的处世智慧。"我爱人人，人人爱我"，我们在生活中对身边的人怀有仁爱之心，他人同样也就会对我们怀有仁爱之心，爱人就等于爱己，付出就等于收获，谦让就等于求取。

仁爱是改变世界的最强力量。因为拥有仁爱之心，特蕾莎修女用她瘦弱的身躯改变了无数人的命运，告诉世人什么才是伟大。一句"活着就是为了爱"，让多少生活在苦难中的人看到了希望，让多少迷茫在世俗中的人得到了新生，也让冰冷的世界变得温暖起来。

仁爱就是要用自己的心，去体悟他人，"己所不欲，勿施于人"，"救人之难，济人之急"；仁爱就是要广博地去爱世上的所有人，去爱世上的万事万物。

　　孙叔敖小的时候，一次在村外玩耍，发现了一条两头蛇。孙叔敖大吃一惊，因为在楚国的传说中看到两头蛇是不祥之事，谁见到它就会死去。孙叔敖想自己只是瞥见了，也许躲开就没事了，转身跑去，可刚跑几步，他转念一想：自己看见就够倒霉的了，要是留着它，别人看见还会倒霉的。于是他鼓起勇气上前将两头蛇砸死埋掉了。

　　孙叔敖回到家里后，越想越害怕，哭着将这件事告诉了自己的母亲。母亲听了他的话后，笑着说："孩子，你死不了。在危险的时候还能想着别人，有这种仁爱之心的人怎么会轻易死掉呢？"

　　这件事虽然很小，却让孙叔敖明白了，做人怀有仁爱之心，一定会"好人有好报"的。他长大以后，时刻都以仁德自守，楚王听说他有才能，就让他做了楚国令尹，他施政爱民，做了很多利国利民之事，辅佐楚庄王成就了一番霸业。

　　具有仁爱之心，就会推己及人，用真心去爱护身边的人。圣约翰说过，如果你不爱邻舍却还说你爱上帝，那你就在撒谎。连耳触目及、伸手可触的邻居都不爱，你又怎能爱看不着、听不见的上帝呢？生根活佛也说："一个真正仁爱的人不只是对人仁爱，即使对一只野兽、一个仇人，也会仁爱善待。一个真正舍得的人不只是对人舍得，即使对一条小狗、一只小猫，也会舍得布施。一个真正聪明的人不只是做人聪明，即使对一件事物、一个道理，也会有聪明才智。一个真正谦卑的人不只是对人谦卑，即使对一条虫、一朵花，也会谦卑尊重。一个真正赞美他人的人不只是对人赞美，即使对一座山、一个湖，也会赞不绝口。"

　　仁爱不仅能够改变一个人，还能改变整个世界。拥有仁爱之处，就是天堂，失去仁爱之处，就是地狱。

　　寺庙东面的空地上，种了一大片果树，这片果林凝聚了所有僧人的心血。当年这里是一片荒凉贫瘠的石头山地，智静禅师刚刚当上住持的时候，发誓要将这片荒地改造成一片果园。这样僧人们就可以每年吃上自己种的水果了，还可以将多余的果子卖给山下人，来筹资建造新的佛像。

　　为了改造这片乱石地，智静禅师每天亲自挖石头，花了一年多时间才将其弄平整，山上土少，禅师又每天带头下山挑泥土，一连挑了两年，两年后山上出现了一片巨大的平土地。禅师又亲自跑到几百里外的城里，化来了最好的树苗栽种在上面，等到树苗结果已经过了将近十年时间。

　　忽然有一天，人们发现林中还未成熟的果子被人打掉了很多，有些小树还被人故意砍倒了。僧人们都十分愤怒，智静禅师看了这些树很久，他虽然不说，但每个人都知道这是他多年的心血啊！

　　一天晚上，僧人们听到林子中有动静，出去一看，一个农民痛苦地倒在地上，正当僧人们准备救他时，一个小和尚叫了起来："他带着柴刀呢！我们的果树是他糟蹋的！"僧人们赶过去，果然发现有几棵小树刚刚被砍倒，看来这人是在砍树的时候不小心弄伤了自己。

　　僧人们十分愤怒，将这个人带到了智静禅师面前，纷纷叫嚷："打他一顿，轰下山去！""把他送官！"智静禅师看了这人一眼，叫人帮他包扎好伤口，说："放他走吧！"

　　僧人们十分不解："就这样放了他？"

　　"还能怎样？"禅师道，"树已经活不过来了，打他一顿又能如何？"

　　"等等！"禅师叫住刚要走的人。那人以为禅师改变主意，要惩罚他，吓得脸色发白。没想到禅师转身对身边的小和尚说道："将寺中治疗刀伤的药给他带一点。"

　　这人拿着药下山去了。原来他是山下的水果贩子，看到山上忽然多了这么大一片果林，以后人们都来这买果子，自己的财路就断了，于是一时糊涂，做了这种事情。本来事情败露，以为自己一定要惹上官司，身败名裂了，没想到禅师竟然以德报怨，如此宽恕了他。他的心深受感动，从此不再像以前那样看重钱财，诚信做买卖，竟然发了大财。

　　十几年后，智静禅师准备建造一座跨越山涧的石桥，方便僧人和附近村子的人们出行。当建造的时候，突遇工程出现变化，需要资金大大增多，正在他们束手无策时，一位商人出现，慷慨地捐赠了建造大桥的所有费用。后来人们才知道，这位商人就是那个曾被禅师宽恕的水果贩子。

直到如今，人们还能在大桥的两侧看到两句话：仁爱改变一生，仁爱改变世界。

爱因斯坦曾经说过："生命的意义在于设身处地地替人着想，忧他人之忧，乐他人之乐。"生活中可能存在种种挫折和苦难，但仁爱是永远不会消失的。只要我们坚定对仁爱的信念，从自己做起，在自己的身边播撒仁爱之心的种子，就能让自己的生命变得越来越精彩，让这个世界变得越来越温馨，越来越美好。

# 行高者，名自高

## 原　文

> 行高者，名自高。
> 人所重，非貌高。
> 才大者，望自大。
> 人所服，非言大。

## 译　文

德行高尚的人，名望自然高远。人们所敬重的是一个人的道德，而非他的外表容貌。

才能卓越的人，威望自然不凡。人们所信服的是一个人的才华，而不是因为他会说大话。

## 经典解读

一个人最重要的东西是内在的德行，而不是那些表面上的东西，诸如外表美、职位高、权势重等等。有的人自以为长得漂亮就沾沾自喜，自以为身在高位就盛气凌人，自以为钱财丰厚，就不可一世，这些都是十分庸俗的表现。真正高尚的人，只关注内在的美德，无论是否有钱、是否有权、相貌如何，都能以道义自守，"富贵不能淫，贫贱不能移，威武不能屈"。他们既不会因为外在权势、财富的不足而轻视自己，也不会因为这些东西而轻视他人，阿附他人，这才是真正的大丈夫。

言谈都是虚的，说得再好听，没有真才实学早晚会露馅，被人轻视厌恶；容貌都会衰老，以色侍人，色衰则宠去。唯有自身的德行和才学是永远与你相伴的，是他人所不能夺走，不能替代的。与其整天梳妆打扮，不如多读点好书，美化美化自己的心灵；与其花大价钱整容，不如捐钱多做点好事，改变改变自己的道德；与其成天夸夸其谈，向人吹嘘，不如静下心来，学点真本领，用成就让他人信服。

**哲理引申**

## "内在之美"比"外物之高"更重要

人有内在的素质，有外在的东西，内在的素质包括美德、操守、志向、知识等等，而外在的东西则包括相貌、财富、权力、地位等等。内在的素质是人立身于世的根本，都是不可或缺的；而外在的那些东西只不过是人生中的点缀而已，可有可无。通过观察一个人在乎的是内还是外就可以判断一个人的修养水平如何，是否真的有大智慧。

历史上真正受到人们尊敬的人，无不是具有内在之美的人，他们或是道德高尚，或是知识渊博，或是保持了杰出的操守；而那些只知道追逐外物的人，无论长得如何漂亮，获得多少钱财，处于何等地位，都只不过是世上无足轻重的一颗尘埃罢了。可世上大部分人却难以明白这个道理，他们所追求的都是些外在肤浅的东西，他们也用这些标准去判断别人，结果只能是让自己离贤人越来越远，自寻耻辱，甚至走入邪路。

东汉末年的管宁、华歆年幼时在一起读书，成为了很好的朋友。但他们却有着截然不同的追求，管宁追求内在的修养，而华歆则追求世俗中的那些权势和富贵。他们一起翻田，忽然刨出了一块金子，管宁视若不见，华歆却眼睛冒光，赶紧将金子捡起来，丢在一边。不久，他们读书的时候，门外有大官的仪仗路过，管宁读书自若，而华歆却激动地趴到窗子前观望，露出期盼的神色。管宁见他如此贪恋富贵、权势，便割开席子，断绝交往。

从此二人分道扬镳，一个追求内在的学问、道德，一个追求外在的富贵、权势。管宁一生不愿做官，远赴辽东传授礼乐知识，得到世人的尊崇。陈群曾赞赏他："行为世表，学任人师，清俭足以激浊，贞正足以矫时。"而华歆却在官场中不断攀升，后来为了讨好曹丕，入宫逼迫汉献帝"禅让"，成为历史上有名的奸臣。在民间的小说戏剧中，华歆都是以一副趋炎附势、助纣为虐的形象出现，受到世人的唾骂。

一个人如果只知道追求外在的权势、财富，而放弃节操、道义，就会像华歆一样，即使贵为三公，也要受到后人的审判，受到不尽的唾骂。反之，如果一个人能重视自己的内在美，以德行、节操为立身之本，即使贫穷得像颜渊那样，吃不饱肚子，也会受到后人的无尽敬仰。

此外，"外物之高"给人带来的荣耀是一时的，没有内在德行的辅助，权势、地位越高、越盛，他的败亡也就会到来得越快。所以说，智者处世，以德求功，而愚者处世，见利忘义。建立在内在德行之上的功绩，会长久流传，而失去德行的外在权势、富贵，顷刻就会烟消云散。

春秋之时，齐国大夫晏婴身材长得矮小，相貌毫不出众，但他却是一个十分贤德的人。国君有了错误，他能够直言进谏；百姓受到了殃害，他都能及时向国君请求，为他们解除忧患；他生活简朴，即使居于宰相的高位之上，也从来不骄傲自满；他坚守节操，即使受到打击，面对威胁也从不屈服。

齐庄公无道，晏子多次耐心劝谏，庄公不能改正。后来，大夫崔杼弑杀了庄公，将其陈尸于庭院之中，大臣们畏惧崔杼的权势，都不敢去吊唁。唯独晏子来到崔氏院子之中，伏在庄公的尸体上痛哭哀悼。崔杼手下建议杀掉晏子，崔杼说："晏婴具有美德，是百姓所景仰的人，杀了他就会失掉民心，不能杀。"所以放晏子出去了。

不久，崔杼拥立齐庄公的异母兄弟杵白为国君，为了巩固自己的权势，他将所有大臣召集到太公庙里，派重兵把守，逼迫大家歃血为盟，大臣稍有违逆，便会遭到杀害。轮到晏子时，已经杀了好几个大臣。大家都屏住呼吸，目不转睛地盯着晏子，认为晏子这次也只能向崔杼臣服了。没想到晏子从容地举起杯子，大声地说："我只忠于国家和君主，不守道义，弄权作乱的人一定不得好死！"崔杼大怒，拿剑指着晏子胸膛逼他重新立誓，晏子不为所动。崔杼虽然很愤恼，但畏于晏子在群臣、百姓之中的威望，最终放过了他。

晏子保持节操、修养自身德行，时刻听取善意的劝谏，最终得到了新君齐景公的重视，成为了景公治国的左膀右臂，而追求权势，不顾道义的崔杼却很快就败亡了，他众叛亲离，不仅自己绝望自杀，家人也被杀得干干净净。

晏子开始并没有崔杼那么高的地位，但他注重自己的德行、忠于国家君主、做事从百姓的利益出发，最终成为历史上有名的贤臣，受到世人的尊重；而崔杼弑君弄权，为了权势、地位，放弃内在的节操、道德，最后众叛亲离、家破人亡。所以说，内在的美德对于一个人来说要远远比那些外在的权势、地位重要得多，一个人没有权势、地位，依然能够平平安安地度过一生，若是没有了德行、节操，那就离灭亡不远了。

## 己有能，勿自私

**原　文**

> 己有能，勿自私，
>
> 人所能，勿轻訾。

**译　文**

自己有能力，不要自私自利。别人有能力，不要轻视、诋毁。

不要自私自利，要多想着造福他人；不要妒贤嫉能，而要从善如流。

古人提倡与人为善，就是说自己有了善行，还要将善行推及到他人身上，他人有了善行，自己要主动学习，使自己也同样具有。当自己有能力的时候，不要过于骄傲自满，应怀着不满之心，继续提高，使自己更上一层楼。有能力的人，不单单要想着如何利用能力获得利益，改善自己的生活，更要利用这些能力承担起自己的社会责任，去帮助更多的人，造福更多的人。如果他人有了能力，自己不要忌妒、诽谤，而应谦虚地向他人学习，为他人感到高兴，《大学》中说："人之有技，若己有之；人之彦圣，其心好之。"就是这个道理。

**哲理引申**

## 把你的才华拿出来分享

"己有能，勿自私"。一个人的能力，如果仅仅是为了自己谋利，那他才能再多也不会受到别人的尊重；一个人如果能够为他人着想，在生活中多帮助他人，那么即使他很普通，人们也会认为他是个无所不能的人。秦桧、蔡京都是天下闻名的才子，然而后人没有称赞他们的才能的，提到他们就想到"奸佞"二字。雷锋只是一个普普通通的战士，然而世人都知道"雷锋出差一千里，好事做了一火车"，都懂得"向雷锋学习"，无私的奉献精神，让他成为世人的偶像，让他处处都充满了光辉。

一个人有多伟大，不在于他能做什么，而在于他做了什么。

学校今年都要评选"最有才华的学生"，当选的人可以获得一笔奖学金，更重要的是他将成为全地区的名人，受到大家的尊重。安娜对这个奖项很有自信，她的各科成绩都十分优秀，无论是写作、演讲还是音乐、体育她都十分擅长，她身边的朋友几乎没有不被她的才华折服的，很多人对她说："除了你，我想不出有谁能配得上'最有才华'几个字。"安娜虽然口中没说，但心里却高兴得不得了。

　　盼了好几天，终于等到公布结果的日子了。安娜兴奋地坐在台下，等着老师叫自己的名字。老师开始讲了什么，她完全没有在意，她只等着自己的名字出现，然后上台演讲。然而，老师却大声宣布："……最有才华的学生是——凯瑟琳……"学生中出现一阵喧哗，很多人看着安娜，安娜看着台上的老师，她心中十分失望："为什么是凯瑟琳呢？她根本就是一个平庸的女生，无论是学科成绩还是体育、文艺，自己都要比她强得多。这不公平，老师一定弄错了！"

　　放学后，安娜气冲冲地找到了老师："这不公平，虽然我不知道你们是如何选出凯瑟琳的，但我相信自己在很多方面要比她强得多！"

　　"具体说说。"老师听了安娜的抱怨，平静地问道。

　　"我的学习成绩比她好。"

　　"是的。"

　　"我弹琴的技艺比她高。"

　　"是的。"

　　"我演讲曾经在地区中获过奖。"

　　"嗯。"

　　"我会游泳、打网球、跳街舞，这些凯瑟琳都不擅长！"

　　"大家都知道。"

　　"那你们为何要将这个奖项颁给凯瑟琳呢？"

　　"奖项并不是老师们选出来的，在评比时，我们向附近所有的居民发了一份问卷。"老师说着，递来一张明信片，安娜看到上面写着：学校要进行"最有才华的学生"评选比赛，您如果发现哪位学生有什么才华，请将学生和他的才华写在上面，寄回学校。

　　说着老师将一叠厚厚的返回信，递给了安娜，安娜看到第一张上面写着："贵校有位叫凯瑟琳的学生，每到周末就来这儿照顾老人，她的歌唱得很好，老人们都十分喜欢。"地址是小镇的养老院。

　　第二张上面写着："有一位叫凯瑟琳的小姑娘，一次我骑车送货时，货物掉了，她拿着货物追了十几分钟，我相信她可以成为一名出色的长跑运动员。——一位快递员。"

第三张："我的邻居有个小女孩名字叫作凯瑟琳，她经常帮我这个孤老太太整理花园，我相信她一定可以成为一个出色的园丁。"

"有位叫凯瑟琳的小志愿者，曾经帮助社区设计了板报，我们相信她具有设计方面的才华。——社区服务处。"

……

看着安娜的脸越来越红。老师温和地对她说："设计板报、整理花园、跑着帮人捡快递，也许都是轻而易举的小事，但正是这些小事，让人们看到了她的才华。你在很多方面比她更加出色，这些老师们都知道，但要记住，一个人所具有的才华，不在于她能做什么事，而在于她做了什么；不在于她获了多少奖项，而在于她给身边的人带来了多少快乐。"

世界上，有很多聪明绝顶、才华卓越的人，但真正能够得到他人尊敬的人却并不一定是有才的人。把才华藏起来，用才华为自己谋利，即使比爱因斯坦更聪明，又有什么用？很多平凡的人能做出不平凡的事情，就是因为他们懂得将自己的才能拿出来，懂得将才华贡献给社会，懂得将才华分享给他人。

不懂分享的人注定是个孤独者；不懂贡献的人注定是个失败者。我们为社会做出贡献，社会才会更加美好，才会认可我们；我们同他人分享，他人才会与我们分享他们的优点，这样才能共赢，共同进步。

一个青年颇具写作才华，他梦想着自己成为一个像海明威那样的大作家。可是，他投了很多次稿子都被退回来了。编辑们总是说他的文字脱离生活，虽然华美却感受不到生活的热情。为了了解生活，青年想到了一个好办法。在闲暇的时候，他就来到那些打工者聚集的地方，为他们义务写信。很多人见他写信不收任何费用，就来找他。通过帮打工者写信，青年学到了很多以前在书本中学不到的东西，真正地了解了劳动人民的生活，知道了他们是如何思考、如何说话的。之后，他再写出的文章，得到了所有编辑的认可。

要想学到别人的长处，就先分享自己的长处。分享让我们更快地成长。分享自己的才能是一种人生智慧；分享自己的才能更是一种社会责任。

对于这个世界、这个时代，每个人都承载着一份责任，无论你有什么才能，都应该认识到它们是这个社会赋予你的，父母、老师传授给你技艺，学校培育你才华，并不是为了让你学到一身本领独善其身的，更不是让你学到一身技艺而为非作歹的，服务于社会、服务于他人，才能好好报答社会、学校对你的培养，父母、老师对你的期待。把自己的才华拿出来，多做些对人们有益的事，这才算对得起自己！

# 勿谄富，勿骄贫

## 原　文

勿谄富，勿骄贫，

勿厌故，勿喜新。

## 译　文

不要巴结谄媚富有的人，也不要在穷人面前骄傲自大。不要厌恶没有权势的老朋友，也不要贪恋新朋友、新事物。

## 经典解读

《朱子治家格言》中说："见富贵而生谄容者，最可耻；遇贫穷而作骄态者，贱莫甚。"见到有钱有权势的人就巴结不已，这是丧失了自己的骨气、廉耻；遇到贫穷的人就骄傲自大，这是忘记了为人的本分。过分趋炎附势，为了权势无所不为，甚至沦为富贵之家的鹰犬，帮助他们为非作歹；过分轻视穷人，也会仗势欺人，危害一方，这两种人都是最为可耻的。

有德君子无论做什么事、评价什么人，都应该以德行、道义为标准。

符合道义的就前进、赞扬，不符合道义的就退却、贬斥。不断提高人生境界，做到"富贵不能淫，贫贱不能移，威武不能屈"，才能称为一个大丈夫，才是真正懂得是非、值得尊敬之人。

人不能忘本，古人云："贫贱之交不可忘，糟糠之妻不下堂。"那些在困境之中伴你一路前行，在危难之际给你帮助的穷朋友才是最可贵的。他们在你困难时帮助你、照顾你，从来不图什么，即使不能给你带来什么利益、事业上的帮助，也是你不应该抛弃的人。如果有人富贵了就忘记了贫穷之交，发达了就想换掉糟糠之妻，这样的人一定是不知感恩的，人们了解他之后一定也会将其抛弃。

**哲理引申**

## 做人不能忘本

这段话就是告诉人们：做人不能忘本。很多人出身贫贱，在亲戚朋友的帮助下，取得了成功。然而成功之后，他想的不是报答那些曾经帮助过他的人，而是想法"洗清"自己的过去，尽力和那些老朋友、旧亲戚划清界限，他们对自己说："我已经是成功人士了，怎么还能和那些普通人交往呢！"这种人就是忘本的人，他们爬得越高根基就越浅，走得越远，路途就越狭隘，最后只能沦为孤家寡人，事业也会走向败亡。

秦末义军领袖陈胜年轻时就是一个很有志向的人，一次他和人一起被雇佣耕田，耕田中间休息的时候，他站在田垄之上，对身边的朋友们说："苟富贵，毋相忘！"就是说，将来富贵了，不要忘了这些老朋友啊！所有的人都嘲笑他："你现在还得帮人耕地而生，哪里会有什么富贵呢？"陈胜叹息道："燕雀安知鸿鹄之志哉！"

后来，陈胜被秦朝征徭役押去修筑阿房宫，走到路上他同吴广等人共同发动了起义。因为秦朝统治十分严酷，天下百姓听到他们起义以后，都纷纷起来支持他们，陈胜很快建立了政权，被称为"陈王"。

　　曾经的那些老朋友，听到陈胜得势以后，纷纷来到他的宫殿外求见他，希望他能提携他们。陈胜将他们留在宫中，然而这些人大多出身贫苦，不懂礼节，见到陈胜也不跪拜，还直呼其名。其他的人见到陈胜的这些老朋友如此粗鄙，都暗地里嘲笑他们。于是，陈胜身边的人劝他惩戒冒犯他威仪的人。陈胜也认为这些老朋友太没规矩，太有损自己的面子了，于是在一个朋友行为不礼的时候，就下令处死了他。

　　其他的老朋友见到陈胜如此，立刻生出了兔死狐悲之心，不久就都离开了。那些在路上想投奔陈胜的人，听到他处死老朋友的消息，也都改变了行程，前去投奔他处了。陈胜抛弃朋友的传闻四散开来，天下人觉得他做了大王就忘了本，和那些欺压百姓的秦朝贵族又有什么区别呢？支持他的人越来越少。很快，秦朝发动反击，击败了陈胜的军队，陈胜也在逃亡中被人杀死了。

　　人的成功都是需要有人协助的，身边那些帮你的人是最值得感激的。成功以后，最应该记住的就是如何报答他们，而不是如何抛弃他们，如何在他们面前显示自己的高傲。有人说，生活中对你最好、最真诚的朋友不是那些受过你多少好处的富贵之交，而是那些曾在你贫困时，给过你帮助的贫贱之友。贫贱之友如同白开水，虽然无味，解渴却是最好；富贵之友，如同醇酒，味道很浓，多喝必然伤身。

　　一位出身贫苦的商人，通过多年的打拼取得了相当不错的成绩。当他正准备扩建自己的事业时，故乡的村民找到了他，告诉他村里准备修建一条公路，希望他能够提供一些帮助。按他的实力，修建一条乡村公路只是小菜一碟，但他想：帮助村民没有什么困难，但如果自己这次帮了，下次他们有事又会想起自己，这个盖个房子想起自己，那个生个病想起自己，自己现在正在扩张事业，哪来那么多时间和金钱去搭理他们呢？

　　于是，他说自己公司现在资金也紧张得很，没法对家乡提供太多的帮助，从抽屉中拿了五万块钱，就将村民打发了。他贫困之时，曾经得到过很多村民的帮助，此时对他们撒了谎，他还是觉得心中有些不安，但一想到自己的事业，也就没有再说什么。过后，他忙于自己的事业，再也没有打听过老家的消息。

三年之后，金融风暴袭来，商人的资金链一下子断裂了，工人吵着要工资，上下游供应商整天逼着他还债，他不得已到老家去躲避。老家的亲戚旧友见他归来，对他十分亲热，他心中暗自发笑："我现在欠了一屁股债，你们再讨好我又有什么用呢？"

所有来见他的人，他都不冷不热地对待，村民们自知无趣，也就不来了。一天，一个长辈看不过去了，找到他说："人做什么都不能忘本，你有钱了，但不能忘记了这些帮助过你的穷乡亲，没有他们，哪有你的现在？村里人虽然穷，但他们不是为了你的钱才和你交往的。你这样对他们不冷不热的，算什么？"

他冷笑了一下："不是为了钱，那还是为了什么？我现在破产了，欠了人家一堆债，你们也没有必要再来找我了！"长辈听了，摇摇头离去。

第二天，当他起床的时候，忽然看到门外来了很多村民，他们每个人手中都拿着一叠钱。村民对他说："你有了困难，回到老家，为何不告诉我们呢？你的父亲和我们都是老兄弟，你是我们看着长大的。村里修路多亏你的帮忙，路修好了人们的日子才好了起来，村民都记着你的恩情呢。我们这点钱虽然不多，一滴水也能解解渴，你别嫌弃，先去解急……"

商人的眼睛不觉湿润了。那些生意场上称兄道弟的富贵朋友们，在他出事时一个个都消失得无影无踪了，而这些他早已不联系了的穷乡亲，却记着他的一点点小恩惠，愿意拿出自己多年的积蓄来帮助他。

商人并没有收取乡亲们的钱财，他们给他的精神上的支撑已经足够了，他回到城中，经过努力，解决了所有的问题，生意又好了起来。那些富贵的朋友又回到了他的身边，但此时他已经明白了，谁才是真正的朋友。他不再经常混迹于富贵圈中，而是花更多的时间去回老家探望那些穷乡亲。他请人为村里重新规划，帮助乡亲们致富，投资为村民建房修路……他的生活越来越充实，事业也越来越成功。

在生命中，对你最重要的人，不是那些成天与你花天酒地的富贵者，而是那些曾经在你贫困时陪伴在你身边的穷亲戚，在你处于困境时对你不离不弃的老朋友。交朋友，不要排斥贫贱的，他们虽然贫困，看起来没什么前途，可是他们仗义，当你遇到困难时，他们会慷慨地给你温暖和扶助，能与你同甘共苦。而富贵者则不然，他们和你交往看到的都是金钱享乐，钱财没了，"友谊"也就尽了，他们交的是你的金钱地位，而不是你这个人。

# 人不闲，勿事搅

## 原　文

人不闲，勿事搅；

人不安，勿话扰。

## 译　文

别人正忙碌的时候，不要去生事打扰他。别人身心欠安的时候，不要闲言闲语干扰他。

## 经典解读

孔子说："己欲立而立人，己欲达而达人。"要想获得他人的帮助，得到他人的信任，首先要学会替别人着想，应随时随地注意自己的言行不要影响到别人的正常生活与工作，这是一种做人的美德。别人正忙得焦头烂额呢，你却前去为了自己的事叨扰不停，任谁都会感觉不耐烦；人家心里正有不痛快的事呢，你到人眼前聒噪不止，如何不让人讨厌？

孔子说过，不察言观色就与人交谈，这叫作瞎子。在生活中要学会有"眼力价儿"，能说的话说，不能说的话，忍着不要乱说。纵使是再亲近的人，进退之间，也要站在对方的感受上想想，这样大家才能相处得融洽。

## 不要总麻烦别人

"人不闲，勿事搅。人不安，勿话扰"，就是说在和他人交往时，不能总拿自己的事去打搅别人，要多为他人着想，这样友谊才会长久，自己才可得到他人的尊敬。

一把刀长时间不用，就会生锈变钝，可如果天天使用，它也会因不堪重负而变钝。感情也是如此，长时间不联系就会变得淡薄，如果滥用过度它同样会受到损伤。亲人、朋友是相互帮助的，但每个人都需要有自己独立的空间，一个人如果总因为小事去叨扰他人，时间长了，即使再好的朋友也会感到厌烦。

"不给别人添麻烦"就要学会自己的事自己做，很多人总喜欢麻烦别人，说到底就是不肯自己努力，总觉得自己做太困难，对于他人来说就是举手之劳。但这种人却忘了，事情完全是自己的，别人即使做起来再简单，他们也没有一丝义务帮你。作为朋友他们主动帮你，是出于好心，但如果你认为那是理所应当的，总去要求别人，甚至他人不帮你就心生怨念，那就错了。总去麻烦他人，时间长了，人们就会认为你是个自私自利的人，友谊也就会越来越淡薄，人们对你的尊敬也就越来越少，也就更加不愿帮助你了。

不麻烦别人，是自强自立的体现。《孟子》中说："赵孟之所贵，赵孟能贱之。"他人给你再多的东西，总归是他人赐予的。即使他人看重同你的友谊，不是那种斤斤计较的人，但自强的君子难免自己心中不安。东汉贤士梁鸿就是这样的人，他幼时家中贫困，需要和邻居共用一个灶台做饭，一次邻人做完饭，就赶紧叫梁鸿，说："锅还热着，趁着热时做饭，可以省很多柴火。"梁鸿断然拒绝，说："我梁鸿岂是借别人余热的人！"于是，直等灶膛凉了以后，才自己生火做饭。

一位旅者曾讲过这样一个故事：

一次，他在日本旅游时，在景区看到一个免费领取纪念品的站点。站点恰好设在一道栏杆的一端，栏杆另一侧的游客想要走到站点前需要绕好长一段路，很多外国游客，不想走路，就隔着栏杆让另一侧的其他人帮他们拿一下。

一次，他陪同一位日本友人共同游览景区，走着走着友人说，太太让他带一个纪念品回去挂在墙上。此时，他们恰好处于栏杆的另一侧，已经走了很长的路，两人都比较累了。他就靠近栏杆，对对面的游客招招手，准备让他们帮忙拿个纪念品递过来。友人见状，连忙制止他，同时对对面准备帮他的游客，致以歉意。然后带着他，绕了好长一段路，走过去自己取了纪念品。

路上，他十分不解，别人只是举手之劳，为了不开口麻烦别人一下，却要自己绕这么远的路呢？难道开口叫一下，比走十分钟路更困难吗？友人同样不解地问他："自己能做的事，为何要去麻烦别人？"

这件小事，让这位旅者十分震动，以后他多次去那里游玩，发现很多国家的游客都会想到让别人帮忙拿纪念品的捷径，唯独日本人很少让他人帮忙，即使看到了认识的人，他们也会绕过一段路，自己亲自去取。旅人感慨说："看到了这一点，我才知道为何日本人口密度那么高，却处处井然有序，这一点就值得我们好好学习。"

为了培养孩子的独立自主能力，家长在孩子很小的时候就教育他们，不要给别人添麻烦，在日常生活中要不断地强化这种意识。如早晨上学要不要带雨伞，家长不直接告诉孩子，而是要他们自己注意收听天气预报；节假日外出旅游，每个人都将自己的东西装进包里自己背上。这是为了让孩子知道，自己的事情，凡是能做的就要自己做，尽量不要给别人（包括父母）添麻烦。这不仅是一种行为规范，也是一种道德修养。

在玉树地震灾区的救援抢险中，一支消防队已经连续奋战了两天两夜。救人的 72 小时黄金时间已经过去，这时，生命探测仪又传来了生命的迹象。队员们精神为之一振，奋力地清理起了笨重的水泥板。

他们搬开一块块瓦砾，清除一堆堆碎石，越来越接近救援目标了。一块巨大的水泥板下露出黑乎乎的空间，显然幸存者就在里面。为了防止旁边的瓦砾坍塌，抢险队从旁边挖出的小小缺口钻了进去。碎石、瓦砾不停地滚落，但所有人的注意力都放在了那块大石板下幸存的生命之上。

进入的队员，小心翼翼地用手拨开碎石，将受困者一点点举出洞口。这时，人们才看清了这个满面血污的受伤者，她只是一个十一二岁的小姑娘。小姑娘艰难地睁开眼睛，队员们的心都提了起来，他们唯恐小姑娘看到毁灭的家园，看到亲人不见踪影，受不了打击，大哭起来，甚至晕过去。小姑娘看了看抱着她的疲惫的救援队员，口中喃喃地说道："叔叔，我打扰了你们！"

这是多么善良、多么懂事的一个小姑娘啊！她被碎石、瓦砾压在下面七十多个小时了，尽管她已身受重伤，尽管她已经几十个小时没有进一粒食物一滴水，但她苏醒后，看到抢险队员时，说出的竟是"我打扰你们了！"

小姑娘的话，鼓励了无数奋斗在抢险前线的战士们，也感动了无数关注玉树地震的人。

不去打扰别人，是一种美德。世上每时每刻都有无数人，为了害怕打扰他人而默默忍受，默默奉献。坐在火车上，为了怕打扰旁边熟睡的旅客，而宁愿让自己的脚坐麻了；坐公交车时，为了怕身边人觉得冷，而宁愿关着窗子，忍受晕车的痛苦；走路时，为了怕打扰前面恩爱的情侣而自己绕远路……这些都是很小的事，却能看出一个人心灵的高尚。

每个人都不喜欢自己被时时打扰，不喜欢自己的私生活总有人搅入，即使是好朋友，也要为对方留下足够的自由空间，不要在他人心烦时去打扰他人，不要在他人忙碌时去麻烦他人，不要在他人享受清静时总出现在人面前，不要总是向他人倾诉自己的委屈，不要总是将自己的烦恼讲给他人听，不要总是拿朋友的短处开玩笑，不要总是对朋友的私事提意见……

不要总去麻烦别人，因为别人也很忙。其实做到"不给别人添麻烦"

也不是那么困难，只要我们注意生活中的每一个细节，自觉为他人着想，就不会给别人添麻烦。不给别人添麻烦，就是不给自己添麻烦，也就是给自己铺就更好的通向成功大门的路。

# 人有短，切莫揭

### 原　文

> 人有短，切莫揭；
> 人有私，切莫说。

### 译　文

发现了他人的短处，不要去揭穿。对于他人的隐私，切勿出去宣扬。

### 经典解读

每个人都不愿意自己的短处被当面揭穿，看到了他人的短处，自己心里明白就得了，关系亲密就私下里告诉他，既保全了人家的面子，也能让他及时改正，这样他人不仅不会心生怨恨，还会对你产生感激之情。他人的隐私，不要刻意去关心，即使在不经意之时发现了，也不能出去乱说。乱谈他人的隐私，既伤害了他人，也败坏了自己的德行，可谓有百害而无一利！

现在信息传播越来越迅捷，信息量越来越大，很多人为了博取眼球，增加点击率，到处搜集他人的隐私，别人有一点毛病他都夸大散布出来，这种侵犯他人隐私的行为违反了道德规范，若是给他人造成严重后果，还触犯了法律，应当承担相应责任，我们每个人都应当注意。

### 哲理引申

## 揭人之短，灾患无穷

《韩非子·说难》中，有这样一段话："龙生性柔顺，喜与人亲近，甚至可以将其当作坐骑。然而，其颚下长有一尺余长的逆鳞，一旦有人触及，必勃然大怒，以致伤人性命。"其实，不仅仅龙有逆鳞，每个人都有，人最忌讳的逆鳞往往就是自己的短处、缺陷。眼睛不好的人听到"瞎"、"盲"就心生不悦；耳朵不好的人听到"聋"、"悖"就怒气中生；腿脚不好的人最忌讳他人在自己眼前装瘸，谈论"残"、"拐"等。这些并不能说是人心胸狭隘，因为缺陷而感到自卑、敏感都是人之常情。

短处，人人都有，自己心里往往也很清楚，可是由别人嘴里说出来就让人不舒服。如果一群人在一起谈笑之时，有人当面指责你的短处，你感受如何，心中一定很不舒服；如果你恰好路过门口，听到别人在里面谈论自己的缺点，你感受如何，心中一定感到愤怒。私下里当面说出自己的不足，这是对人的直言相劝，大多数人会对此心怀感激，但在大庭广众之下、在背后谈论他人，则是一种不礼貌的表现，容易引起纷争和误会。

然而，在日常生活中人们总是喜欢挑剔他人的毛病，将他人的缺点挂在嘴边，把他人的错误当成笑料，这样逞一时口爽，不会给自己带来任何好处，只会让自己成为不受欢迎的人。佛家有个观点，在所有的罪恶中，最易犯、最常犯而且害人最惨的就是口业。说话前你是话的主人，说话后你是话的仆人。世间没有十全十美的人，也没有一无是处的人，每个人都有长处，同样也有短处。在谈话中，我们应该站到他人的角度进行思考，多照顾他人的面子，尽力避免道人之短，多扬人之善。随意议论别人的短处，不仅损害别人的尊严，更显示了自己低下的道德品质，也取怨于人，给自己埋下不尽的后患。

春秋末期，晋国是当时最强大的国家，国中有四家世卿，其中智氏势力最强。智氏的家主是智伯瑶，他长相威严壮伟，善于骑马射箭，要力气有力气，要才华有才华，因此很看不起其他三家的家主。

智伯同赵氏太子无恤也就是后来的赵襄子共同攻打卫国，他想让赵襄子先上，赵襄子不愿意，智伯很生气，在宴饮时将酒故意泼到了赵襄子脸上，并对其父亲赵简子说："无恤长得既丑，又没有什么胆量，您为何要让他做赵氏的继承人呢，不如换了吧！"简子笑着摇了摇头，赵无恤听到这话后对智伯恨之入骨。

一次，智伯宴请韩康子、魏桓子，在酒宴上智伯几杯酒下肚后，忽然想到了旁边韩康子的姓名，就大咧咧地说："我曾经读史书，看到叫你这名字的有三个，齐国有个高虎，郑国有个罕虎，加上你正好三个虎。"韩康子的谋臣段规在旁边说道："依照礼节，对人不能直呼其名，你现在拿我们君主名字开玩笑不是太过分了吗？"段规身材矮小，智伯听了后，看着他哈哈大笑，用手拍拍他的头顶说："小儿知道什么，也来多嘴多舌，你这么小，难道是三虎吃剩下的东西吗？"段规十分恼怒，韩康子也很生气，但顾忌智氏的势力，只好暂时忍耐，装作醉了的样子说："智伯说得对啊！"

后来智伯为了扩充势力，向其他三家索要土地，赵襄子因为旧恨坚决不给，智伯带领智氏、韩氏、魏氏的士兵攻打赵氏。赵氏退守晋阳，在危急之中，派人游说韩康子、魏桓子。韩康子想到旧日的怨恨，当即答允，夜里忽然对智氏发动进攻。智伯在混乱中被杀死，脑袋也被赵襄子砍下来。

在谈话中不可故意刺探别人的隐私，诉说别人的短处。每个人都有不想让人知道、不想让人言谈的事，你非得说破别人的秘密，触碰他人的逆鳞，显示出的不是聪明睿智、勇敢，而是愚蠢、浅薄。智伯的死，很大一部分原因就是由于自己过于傲慢，不注意言行，逞口舌之快，四处树敌。

平常做到不揭人之短不难，大部分人都能做到，最难的是在气愤、激动之时还能够克制自己不要去触人逆鳞。很多人容易激动，一生气起来什么话都脱口而出，尤其是在和朋友发生一点矛盾的时候，说话不分轻重，本来人与人间争论是常有的事，但非要在口舌上占些便宜，将人说得不能容身才善罢甘休。自己说完可能大大咧咧地忘记了，但听的人很可能因一两句不经意的话而大伤自尊，永远不能释怀。

同一办公室两个关系不错的朋友，其中一个人在做工作时连续几次没有做好，受到了领导的批评，另一个人笑着说："这点事都做不好，你还能干点啥？"本来是很正常的一句玩笑，但那人正在气头上，听到朋友的嘲讽，心中愤怒，脱口而出："我能生孩子，你能吗？"朋友听了脸色骤变，原来因为生理原因，他一直没有孩子，这一直是生活中的隐痛，了解的人都小心翼翼地不去提及这件事。没想到此时却被朋友当众抖了出来，这让他十分气愤，顿时拂袖而去。说话的人也意识到了自己的口误，连忙道歉，可是话已经出口了，再也收不回来了，两人之间多年的友情，就因为一句话而没了。

一群妇女饭后坐在一起聊天，聊着聊着谈到一个电视剧，好说的李婶脱口而出："现在的年轻人生活真是不检点，不知道好好工作，成天就知道傍大款、做小三！"她的话还没说完，一旁的张大妈忽然拉起了脸子，狠狠地将手中纳的鞋垫扔在地下，指着李婶骂道："你嚼什么长舌头？想说什么就说，何必指桑骂槐！"原来张大妈的女儿刚刚和一个比自己大很多的大款结婚，听了李婶的话，就以为她是在故意讽刺自家。一句不经心的话，却为自己招来大不快，李婶错就错在没有考虑说话的场合，没有注意听话人的背景。

为了防止自己触痛他人的逆鳞，一定要慎言，对自己不了解的人不要乱开玩笑、乱评价。了解别人以后，谈及他时，也尽量拣好的说。当别人向我们谈起某人短处的时候，我们可采取的最好办法是听了便罢，不必将此记在心中，更不可添油加醋地做传声筒，而且还要提醒谈论别人短处的人不要随便乱说。一方面他人的事可能另有隐情，自己不完全了解就胡乱传言，会给他人造成难以预料的麻烦；另一方面，说人短处，降低自己的人格，给自己埋下怨恨的种子，必将自尝苦果。

# 道人善，即是善

原　文

道人善，即是善，
人知之，愈思勉。
扬人恶，即是恶，
疾之甚，祸且作。

赞美他人的善行，也是一种为善。他人听到了这种赞美以后，一定会更加勉励向善。

宣扬他人的过错，就是一种罪恶。如果后果过于严重，还会为自己带来后患。

## 经典解读

人心就像播撒了种子的田地，用善去浇灌它，它便萌发出善，用恶去浇灌它，它便生长出恶。多宣扬善和美，去感化教育身边的人，自己的世界才会更加美好；如果执着于丑恶和狭隘，自己身边的世界也就处处充满丑恶了。

人都有些小小的虚荣，有了优点去赞美，就会更加努力地发扬自己的优点；有了缺点，得到批评则心中不安，甚至会产生故意犯错的逆反心理。对于孩子来说，这种现象尤为明显，作为父母、老师，要清楚地认识到这一点，多赞扬孩子的优点，少批评他们的缺点。

## 哲理引申

### 道人善，莫扬恶

这段话教人们如何去赢得一份友谊，如何转变自己在他人心中的形象——多说好话，少挑缺点；多加赞扬，慎重指责。

没有比在人背后议论他人的过错更大的愚蠢了。当你在背后宣扬别人的过失，如果他是你的朋友，他心里会非常难过，因为作为朋友，你没有当面告诉他让他改正，却将他的失误当成笑话谈论，为此你将失去友谊；如果他和你不熟，他会十分愤怒，他会对你的议论"常若刻骨"，时刻想着这份耻辱，时刻想着报复你。

少个朋友，少一条路；多个敌人，多一堵墙。聪明的人，不会因为喜欢闲言碎语而到处为自己树敌；愚蠢的人喜欢传闲话，当面说一套，背后又说另一套。有时自己说的不是那样的话，但是经过别人的加工改造就变成了意思完全不同的话，被人误解，产生不必要的矛盾，这就是"祸从口出"。

语言是一个人最常用的工具，它的力量是无穷的。它可以成就一个人，同样也可以毁掉一个人。善良的人，用仁慈的话语传播善良；智慧的人，用聪明的语言传播智慧；愚蠢而鄙陋的人，则用浅薄无知传播他们的愚蠢和鄙陋。

美国科学家曾经做过一组颇有争议的实验。科学家将一个班级学生随机分成甲乙两组，两组学生在不同的屋子中接受教育。甲组老师尽力发现每个学生身上的优点，在大家面前表扬他们或是私下夸奖他们；而乙组的老师则尽量发现学生身上的缺点，找一切机会批评指责他们。

过了一个月，科学家发现两组学生发生了巨大的变化。甲组学生，同学之间关系融洽，整体成绩上升很多，家庭调查显示这些学生回到家中也听话不少，和家人关系也向良性发展；而乙组学生，则同学之间相互挑剔，成绩整体下滑，与家人矛盾增加。

语言的力量如此之大，我们怎么能不慎重地使用它、控制它。"谁人背后无人说，谁在人前不说人"，但是我们不该在背后指责他人，议论他人的缺点，即使偶尔谈到他人，也应该当成他人就在面前一样，多说些表扬褒奖的话。看到别人的不善，就大肆宣传，那你将迎来无尽的纷争、无限的麻烦；相反，你能多说说别人的好处、善处，你会常常得到意想不到的幸运，甚至与人化敌为友，结成至交。

三国时期，审配、逢纪同为袁绍的谋士，但两人因为意见不同而存在私怨。官渡之战，袁绍被曹操击败，审配的两个儿子都被俘虏。有些与审配不和的人，就趁机进谗说："审配因为儿子被俘的事，心怀怨恨，存在反心。"袁绍问身边的逢纪："真的有这种事吗？"逢纪答道："审配天性刚烈率直，每次所说的话和所做的事，都仰慕古人的节操，不会因为两个儿子在南边而做不义的事情。一定是有人忌妒他位高权重，才进谗言，请您不要怀疑。"袁绍奇怪地问："你不是讨厌他吗？"逢纪说：

"从前所争的属于个人私事，现在所说的是国家大事。"袁绍十分赞赏他的公私分明，于是没有罢免审配。审配后来听闻了逢纪在袁绍面前对他的评价，十分感谢他，两人逐渐消除了私怨，变成了好朋友。

逢纪没有因为私怨而在背后说人坏话，就轻易地为自己赢得了一个朋友，消除了一个敌人。反观南朝宋时，刘湛和殷景仁曾是十分要好的朋友，但因为争权夺位，刘湛经常在背后说殷景仁坏话，殷景仁也给了刘湛很坏的评价，两人反目成仇。

你在背后谈论别人，不仅被说的人会受到影响，所有听到的人都会对你产生一个印象：今天，你在这里谈论别人，明天，你就会在别处谈论他们。总是赞扬别人的人，会得到所有人的认可；贬低、伤害他人的人，则会受到所有人的厌恶，搬起石头砸自己的脚。

武则天当皇帝的时候，法治十分严厉，很多人因为犯小错掉了脑袋。一年，她下令禁止屠宰牲畜。有一位姓张的官员，恰好在禁令颁布以后，其妻生下了一个男孩。他盼男孩已经多年，心情十分兴奋，就瞒着皇帝悄悄宰杀了一只羊。然后，邀请了平时要好的几个同僚来吃饭。

大家都秘密地赴约了。他的朋友中有一个叫杜肃的，吃完饭后，忽然想到了告密可以让自己得到升官的机会。于是，回到家中，他写了份奏章，将同僚私下杀羊的事报告给了武则天。

第二天，朝堂上，张姓大臣还沉浸在喜得娇儿的兴奋之中，武则天忽然对他说："听说，你的妻子生下了一个男孩，可喜可贺啊！"大臣一听，赶紧拜谢，同时既惊又恐，惊的是自己根本没有张扬，皇帝为何这么快就知道了呢？恐的是，只怕皇帝也知道了自己私自杀羊的事。武则天接着问："生子是喜事，可你请客的羊肉是哪里来的啊？"张姓大臣一听事情败露，连连叩头，称罪该万死。心想，这下完了，触犯禁令，只有死路一条了。

武则天看着颤抖不已的大臣，说："我下令禁止宰杀牲畜，其实，红白喜事是可以破例的。但是，你邀请客人，应该有点选择性，像一些无赖之人，就没必要和他一起吃饭了吧。"说完，她将杜肃写给自己的奏折，传给大臣们看。

大臣们看完后，所有的人都说杜肃太小人了，于是"肃汗流浃背，举朝唾其面"。

杜肃想要用别人的错误，当成自己升迁的台阶，结果却被所有人厌恶。人非圣贤，孰能无过。朋友有过错，私下里当他面指出，这是尽朋友的义务，朋友会因此而感激你。若是，你在背地里和别人谈论他的缺点，或是将他的错误汇报给别人，俗话说：没有不透风的墙。他一旦知道了，会因此而记恨你一辈子，那些被告知的人也会看清你的人品，对你产生厌恶。曾国藩曾经告诫自己的弟弟："扬善于公堂，规过于私室。"谈话时尽量避免提到不在场的人，不经意提到了，也要记得"道人善，莫扬恶"！

## 善相劝，德皆建

### 原　文

善相劝，德皆建；
过不规，道两亏。

### 译　文

朋友之间应该相互劝善，这样双方的德行都会有所增长。如果有了过错不能相互劝诫，双方的品德则都将有所亏欠。

### 经典解读

朋友之间互相劝善，这样双方的德行才会更加增长，这才是益友、直友；相反，如果两人狼狈为奸，相互勾结作恶，便是损友、佞友。益友相互促进，损友共同退步。交友须谨慎，作为他人的朋友更应该谨慎。

## 哲理引申

### 诤友最可贵

"善相劝，德皆建。过不规，道两亏"，这两句话告诉人们要选择诤友、做一个诤友。朋友之间直言劝诫、相互勉励，每个人都会进步，相反，互相奉承、互相隐瞒，每个人都会德行亏损。

孔子的学生颜回问老师应该如何同朋友相处，孔子说："君子对于朋友，如果明知对方有过错也不说，我不知道这种人是不是有仁德的人。"诗云："人之好我，示我周行。"对朋友真正的好，就应该告诉他什么才是正道，应该怎么遵守原则，而不是姑息、纵容他。《菜根谭》中说："当你跟朋友交往时，遇到朋友犯了什么过失，应该很亲切诚恳地规劝他，绝对不可因为害怕得罪他而眼看着他继续错下去。"

金无足赤，人无完人，每个人都存在这样那样的缺点。由于当局者迷，很多时候犯了错误，自己还浑然不知。这时如果没有诤友在旁边相劝，提出批评，就可能迷失方向，误入歧途，后果不堪设想。如果身旁有了诤友，就能在他们的帮助下，迅速地从错误和迷惑中解脱出来。翻开我国的历史，很多人因为存在诤友而成就了一番事业，也有很多人因为失去诤友而遭受厄运。善于"以人为镜"的唐太宗，起用敢于直谏的诤臣魏徵等人，虚心纳谏，辨明得失，从而开创了"贞观之治"。而春秋时的齐桓公因为失去了管仲这位诤臣而晚节不保，遭受厄运。

齐桓公是春秋时期第一个霸主，他身上有很多毛病，贪杯、好色、脾气不好、亲近佞臣等，但在管仲的劝谏下，他能够经常反省自己的行为，不至于酿成大错。

后来，管仲病危了，桓公前去探望他，问："您万一有什么闪失，不知道谁可以代替您的相位呢？"管仲说："了解臣下的莫如大王。"

桓公问："易牙如何？"易牙擅长厨技，为了讨好桓公曾将自己的孩子杀了做菜。管仲说："杀掉孩子来讨好君主，不合人情，不可以。"

桓公又问："开方如何？"开方是卫国公子，为了侍奉齐桓公，多年不回自家，连亲人死了都不去奔丧。管仲回答："背弃亲人来讨好君主，不合人情，难以信任。"

然而管仲去世后，齐桓公重用了三人，三人欺上瞒下，将朝廷弄得乌烟瘴气。桓公生病以后，易牙、竖刁等认为夺取权力的机会到了，便假借齐桓公的命令，堵塞齐宫大门，并在大门前竖起一道高墙，不准任何人进入宫内。齐桓公病在床上，没有一个人过问，最后竟然被活活饿死在宫内。齐国的五个公子为了争夺权位互相残杀，谁也不管父亲的死活。齐桓公的尸体在寿宫中整整搁置了 67 天。

有诤臣、诤友便可以称王称霸，没有诤臣、诤友，便死于非命。诤臣、诤友就是来规劝人们，匡正人们的过错的。所以说，人要选择诤友相交，同时作为一个朋友，也应该负起规劝朋友，匡正他们缺点的重任。

《围炉夜话》中说："有不忍言之心，必有不忍言之祸。"如果看到了朋友、亲人的过错而不忍心去纠正，他认识不到这种错误，或许还会犯同样的错误，或随着事情的发展小错铸成大过，到那时后悔都来不及了，这种不忍心的结果就是导致祸患的发生。

王华和张亮是最好的兄弟，他们在同一个村子长大，一起上小学、中学，一起来到城里打工。在临走时，张亮的母亲拉着王华的手说："亮子从小被家里宠着，出去以后你可要好好照看他啊！"王华点点头，说："放心吧婶，只要我饿不着，就不会让他空着肚子。"

进城后，王华找了一个建材销售员的工作；张亮因为学过一点手艺，就在一家理发店做了学徒。开始两人租住在一起，没多久张亮就称住在这里不方便，搬了出去。

一段时间以后，王华发现张亮经常和一些游手好闲的小混混在一起，他本想去好好劝劝他，可一想，交朋友是自己的事，管多了反而伤了兄弟感情，还是算了吧。

又过了一个月，王华发现张亮没事就泡在网吧和那些狐朋狗友打游戏，工作也不上心了。他本想好好劝劝他，可还没等开口，张亮就说："我最近认识了几个好朋友，有时间介绍你们认识一下。"王华害怕自己再劝说，张亮会认为自己多事，就换了别的话题。

两个月后，张亮和人打架，把人打伤了。向王华借钱，王华借给了他钱，本想说几句，可张亮转身就跑了。

以后，王华多次想劝劝他，但都因怕伤感情，而止住了。王华想，总有一天张亮会自己长大，自己明白的。

一天，他正在跑业务，忽然接到张亮的电话说自己在公安局，让他赶紧过去一趟。原来，张亮和人斗殴，失手将人打成了重伤。看着最好的兄弟戴着冰冷的手铐，吓得不知所措，王华突然感到自己没有照顾好他，没有尽到做朋友的责任。想到张亮母亲的嘱托，王华不知道该如何去面对她。

曾子说："君子是用道德标准来爱护人的，小人是用无原则地宽容他人来爱护人的。"用道德的标准爱护人才是真正的爱，用无原则的纵容来爱人，其实是一种害。真正的智者，绝不会阿谀奉承自己的朋友，他们会直指朋友的过错，让他们在骄傲、迷失中找回自己。

南北朝时，崔瞻和李概是一对很好的朋友，他们经常在一起谈天说地，赋诗唱答，一起学习和促进。两人都是诤友，如果对方有了什么毛病，他们就会当面指出来，督促对方改正。后来，李概要回老家了，崔瞻十分伤感，在信中说："意气用事，仗气喝酒，是我经常犯的毛病，以前有你经常指出我的缺点，如今你走了，还有谁来劝谏我呢！"

黄永玉先生曾经给曹禺写过一封信。信中写道："我不喜欢你解放后的戏，一个也不喜欢。你心不在戏里，你失去伟大的通灵宝玉，你为势位所误！"他忍不住道，"我不对你说老实话，就不配你给我的友谊。"

每当读到这样的故事、这样的话时，都让人感慨不已：这才是真正的好朋友、真正的友谊啊！千人之诺诺，不如一士之谔谔，世间朋友千万种，唯有诤友最可贵！

# 凡取与，贵分晓

原　文

凡取与，贵分晓，

与宜多，取宜少。

### 译　文

　　财物的取得与给予，一定要分辨清楚明白。给予他人之时，宜多不宜少，从他人那里获取时，宜少不宜多。

### 经典解读

　　老子说："上善若水，水善利万物而不争。"像水那样，滋润万物而不求索取，居于高位而不以势凌人，是世间最大的善，也是世上最高的处世智慧。人生在世，有取有舍，取要聪明，舍更要有智慧。取舍之时，先思是否合于道义，是否符合礼节，是否不伤害他人。时刻要记得：有给予才有获得，有贡献才有收获。一个只知索取的人是不会有朋友的，也不可能总是有人愿意让他索取。

### 哲理引申

## 生命在于贡献

　　有这样一则寓言，很能说明以上这段话所蕴含的深意：

　　一个病人到了生命的最后时刻，一位小天使降临在他的床头，问道："在生命的最后时刻，你还有什么愿望吗？"

　　病人说："我想知道自己上天堂还是下地狱？"

　　小天使对他说："我先带你去看看天堂和地狱吧？"

　　病人就说："好，我先看地狱。"到了地狱，看到一排长桌子，桌上

199

有很多菜，两旁都坐满了人，他们正准备吃饭。他们每人手里拿的筷子都是一公尺长。开始吃饭后，所有的人拿起筷子抢着夹好菜，拼命地往自己的嘴里送，但却因为筷子太长够不到自己的嘴，相邻的人筷子相互打架，菜都掉在了地上，于是，所有的人怒目相向，面目狰狞，直至大打出手，到处狼藉一片，惨不忍睹……

病人忍不住了，说道："我们还是去天堂吧！"于是他们来到了天堂，令人吃惊的是，天堂的陈设竟然和地狱一样，一排长桌子，桌上还是那些菜，两旁坐满了人，筷子还是一公尺长，他觉得很纳闷。但开始吃饭后，他发现所有的人都夹着菜往对方的嘴里送，大家你喂我，我喂你，每个人都能吃到可口的菜肴，其乐融融。

世界并没有什么不同，人与人之间相互帮助，就是天堂，人与人之间相互争夺，就是地狱。一个人是否富有，并不在于他有多少钱财，而在于他为社会贡献了多少；一个人是否伟大，并不在于他有多大的能力，而在于他帮助过多少人；一个人是否高尚，并不在于他言论多么敞亮、多么无私，而在于他真正做过多少好事。生命不在于获得多少，而在于贡献了多少。

一个有才能的人，不应该仅仅为自己而活着，他要承担起对周围人的责任，肩负起整个时代的历史使命。和珅位高权重，富可敌国；秦桧一人之下，才华横溢，然而他们身居高位不思报国，只知道自己贪腐享乐，只知道追求自己的权势地位，这样的人只会被世人唾弃。有些人收入十分微薄，但这并未阻挡他们行善之路，他们自己吃干粮咸菜，省出的钱捐献给灾区，捐献给贫困的学子，他们虽然没有多少财产，没有多高的学识，但他们的人生是最精彩、最快乐的。

2005年，一个名叫丛飞的歌手感动了所有的人。他是深圳著名歌手，每场演出费高达万元，家里却一贫如洗；他只有一个女儿，却是178名贫困孩子的"代理爸爸"；他在10年时间里，参加了400多场义演，捐赠钱物近300万元。

丛飞出生在辽宁省盘锦市大洼县一个贫困的家庭，为了读书，为了从事演艺事业他吃尽了苦头，当生活刚刚好转时，却又因为一场慈善义演彻底改变了命运。当时，他在四川成都参加一场为失学儿童重返校园的慈善义演，观众席上坐着几百名因家穷辍学的孩子，看着一张张面露稚气的脸庞，丛飞不由自主地想起了自己苦难的童年。他当场将身上所有的 2400 元钱放进了捐款箱。主持人告诉他说："你捐出的这 2400 元钱，可以使 20 个贫困山区的小学生完成两年的学业！"台下的观众给了他热烈的掌声，看着那些充满期盼的眼神，丛飞猛然发现了自己人生真正的意义。

从此，他开始了慈善义演和认养贫困失学儿童的爱心之旅。他先后二十多次赴贵州、湖南、四川、山东等贫困山区举行慈善义演，为当地的失学儿童筹集学费。同时，他还先后认养了几十个孤儿及残疾人，不但给他们提供学费，还负责他们的生活费。随着时间的流逝，丛飞资助的贫困儿童越来越多，这些孩子每次看到丛飞，都亲切地称他为"爸爸"。每当听到这一声声呼唤，即使再苦再累，丛飞也感到无比的幸福。

因为几乎将所有的钱都捐给了贫困的孩子，丛飞不得不向妻子要钱，妻子对此十分不理解，气愤地说："你把血汗钱都给了别人，却让我和孩子跟着你过这样的穷日子，你真是天底下最大的傻瓜！"不久就和他离婚了。他的父母也因此指责他，丛飞一时陷入苦恼。

但他坚定自己的信念：帮助别人，为社会贡献一点爱心，这便是生命真正的意义。此后，他更加努力地演出，身体不适时也坚持不懈，孩子们缺钱了，他宁愿自己省吃俭用，甚至向朋友借，也要按时给他们。在病倒以后，丛飞心中念念不忘的仍然是那些贫困的孩子们，他对几个朋友说："你们一定要多想想办法，让这些孩子继续读书啊……"

丛飞去世了，但是他留给世间的爱是永恒的！

生活越来越好了，然而很多人也变得越来越功利，越来越自私了。经常看到那些在网上炫耀名包、名表、名车的人，经常可以看到有些人为了获利而损害他人利益、损害社会利益的事。难道人生仅仅是为了炫耀财富，为了追求安逸和享受吗？不，生活就像一盏明灯，当你照亮他

**201**

人的同时，也驱走了自己身边的黑暗；生活就像一眼源泉，你滋润了身边的土地，周围才能开满花朵。我们生活在社会中，要学会感恩、学会满足，不要总想着自己得到了多少？自己没得到什么？而是多想想自己为这个社会做了什么，为周围的人做过什么？

"生命对于我们每个人都只有一次，人的一生应该这样度过：当他回首往事的时候，他不因虚度年华而悔恨，也不因碌碌无为而羞愧。这样，在他临死的时候，他就能够说'我整个的生命和全部精力都已献给了世界上最壮丽的事业——为人类的解放而斗争。'"《钢铁是怎样炼成的》中的这段话，不知激励了多少青年。是啊，人生就应该这样，为了整个社会和全人类而不断贡献！

# 将加人，先问己

### 原　文

将加人，先问己，

己不欲，即速已。

### 译　文

事情将要加到他人身上时，先反省一下自己愿不愿意加到身上。如果自己不愿意，那就赶紧停止，不要施加于人。

### 经典解读

仁者要善于将自己的感受推及到他人身上，自己想要的，先想着给别人，这就是"辞让之心"；自己不想遭受的，也不要施加于他人，这就是"恻隐之心"。"己所不欲，勿施于人"是每个人都应该坚持的立身法则，在社会中多为他人着想。

## 己所不欲，勿施于人

以上这段话就是孔子所说的"己所不欲，勿施于人"，自己不喜欢的事，不要强加给别人，而是要设身处地地为别人着想。只图自己一时之快，而去伤害别人，别人也会反过来伤害你；只想索取，不想付出的人，是没有人愿意同他相处的。"己欲立而立人，己欲达而达人"，成就别人就是成就自己，为别人考虑，就是为自己考虑。

《大学》中说：你厌恶上司对你所做的事，就不要用来对待下属；你厌恶下属对你做的事，就不要用来侍奉上司。前面的人所做的令你厌恶的事，你不要对后面的人做；左面的人做的令你厌恶的事，你不要对右面的人做……你讨厌被欺骗，就应该知道他人也不喜欢被欺骗，因此不要去欺骗别人；你讨厌工作时被打扰，就应该想到他人也是如此，因此在别人工作时也尽量不要吵闹；你讨厌别人对你乱发脾气，别人同样也是如此，所以在你心情不好时，要注意自己的态度，不要无故迁怒于他人；你不喜欢别人斤斤计较，他人同样如此，所以在对待他人之时要多多宽容，保持和善的态度……

彼得、约瑟二人住在同一座小丘上，彼得住在靠近山顶的地方，靠牧羊为生，约瑟住在靠近山沟的地方，靠养蜂为生。每天早上，彼得的羊就满山地跑，这让约瑟很不高兴。他觉得就是因为彼得的羊群，自己的蜜蜂们都采不到好的花蜜了，因为那些讨厌的羊总是将最肥美的草地啃得光秃秃的，连一朵花都不剩下。彼得心中也很不高兴，他经常看到自己的羊被一群疯狂的蜜蜂追得到处乱跑，他自己也曾被蜇过好多次。时间长了，这两个邻居都怀着一股怨气，谁也不搭理对方。

一天晚上，忽然刮起了大风，彼得在山顶上的房子被风吹破了，他在黑暗中看到约瑟的家中还亮着灯，虽然有些犹豫但还是走了过去，他想：虽然平时我们都对对方有意见，但他总不会不肯救人之急吧。于是，他敲响了约瑟的房门，约瑟打开窗子看到门外被风吹得衣衫凌乱的彼得，不耐烦地问道："这么晚，你找我有事吗？"

彼得道："很不幸，朋友，我的房子被风吹破了，今夜你能否收留我一晚？"

"你的房子被风吹破关我什么事呢？"约瑟说完重重地将房门关上了。

彼得看着冷冰冰的房门，只好回到自己家中，在羊圈中抱着羊度过了漫长的夜晚。

当彼得下山的时候，全镇的人都知道他抱着羊过夜的笑话了，彼得知道这令他难堪的消息是约瑟散布的，心中十分恼怒。

半个月以后，山上忽然下起了暴雨，山沟中的洪水越涨越高，约瑟不得不离开自己的房子，他不能蹚过洪水走到镇上，只好向彼得求助。

彼得看着落魄的约瑟，哈哈大笑："我家的地板经不得水，看您像个落汤鸡一样，如果不嫌弃的话，我的羊圈还有地方，你可以抱着我的羊，取取暖……"

生活就是如此，你宽容待人，人家就宽容待你，你刻薄对人，人家也必然刻薄地对你，最后受到羞辱的还是自己。人生在世除了关注自身的存在以外，还得关注他人的存在，应该有宽广的胸怀，宽恕待人，在处理事情时多考虑他人的意愿。倘若他人所不欲的，硬推给他人，不仅会破坏与他人的关系，也会将事情弄得僵持而不可收拾。"己所不欲，勿施于人"是尊重他人，平等待人的体现。

如果能够站在他人的立场上考虑一下，自己先退让一步，那么很快你的好意就会收到回报，他人一定也会转过头来为你考虑的。在一家之中，人与人相互接触的就更多了，大家生活在一个屋檐之下，如果不考虑他人的利益，只考虑自己的方便，一家人就没法和谐地相处在一起，积怨就会越来越多，以致毁掉整个家。

一个妻子，刚进婆家门时，总是觉得婆婆看自己哪里都不满意，于是婆媳之间，经常闹些不愉快的事。有一次，她不小心打破了一只碗，恰好婆婆说了什么，她看到婆婆脸色又不好，也不由得生起气来："我在你家每天起早贪黑地劳动，伺候你们，如今打破了一个碗就给我脸色看。"就与婆婆大吵起来，一气之下，跑回了娘家。

见到母亲，她哭诉了自己的委屈。母亲听了以后，一边安慰一边劝道："你真的确定婆婆是在埋怨你吗？也许她恰恰因为其他的事心中不快呢，就是因为你总是觉得婆婆对你有意见，所以才总是感觉她针对你。退一步说，即使她真的怪你，你作为晚辈也不应该和她吵架啊。如果你在家中打破了一个碗，看到我脸色不好，还会这样委屈吗？你要把婆婆当成亲妈对待，她才能把你当亲闺女，一家人在一起的日子还长着呢，要学会相互体谅，不能总想着让别人顺着你。"

在母亲的劝说下，这位妻子回到婆家，诚恳地向婆婆道了歉，一心侍奉公婆。她在心中暗自告诉自己，要将公婆当成自己的父母。遇到年成不好时，家里资用匮乏，她就每天纺线、织布卖钱，尽力准备饭菜给公婆吃，自己私下里吃些粗粮。

开始公婆还没体会到她的苦心，时间长了看到她如此持家，对她也渐渐好了起来。一次婆婆偶然进入厨房，看到她给自己准备的粗饭，不禁感动得泪流满面，从此对待她就像对待自己的亲女儿一样。

每个人都希望生活在一个和睦、温暖的家庭中，都希望身边的人能够对自己推心置腹，将自己当作最亲近的人看待。但因为开始的生疏和误会，大家往往存在一定隔阂，谁都不愿意放下架子，其实退一步并没有那么难。在路上与人发生冲突，尚且还退一步呢，更何况是在自己的家中，是对待将要长期和自己生活在一起的亲人。你想让别人如何对待你，你就要先去如何对待他人，"精诚所至，金石为开"，只要我们怀着一颗宽容、慈爱的心，用心去体谅、照顾身边的人，一定会将他们感化，一定能让他们变成我们真正的亲人的。

你多把他人往好处想，遇到矛盾时宽容地对待他人，很快你就会发现，他人的确是不错的，他们在处理事情时对自己也十分宽容。相反，你如果将他人都往坏处想，他人做事，你就觉得是在害你、排挤你，你很快就会觉得这些人真的很讨厌，而且他们也的确是讨厌自己。所以说，你如何对待他人，就决定了他人如何对待你——对待他人，就是对待自己。既然是对待自己，我们为何还要尖酸刻薄，还要求全责备呢？我们不妨用笑容来对待所有的人、所有的事，用宽容来面对一切，用慈悲来面对一切，这样你会发现世界越来越温暖、越来越美好。

## 恩欲报，怨欲忘

**原　文**

恩欲报，怨欲忘，

报怨短，报恩长。

**译　文**

受到了他人的恩惠要记着回报，与人存在怨恨，要早早放下。怨恨不平之事，不要停留太久，受惠感恩之情则要长记在心。

**经典解读**

古人云："受人滴水之恩，当涌泉相报。"为人应该知恩图报，时时怀着感恩的心去做人做事。我们要感谢天地，是它们给了我们生存所需要的一切；我们要感谢父母，是他们养育我们、呵护我们；我们要感谢老师，是他们引导我们、教育我们；我们要感谢朋友，是他们理解我们、关心我们；我们要感谢老板、上司，是他们给了我们工作的机会，让我们能够努力奋斗；我们要感谢同事、下属，是他们配合我们工作，支持我们不断进步；我们要感谢身边的每一个人，那些为我们维护蓝天绿水的人，那些为我们提供衣食住行的人，那些为我们默默地付出他们劳动成果的人……

有恩当牢记，有怨当速忘。别人对你有误解、有怨恨，不应以牙还牙，而是要用宽容和坦荡去消除、化解它们。子曰："人不知而不愠，不

206

亦君子乎。"他人不了解我，我也不怨恨，这才是真正的君子。"忍一时风平浪静，退一步海阔天空"，我们活在这个世界上，是为了享受美好和善良，而不是为了寻找怒火和怨恨。世上有几十亿人，一生能认识几个、接触几个，有人说："所有和你相识的人，都是上辈子修来的有缘人。"这样的人，我们爱他们还来不及，又何必去怨恨他们。

如何对待恩情和怨恨，决定着自己的心态、自己的人生。"人人为我，我为人人"，我们时时想着感恩，时时想着回报社会、回报周围的人，我们的心态才会越来越积极，身边的环境才会越来越美好。相反，如果别人扶了你一把，你很快就忘记；别人踩了你一脚，你永记心中。总去盯着别人的缺点和错误，记住别人慢待我们的地方，于是，便耿耿于怀，越看他人越满身缺点，越过日子越觉得事事不顺。

**哲理引申**

### 施恩、感恩、别忘恩

生活中，我们都应懂得"恩欲报，怨欲忘。报怨短，报恩长"的道理，应该怀有感恩之心、宽容之心，善待对自己有恩之人，原谅对自己有怨之人。

每个人都希望他人对自己好一点，相信自己，以真心对待自己，但很少有人反思自己是否真心对待他人了，自己是否考虑到他人的想法了。交往是一个彼此往来的过程，你如何对待他人，他人就会如何对待你。你尊重别人，从别人那里得到的也必然是理解和尊重；你轻视别人，从别人那里得到的也必然是误会和漠视；你为别人着想，别人才会考虑你的意愿；你为别人谋利，别人才会为你谋利。

汤姆十分爱花，在院子中精心栽培了很多花。每天闲暇时，约翰唯一的乐趣就是陪伴这些花，为它们浇水，修整叶片。一天，他忽然看到邻居家的狗正在花圃中打滚，他的花折断了好几株，汤姆心中又痛又怒，拿起棍子就打了小狗几下。这一幕恰好被邻居看到，两人各自板着脸走开了。

从此，汤姆每天都在花圃旁边看着，唯恐邻居的狗再次糟蹋花。可过了几天，他刚刚有点松懈，花就又被折断了好多。汤姆气冲冲地找到邻居，向他质问：为何不将自己的狗看紧一点呢。邻居却怪汤姆毫无道理地冤枉人，还打了自己的爱犬。

汤姆忍无可忍，找了当地的法官评理。听了汤姆的控诉，法官想了想对他说："邻居家的狗的确不对，但你是否向他解释清楚了呢？"看到汤姆有些犹豫，法官接着问，"你是想要一个朋友做邻居，还是要一个敌人做邻居呢？"

"当然是朋友了。我也不想和他做敌人，可他太不通情理了！"

"那好，我给你出个主意吧。邻居家的院子一定也很空荡，你不如挖几株美丽的花送给他，这样他在看到狗糟蹋花时，就会知道你为何生气了，你们也就和解了。"

汤姆听了法官的话，回到家中精心选了几株自己喜欢的花送给邻居，并帮助邻居将花栽在了他的院子中。邻居家的院子，本来空荡荡的，如今有了这些花的装点，变得焕然一新，他们全家人都十分满意，对汤姆也十分感激。

后来，邻居果然发现，小狗会去损害花朵，就将狗拴了起来。因为对花的热爱，邻居和汤姆渐渐成为了很好的朋友。

要学会施恩，学会为别人着想。当别人对我们施恩时，则更要懂得知恩图报。常听老人讲这样一个故事：猎人进山后，发现一头母狼被捕兽夹夹住了，准备杀死它时，忽然见到一只小狼在旁边不远处可怜兮兮地望着他，猎人心生怜悯，就帮母狼包扎好了伤口，将它们放走了。几年以后，猎人在山中打猎，遇到一头黑熊，黑熊向猎人发动了进攻，枪弹已尽，正在他无路可退时，忽然旁边冲出一群狼，赶走了黑熊。刚出熊口，又入狼群，猎人正在恐惧之时，带头的狼却带队离开了，原来它就是曾经受到猎人恩惠的小狼，这次赶走黑熊就是为了报恩。

可是，现实生活中就是有很多人不知道感恩，当求他人帮忙时低声下气，然而在他人遇到困境时却袖手旁观，甚至落井下石，这种忘恩负义、背信弃义的行为是世上所有人都唾弃的。英国有句谚语说：忘恩比之说谎、虚荣、饶舌、酗酒或其他存在于脆弱的人心中的恶德还要厉害。见利忘义，只能得到一时的好处，具有美德的人才能走到最后。三国时的吕布就是一个忘恩负义的小人，为了依附董卓的权势杀死丁原，又为了貂蝉杀死义父董卓，刘备有恩于他，他却乘人之危，抢了徐州。最后，当他被曹操所擒获时，刘备趁机向曹操进言吕布为忘恩负义小人，曹操于是下了处死他的决心。可见，恩将仇报是不会有好下场的。

在生活中，我们要多帮助他人，能够伸手拉他人一把就拉一下，能够赞美鼓励一下他人，就别吝惜自己的语言。也许，在你看来微不足道的一次援手，在他人眼中却是救命的及时雨；也许，你不经意的一个善举，会让人一生念念不忘，你不经意的一个错误，会让人怀恨不已。

20世纪60年代，一个身无分文的年轻人来到了巴黎。旁人眼中的天堂，在他的眼里仿佛炼狱一般。他贫穷落魄，举目无亲，没有工作，没有亲人，一人不识，一文不名，更糟糕的是他连法语都不懂，只好蜗居在一个小旅馆的小房间里。肚子饿得实在熬不过去了，就出去捡一些空酒瓶或旧报纸，以换取些吃的。

旅馆的老板拉克鲁瓦夫妇发现了这个贫穷的年轻人，他们并没有像其他的旅馆主人那样要他立刻交清房租，否则就将他赶出去。他们十分同情这个年轻人，不但不逼、不催，还时常给他些帮助，最后任由他徒托空言、一走了之。

十几年以后，拉克鲁瓦先生已经去世了，他的太太继续经营着那个小旅馆。因为设施老旧，规模小，旅馆生意冷淡，入不敷出，拉克鲁瓦太太常常为此愁眉不展。一天，一位西装革履、彬彬有礼的绅士出现在她的面前，将一笔不菲的钱交到她的手中。拉克鲁瓦太太很是吃惊，她盯着眼前的绅士，忽然想到了那个十几年前欠下房租离开的年轻人。后来，她才在人们的言语中了解到，这位绅士名字叫马尔克斯，他是当今最知名的作家之一，世界名著《百年孤独》的作者。

后来，马尔克斯获得了诺贝尔文学奖，更加有名。他再次亲赴巴黎看望拉克鲁瓦太太，并邀请了她的偶像嘉宝同行。马尔克斯诚恳地告诉拉克鲁瓦太太，她的贡献在于她的善良，她没让一个可怜的文学青年流落街头。他还说，她和拉克鲁瓦先生使他相信：巴黎还有好人，世界还有好人。

因为他们的善良和慷慨，拉克鲁瓦太太见到了自己渴望已久的偶像，同时她的旅馆由于马尔克斯的缘故，生意变得分外红火。

每天的生活都是一粒种子，不知什么时候，它会开出让你自己都吃惊的花朵。今天，你种下什么样的种子，多年以后你将会被什么样的花朵所包围。多挂念别人的恩惠，少记住他人的冒犯，生活会增加很多美好，减少很多摩擦；多做些让人感恩的事，少做些让人抱怨的事，你会收获很多惊喜，避免很多麻烦！

## 待婢仆，身贵端

### 原 文

待婢仆，身贵端，

虽贵端，慈而宽。

势服人，心不然，

理服人，方无言。

### 译 文

对待家中的婢女与仆人，要特别注意自己品行端正、以身作则。虽然品行端正很重要，但同时也应坚持仁慈宽大的原则。

倚仗权势而让他人服从，对方即使屈服心中也必然不服。只有以理服人，他人才会心悦诚服，没有怨言。

**经典解读**

当今社会已经没什么"婢仆"了，但在如何对待下级、如何对待服务者上需要人们注意。对待下级、晚辈，一定要自身端正，给他人树立良好的榜样，不能独断专行，以势压人，不能倚老卖老，为老不尊。"身正，不令而行；身不正，虽令不行"，要求他人做什么，自己先做到；禁止他人做什么，自己首先不要去做。

当我们在社会上享受一些服务时，要认清自己的地位，既不能对一些掌握权力的部门过于低声下气，助长他们握权自大的气焰，也不能对那些底层服务者颐指气使，故意刁难。维护自己权利的同时，也要宽容地对待他人，处事不卑不亢，坚持人人平等的原则，这样才能得到所有人的尊重。

待人一定要以"理"服人，不应该以"势"压人。用手中的权力来欺人、压人，他人心里肯定不服，晓之以理，动之以情，用真情实意去感化他人，用清晰的道理去说服他人，他人对你才会真正佩服。

**哲理引申**

## 对人宽容，对己宽容

这段话的真谛就是无论对谁都要怀有宽容、尊敬之心，不可以以势压人、欺凌弱小。无论是乞丐还是奴仆，见到了就对他们恭敬一点，不要因为一时穷困而轻视、侮辱别人。

对人宽容就是对己宽容，对人苛刻就是断己后路。种下一颗宽容的种子，收获一份福泽；种下一颗仇恨的种子，收获一份灾祸。

西汉大臣韩安国曾经因事被捕，关押在监狱中。监狱里有个叫田甲的狱吏，见韩安国失势就常常借故凌辱他。韩安国愤怒地说道："你把我看成熄了火头的灰烬。难道死灰就不会复燃了吗？"田甲嘿嘿一笑，傲慢地说道："倘若死灰复燃，我就撒泡尿浇灭它！"不久，韩安国入狱之事引起了太后的关注。太后因为感激韩安国调节汉景帝和梁王之间的矛盾，使他们兄弟重归于好，就下诏赦免了韩安国，并让他官复原职。

田甲听到韩安国重新被起用的消息后，想到自己曾经说过的话，十分恐慌，就逃走了。韩安国听到有狱吏逃亡，就猜到了是田甲，于是向国中下令说，田甲如果不回来就杀了他的一家老小。田甲只好回来跪在韩安国面前请罪，韩安国看着他面如土色、六神无主的样子，便讽刺道："如今我死灰复燃，你可以撒尿了……"田甲连连磕头求饶。好在韩安国为人大度，只是吓了吓他，并没有真正报复他。

田甲很幸运，遇到了大度的韩安国，若是其他人就没有这么好运了。汉武帝时名将李广在仕途之上也是常有起伏。一次被罢免了将军之职的李广，外出游玩时路过灞陵。灞陵尉喝醉了酒，呵斥李广，不让他通过。李广说："我是故将军李广。"灞陵尉冷笑道："当今的将军也不行，更何况你一个被罢了职的将军。"李广十分生气，但又对其无可奈何。后来匈奴入侵，朝廷重新起用李广，李广就向朝廷要求与灞陵尉同行，到了前线军中就找个借口将灞陵尉杀死了。

田甲因为侮辱韩安国而受到惊吓羞辱，灞陵尉因为轻视李广而丢掉了性命，历史上这样的事多得数不胜数，没有人会永远贫贱落魄，说不定机遇到了他便腾飞而起，死灰复燃。在穷困中的人，感情是最为敏感的，你给了他一点点好处，他就会感激不已，你给他一点点轻视羞辱，他也会念念不忘。羞辱轻视他人伤害了他人的自尊心，也为自己种下怨恨的种子，给他人一句鼓励一点帮助，并不会有多困难，但这就为自己埋下了一份善因，说不定哪天在困境之中，那个你曾经帮助过、宽容过的人，就会出现在你的面前，给你一份意想不到的回报。相反，即使是你看着最不起眼的人，如果刻意侮辱，也会给你带来灾祸。

一位官员，为朝廷主持一场变法，因为受到阻挠，心中十分不快。在吃饭的时候，他吃到了一颗沙子，本来是一件很小的事，但官员却觉得是厨子故意给他找不痛快，于是将厨子叫进来，狠狠地责骂了一顿，还扣除了他半个月工钱。厨子心中虽然不满，却不敢反抗。几天以后，朝廷发生政变，变法的官员遭到通缉，连忙逃走。在逃走之后，他想到家中还有些事，没有处理，就潜回家中。正当他以为神不知、鬼不觉之时，大批士兵涌了进来，将他抓捕，不久以后就被处死了。原来，被他责骂的厨子，一直怀恨在心，看到他回来，就跑去告发了。这位可怜的官员，就这样因为一粒沙子，因为不能宽容他人而丢掉了性命。

宽容不仅要包涵他人的过失，原谅他人的错误，还要能够坦然接受他人的误解。正如孔子所说的："人不知而不愠，不亦君子乎。"能够包容他人的不了解，才能够赢得他人的尊重。面对别人的误解，宽容和忍耐，是一种博大胸襟的体现，是退一步海阔天空的悠然。

唐朝宰相娄师德就是一个宽容待人的典范。他一生出将入相，被武则天称为有文武才。在他做宰相时，他的弟弟为代州刺史，一次他问弟弟："我为宰相，你为州牧，我们兄弟荣宠过盛，自然会受到别人猜疑，应该怎么化解呢？"他的弟弟说："如果有人向我的脸上吐唾沫，我自己擦擦就算了，绝不与人计较。"娄师德面色沉重地说："这正是我最不放心的地方。有人往你脸上吐唾沫，那是生你的气，你擦了，那你就拂逆了人家的意思，会使人更加生气。唾沫嘛，不擦也会干的，最好以微笑受之。"

娄师德见狄仁杰很有才能，就向武则天力荐。但他对此事始终守口如瓶，不声张、不炫耀、不自矜、不自诩。狄仁杰对此却一无所知。他认为娄师德不过是个平庸之人，很是看不上他，还一再排挤他到边陲去打仗。武则天察觉此事之后，问狄仁杰："你看娄师德这个人怎么样？"狄仁杰说："娄师德能做个守卫边疆的普通武将，至于有没有别的大才我就不知道了。"武则天又问："娄师德是不是善于发现人才？"狄仁杰说："我曾经和他一起工作过，没听说过他发现什么人才。"武则天笑道："你之所以能当上宰相，就是娄师德推荐的啊，我看他挺有知人之明！"并随手将娄师德推荐狄仁杰的奏章递给他。狄仁杰不看则罢，看了以后顿觉羞愧不已，不禁喟然叹道："娄公盛德如海，一直包容于我，我却没有察觉，比他差远了！"从此对娄师德十分恭敬。

宽容是一种美。天空容忍了雷电风暴的肆虐，才有了风和日丽；海洋容纳了惊涛骇浪的猖獗，才有了浩渺无垠；大地容忍了深山大谷的纵横，才有了锦绣江山。宽容是在荆棘丛中长出来的谷粒，它让人们在困苦之后得到丰收；宽容是在暴风雪中透过来的阳光，它让人们在严寒之中看到温暖的希望。

宽容，是一座亮在黑夜中的灯塔，使迷途者找到航行的港湾；宽容，是一缕飘飞在大地上的清风，使犯错者顿获一味清醒剂。一个伟大的人有两颗心脏：一颗心流血，一颗心宽容。用一颗宽容的心去对待世界，我们一定会迎来更出彩的人生！

# 同是人，类不齐

## 原　文

同是人，类不齐，

流俗众，仁者稀。

果仁者，人多畏，

言不讳，色不媚。

## 译　文

同样是人，但正邪善恶、心智高低却良莠不齐。流于庸俗之人众多，真正能称为仁者的很少。

真正的仁者，人们自然敬畏于他。这都是因为他说话公正而没有隐瞒，又不谄媚地讨好他人的缘故啊。

## 经典解读

"人之初，性本善。性相近，习相远"。每个人出生时都是相同的，都具有为善之端，但随着年龄的增长，因为生活在不同的环境之中，受到不同的熏陶，生活习惯、品行道德、智力高低也就出现了不同，有的人学习诗书礼乐成为有德君子，有的人沉迷酒色声乐荒废了德行，有的人蒙昧无知受人驱使。无能无知的俗人是很多的，而能够称为仁者，德才兼备的人是很少的。

孟子说人都有是非之心、羞恶之心、辞让之心、恻隐之心，由此四端发展为仁义礼智等美德。然而只有少数人能够坚持自己的本心，发扬善端，大部分人都流于庸俗，任其善心与日益削，直至荒废了。所以说，我们每个人都可以成为仁者，大部分人没有达到仁的修为，并不是他们不具备那种天赋，而是他们没有去努力追求。人生在世，成为一个什么样的人，完全是靠自己努力而得到的。你不断修炼自己德行，反省自己缺点，改正它们，就会德学日进；你耽于眼前享乐，不知求学，不知为道，就会与庸俗之人沦为同类，被人轻慢瞧不起。

威严来自于一个人内心的道德修养。你道德纯备，为人正直，不媚上欺下，周围的人自然尊重你、敬畏你；你为人轻佻，欺上瞒下，阿谀奉承，即使那些地位、身份不如你的人也会厌恶你、鄙视你。要想得到他人的尊重，要想成为一个仁者，就需要不断加强自己的道德修养，洁身自好，做一个品德高尚的人。

**哲理引申**

## 做一个仁者

这段话教人们如何做一个仁者。人们常说，"一样的米，养百样的人"、"林子大了什么鸟都有"，同样是人，同样生活在一片天空之下，但不同人的道德品行却有着天壤之别。有的人心怀仁德，处处令人称赞，谁谈到了都要竖起大拇指赞一声"这人真没的说！""这人人品好！"而有的人，则处处惹人厌，令人不齿，他人谈到了无不皱眉，"他怎么是这种人呢？""只有这种人才能办出这样的事！"虽然讲人人平等，但在现实生活中，不同的人在道德水平上确实存在着天壤之别。

　　人生之初，懵懵懂懂，天真无邪，可一长大，就受到不同环境熏陶，在各个方面都发生了不同的变化。有人眼中看到了黑暗、利益、纷争，他们认为在这个世界上，只有自己才是最可贵的，只有抓在手中的利益才是真实的，于是为了争名夺利而无所不为，眼中只有自己根本看不到他人；另外一些人则看到了世上的光明、善良、博爱，他们宁愿自己吃亏也要维护集体的利益，为了他人宁愿放弃自己的权利，他们眼中有很多比权力、财富更加美好、更加重要的东西。这种有德行、有恩情、有原则的人就可以称为仁者。

　　仁者之所以不同于常人，就是能够保持心中最初的那份"良心"；而一般的凡夫俗子心无大志，每天只想着饮食衣服，自私自利地活着。仁者存心仁厚，谦卑自处，以身作则，将其他一切人、一切众生万物，看成是自己，处处替人着想，他们是真正大公无私的人。

　　做一个仁者，能让人找到目标，让人生充满动力。很多人认为，替别人着想是傻的表现，仁者只会自己吃亏什么都得不到。其实，仁本身既是一种付出，又是一种收获。就像孔子说颜渊一样"人不堪其忧，回也不改其乐"，真正具有仁德之心的人，不会将行善为仁当成负担，他们在帮助别人中得到乐趣，在替他人分忧中得到满足，在贡献与付出中实现人生的价值，体味人生的意义。正是因为有这种奉献之心，雷锋才会自豪地说："人的生命是有限的，可是，为人民服务是无限的，我要把有限的生命，投入到无限为人民服务之中去！"正是因为有这种爱人之心，无数像焦裕禄那样的好干部才会为了人民的幸福而不辞劳苦地奋斗；正是因为有了这种博爱的情怀，才有无数志愿者奔走在世界最危险的地方，给那些生活在苦难中的人带去光明。

　　做一个仁者，能得到他人、社会的认可。世上有很多人值得佩服，但能够让所有人都钦佩、尊崇的一定是那些心怀仁德的人。"仁者无敌"，就是说真正具有仁德的人，到了什么地方，人们都会敬爱他、支持他，而不与他为敌。《列子》中记载了这样一个小故事：

　　惠盎是个书生，一次他去拜见宋康王。宋康王崇尚武力，对他的谈话极不感兴趣，不时跺脚，大声咳嗽，最后康王终于忍不住了，说："我喜欢的是勇武有力的人，不喜欢行仁义的人，你快走吧，我不想听你的废话。"惠盎说："我只问你一个问题，你乐意回答吗？"康王说："你问吧。"

惠盎说："我有这样的道术，使人虽然勇猛却刺不进你的身体；虽然有力，却击不中你。大王你难道无意于这种道术吗？"康王说："好！这是我想要听的。"惠盎说："虽然刺不进你的身体，击不中你，但你还是受辱了。我有这样的道术，使人虽然勇武，却不敢刺你，虽然有力却不敢击你。大王你难道无意于这种道术吗？"康王说："好！这更是我想知道的。"惠盎说："那些人虽然不敢刺，不敢击，并不能说明他们没有这样的想法啊。我有这样的道术，使人根本就没有这样的想法。大王难道无意于这种道术吗？"康王说："好！这正是我所希望的！"惠盎说："那些人虽然没有攻击你的想法，但是能够使他们爱你则更好了。使他们爱你胜过了孔武有力，居于上面说到的三种有害行为之上了。大王你难道无意于这种道术吗？"康王说："这是我想要得到的！"

惠盎说："孔子、墨子的仁德就能这样。孔子、墨子他们没有领土，但却能像君主一样得到尊荣；他们没有官职，但却能像当长官一样受到尊敬。天下的男子女子没有谁不伸长脖子，踮起脚跟盼望他们，希望他们平安顺利。现在大王你拥有兵车万辆，如果你是想使百姓爱你而不是想靠武力征服四方之敌，那么，百姓对你的爱戴就能远远超过孔子、墨子了。"宋康王无话可答。

惠盎可谓是真正知道如何获得尊重的智者了。我们每天奋斗、每天四处奔波，说到底就是为了得到他人的认可，为了得到社会的认可。美貌能让我们获得吗？金钱能让我们获得吗？权力能让我们获得吗？这些都只是让他人垂涎、羡慕，而非真正发自内心地对一个人的尊重。只有仁德才能让人生得到升华，实现一个人最伟大的价值。

做一个仁者，能让人更加充实、快乐。一位企业家曾讲过他的经历。他的事业刚刚成功的时候，名誉、赞许扑面而来，很多人围在他身边，那时他觉得自己真的太满足了，可很快就发现，那么多奉承话，赞美、表扬除了满足一时的虚荣心，没有任何作用。后来，一次他看到一个助学项目，就投入了一点资金，一年以后，他突然收到一封信，里面有对他的感谢和受到他帮助的孩子们快乐的笑脸，这仿佛一颗流星划过自己乏味的生活。于是，他每年都要拿出一大笔钱来资助那些需要帮助的学生，帮助那些孤苦无依的老人。他说："拥有仁爱之心以后，一个人才知道真正的生活是什么味道的。"

人生订立什么样的目标，都不如踏踏实实地修炼自己的仁德，多帮助别人，贡献社会，让自己成为一个仁者。我们每个人都应好好想想，自己是仁者还是流俗众人呢？如果自己还是自私自利，一天到晚为自己打算，那就是流俗之众啊！想当仁者就要放下错误的观念，常常提起圣贤的教训，这才是正念。

## 你要成为一个什么样的人

"同是人，类不齐"。同样是人，为何生命相差如此悬殊？很多人将其归因于出身、境遇不同，其实，人生最重要的决定因素还是自己。陈胜只是一个佃农，却心怀鸿鹄之志，最终成了王侯，名留青史；刘邦、朱元璋都是平民出身，却一统天下，创立了一代王朝。要想成为一个不平凡的人，首先要有一个不平凡的志向。

理想是人生的太阳，拥有一个崇高而远大的理想，是取得成功的基础。正是因为有了施行仁政的理想，孔子才会驱车天下，宣传仁政；正是因为有了实现人人平等的理想，曼德拉才能在幽暗的牢狱中坚强地度过27年。智者说："世上的每个人都害一种病——'流俗病'，只有远大的理想才能治好它，有的人得到了，成为一个不平凡的人，有的人没有得到，所以只能在平庸中死去。"正如俄国思想家车尔尼雪夫斯基所说："人的活动如果没有理想的鼓舞，就会变得空虚而渺小。"

坚持理想是成功的开始。孔子的学生冉有对孔子说："我并非不喜欢老师教的道理啊，只是因为自身能力有限不能做到。"孔子听了很不高兴，对他说："能力做不到的，就会在中路停下来，现在你还没开始就认为自己不行，并非你能力不足，而是自己画地为牢，不求进取！"孔子的另一个学生颜渊说："舜是人，我也是人，有作为的人也会像他那样！"于是，他恪守老师的教诲，立志于仁道，居住在陋巷中，不因生活困苦而改变自己的志向，终于得到了他人的认可，受到了后人的赞颂。

人生在世，首先应该明白自己为何而活，自己要成为一个什么样的人。我们都希望自己也能像那些电视上的"大人物"一样，受人尊重、受人敬仰，但又有几个人能够真正做到呢？是我们没有这种成为仁者的资质吗？不是，而是我们只是偶尔羡慕那些伟人，就像冉有一样在口头上表示了一下对大道的认可，从来就没有将自己想象成一个伟人，更没有为了成为那样的人而真正努力。要想成为那样的人，首先应该告诉自己：我就是那样的人！

美国纽约州的大沙头贫民窟是整个地区最声名狼藉的地方，这里充满了肮脏、色情、暴力，在这里长大的每一个孩子都对犯罪耳濡目染，而且他们长大以后大多身涉其中。这里所有的人都认为，他们的命运便是贫穷、犯罪、死亡，即使在学校中也是如此，孩子们从不把学习放在心上，老师们也从来不希望他们的学生能够成为对社会有用的人，只要他们在学校期间不犯下罪行就谢天谢地了。

一天，一位新的校长皮尔·保罗来到这里，他看到了学校的现状，决心用鼓励的方法让老师和同学们看到希望。可是学生们丝毫不把他的鼓励放在心上，他们不与老师合作，旷课、斗殴，甚至砸烂教室的黑板。皮尔·保罗想了很多办法，可是没有一个是奏效的。后来他忽然发现这里的学生都十分迷信，于是在他上课的时候就多了一项内容——给学生看手相。

一天，皮尔·保罗走过一间教室，突然一个小男孩从窗台上跳了出来，挑衅地看着他。校长并没有生气，反而故作惊讶的样子，抓起小男孩的左手对他说："天啊，我第一次看到这样的手相，你小指修长，将来一定是个当州长的人！"小男孩大吃一惊，他长这么大，唯一的一次受到鼓励就是他的奶奶说他可以做一个小船船长，如今这位校长竟然说他可以成为一个州长，而且说得那么认真……

从那天起，"成为一个州长"就成了这个小男孩心中的一面旗帜，他的衣服不再沾满泥土，说话时也不再夹杂污言秽语。他开始挺直腰杆走路，在以后的四十多年间，他没有一天不按州长的身份要求自己。51 岁那年，这个叫罗杰·罗尔斯的小男孩终于成了美国纽约州第一位黑人州长！

在就职演说中，罗尔斯说："在这个世界上，信念这种东西任何人都可以免费获得，所有成功最初都是从一个小小的信念开始的。"

如果你每天告诉自己："我要成为一个受人尊重的人。"那么，你还会做那些让人轻视、厌恶的事情吗？你还会随便在他人面前讲轻佻无礼的话，还会做些浅薄不文明的事吗？你还会为了一点小利与人斤斤计较，还会为了讨好他人而谄媚逢迎吗？如果你每天告诉自己："我要成为一个勇敢的人。"那么你还会见义不为，还会抛弃同伴自己逃走吗？还会因为害羞而不敢承认错误，因为懦弱而不敢直面挑战吗？

你要成为一个什么样的人，决定了你现在应该采取的行为，同样，你现在所做的一切都决定了你将会成为一个什么样的人。有句话说得好，我们今天的一切都是十年前我们自己的选择决定的，我们现在所作的一切选择同样决定了我们十年后的样子。生活总是在前行，流逝的时间不会再回来，我们无法改变过去，但可以选择今天，决定未来。同样是人，别人比我优秀，那是他曾经的选择比我更好，但以后如何，在于我现在每天作出的选择、进行的奋斗。同样是人，我们不比任何人少些什么，不比任何人更差，只要珍惜现在，珍惜每一次机会，做最大的努力，做最好的自己，我们一定会成为自己梦想着成为的那个人！

我们永远不知道哪块石头丢进海里会掀起大风浪，只要我们年轻就有资本疯狂地奔跑，就算华丽地跌倒。我们可以没钱，可以没事业，但就是不能没信心，所以不要挑剔工作。更不要排斥与任何人合作，有些时候不是别人排斥你，而是你自己封闭了自己的心。要懂得珍惜机会、把握机会。要知道卑微的梦想持续燃烧也能成就一段不凡的人生。

# 能亲仁，无限好

## 原　文

能亲仁，无限好，

德日进，过日少。

不亲仁，无限害，

小人进，百事坏。

## 译　文

能够亲近有仁德的贤人，会给我们带来无限的好处。在他们的影响下，我们德行一天比一天进步，过错一天比一天减少。

不亲近有仁德的贤人，会带来无限的害处。道德败坏的宵小之辈会趁机接近，无论什么事都会受到不好的影响。

## 经典解读

"蓬生麻中，不扶而直；白沙在涅，与之俱黑"，一个人所处的环境会极大地影响他的行为、心境，以及道德修养，所以智者一定对居住地慎重地选择，故孔子说："里仁为美，择不处仁，焉得知。"

"孟母三迁"就是教人们亲近仁人的最好例子。

孟子年少的时候父亲就去世了，开始母亲与他居住在墓地附近，墓地上经常有吊念亲人的人来哭泣，时间长了孟子也学习他们哭丧的样子。孟母看到以后说："这里不是孩子成长的好地方。"就搬到了另一处，此处接近集市，时间长了孟子又学习集市上的商人，模仿买卖之事，孟母看到后，叹息道："这里也不是孩子成长的好地方。"于是迁到了一处学宫之旁，学宫中经常有人举行祭拜礼仪，孟子见到了也向他们学习礼仪，孟母看到后十分高兴，说："这儿才是孩子成长的好地方啊！"后来，孟子耳濡目染，从小就练习礼仪，长大学习孔子的学说，终于成为了继孔

221

子之后，儒家最伟大的思想家。

一张白纸，染上黄色的颜料就会变成黄色，染上红色的颜料就会变成红色。人生之初也是如此，善未能发展，恶也未曾出现，如果时常接近善良之人，听闻善良之事，他就会变得和善仁慈，如果耳濡目染的都是凶残狡诈之事，他也会变得奸邪无礼。交什么样的朋友，就会成为什么样的人，身边都是见利忘义的狐朋狗友，想要自己出淤泥而不染是不可能的，同样，身边都是正直坦荡的君子，自己要学坏也是很难的。所以，选择和什么样的人相处，是十分重要的。

**哲理引申**

## 环境影响人的价值

"能亲仁，无限好"、"不亲仁，无限害"，一个人应该谨慎选择自己所亲近的人，选择自己所处的环境。人们常说："观其友而知其人。"《吕氏春秋·论人》也提到了，"凡论人，通则观其所礼，贵则观其所进，富则观其所养……"观察一个人，在他通达的时候，观察他所礼遇的人；在他身居高位之时，观察他所举荐的人，在他富贵之时，观察他所奉养的人，这样这个人大概是什么水平、什么品位就可以得知了。"物以类聚，人以群分"，根据一个人所亲近的人不仅可以判断这个人什么样，还能决定一个人当前具有什么价值，未来会取得什么成就。

曾经有媒体报道过这样的事，孤儿院中的一对双胞胎，在小的时候被不同的家庭收养，一个孩子的收养者是一对搞科研的教授，另一个孩子的收养者则是一对小贩夫妇。十几年以后，两个孩子再相遇时，除了相貌还有几分相似外，其他方面已经完全不同了。被教授家庭收养的孩子，成了一所名牌大学的研究生，性格温和，一身学者气息；而被小贩家庭收养的孩子，刚过二十就已经结婚生子了，嫁给了一个同样的人，每天在菜市场中吆喝卖菜。

可以说，人生如何，大部分是由环境影响的。生活在校园旁边的人，长大以后自然比旁人要多股书卷气；生活在市场内的小孩子，从小就精明而好利；每天听着善事、善闻，自然也就心怀仁德，朝着好的方向发展；如果从小就和"古惑仔"们混在一起，很难想象长大以后会变成什么样子。

水放在玉壶金盏中则人人想喝，放在马桶中则人人掩鼻。美国作家马克·吐温曾写道："当在菜市场中买菜时，我和那些身上散发着泥酸气息的工人们混在一起，市井小贩都对我吆喝、训斥；当我和那些高雅的人士一起参加聚会时，即使不认识我，所有人也都对我恭恭敬敬的。"环境不仅影响一个人的发展，也决定着来自他人的评价，决定着一个人的价值。

一天，寺里的小和尚跑来请教禅师："师父，我人生的价值是多少呢？"禅师对他说："你到后花园搬一块大石头，拿到菜市场上去卖，如果有人问价，你不要讲话，只伸出两个指头。假如他还价，你不要卖，抱回来。"

小和尚很疑惑，但还是照着师父的话做了，他搬着一块大石头来到菜市场上。菜市场人很多，看到抱着石头的小和尚纷纷围了上来，一个家庭主妇问："你这石头要卖吗？"小和尚点点头。主妇说道："你要卖多少钱啊？"小和尚伸出两个手指，主妇问："20元吗？"小和尚摇摇头。"难道要卖200元，这也太贵了吧？我看你抱着挺累的，不如我给你100元钱，你把它给我吧。"小和尚心想："这么一块石头居然能卖100元，我们山上还有的是呢！"他真想卖掉，但想到师父说，有人还价就带回去，就没有卖。

回到山上，小和尚乐呵呵地对禅师说："师父，居然有个人想花100元买我的石头，但我没有卖！现在你可以告诉我我的人生价值了吧？"禅师笑着摇摇头，对他说："明天你将石头拿到博物馆中去卖，回来我们再谈。"

第二天一大早，小和尚就抱着石头来到了博物馆中。人们看到他抱着一块奇怪的大石头，围了上来，纷纷议论道："这块石头一定有特殊的含义……"一个雕刻师听到了这样的议论，不禁心中一动，他问："小和尚，这块石头准备卖吗？你打算卖多少钱？"小和尚伸出两个手指。雕刻师皱了皱眉头，说道："这么大的汉白玉也就2000元。不如便宜点，我花1000元你卖给我吧。"小和尚心中十分吃惊，但想到师父的话，还是没有卖。

　　回到山上，他兴奋地对师父说道："居然有人愿意花1000元买下这块石头，我还以为自己听错了……"禅师哈哈大笑，对他说："明天有个古董展会，你抱着石头将它卖掉。"

　　第二天，小和尚来到古董展会上，人们看到他抱着块石头十分好奇，纷纷围了过来，他们窃窃私语："这是什么年代的石头呢？是在哪里出土的呢？一定有什么历史典故吧！"终于一个衣着华丽的古董商走了过来，问："小和尚，你这块石头多少钱卖啊？"小和尚伸出两个手指。"20000元？"小和尚听了不禁惊退一步，他简直不敢相信自己的耳朵。古董商以为自己出价太低，立刻又补充道："20000元太少，50000元如何呢？"小和尚听到这里，立刻抱着石头朝山上跑去，气喘吁吁地告诉禅师："师父，师父，不得了了，居然有人愿意花50000元买这块石头，不如我们就卖给他吧！"

　　禅师哈哈大笑，接过石头扔向一边，慈爱地对他说："徒弟啊，这便如同你的人生价值啊，将自己和白菜萝卜并列在一起，你就值10元钱；将自己和艺术品放在一起，就值1000元；将自己和古董宝物放在一起，你就值50000元。人将自己放在什么中间，就会变得和什么一样值钱！"

　　亲贤人，远佞人，一个人就会积极健康地成长，受人信服、敬仰；亲小人，远君子，一个人就会逐步走向堕落，受人轻视、鄙薄。

　　一位著名的企业家在接受记者采访时，被问道："请问，如果您现在还是一无所有，你会选择什么工作？"这位企业家毫不犹豫地回答："我会去富人聚集的场所做个服务生。"记者很吃惊："您为什么想到要做个服务生呢？"企业家回答："我并不是为了给他们服务，而是去那个地方接近那些成功者，去学习他们的言行，这样用不了多久，我就会成为一个像他们一样的人。"一个人耳濡目染的是什么，他就会将自己想成这样的人，也会朝着这个方向不断努力；一个人经常接触的是什么人，他的行为举止就会受到潜移默化的影响，最终改变自己的价值。

　　我们每个人都应该时刻问问自己："我要想成为什么样的人？我希望自己拥有多大的价值？我现在所亲近的人是否是自己希望成为的人？"

# 不力行，但学文

原　文

不力行，但学文，

长浮华，成何人！

但力行，不学文，

任己见，昧理真。

译　文

对于学到的好的道理不身体力行，一味读死书，只会增长自己的浮华不实之气，如何能够成为一个真正对社会有用的人才。

只知道蛮干，不学习做人的大道理也不行。这样就会陷入迷惘之中，固执己见而有害于道义。

经典解读

"古之学者为己，今之学者为人！"学习的正确目的是扩充自己的文化知识，了解先贤的行为规范，并向他们看齐；但是很多人将这个目的给丢掉了，他们学习就是为了向他人显示自己的博学多识，以此为基础去追求虚名、利禄。学，不仅仅要知道做人做事的道理，孝、悌、谨、信、仁，这些美德都要在学习了解之后，去身体力行。知道这些道理，却不去践行，学习仅仅是为了在他人面前显示，就会变成一个满口仁义道德，内心却空虚鄙陋的伪君子，如此读书，读得再多又有何用？

"知行合一"，知识和实践必须统一到一起。只知不行，则华而不实，徒有其表；只行不知，则盲目鲁莽，劳而无功。《弟子规》这本书也是如此，不好好学习它就不知道其中所讲述的大道理；学习它时读过、背下来都不是目的，关键在于真正理解其中的做人道理，真正在实践中达到孝、悌、信、谨、仁等要求，做一个合格的儿子、合格的兄弟、合格的长辈。

**哲理引申**

## 学与行，须合一

这段话主要是讲"力行"和"学文"的统一。学，就是学习文化知识，学习道理理论；行，就是亲身实践，将自己所学和生活相联系，用生活验证自己的学识，用学识指导生活。学与行是相互统一的，学离不开行，行也离不开学。只知道学，而不知道行，就会成为无用的书橱；学一套，行一套就会成为一个夸夸其谈的伪君子；只知道行，而不知道学，就会成为一个鲁莽胡为、劳而无功的匹夫。

要将学与行统一起来，首先要做到学以致用。学习知识，是为了更好地办事，而不是将它们塞进脑袋里当摆设的。儒家就提倡"学而优则仕"，强调学习是为了治理国家，管理人民，造福百姓的。学而不用，其实是对自己知识的一种荒废，对自己人生的一种放弃。

有一个博学的隐士隐居在乡间，国家召他做官他坚决推辞，认为这是对自己人格的侮辱，左邻右舍有事问他，他也爱答不理的，认为自己不能和这些乡野莽夫交谈，这有辱自己清高的身份。

一天，一个老朋友来看望他，对他说："我是个庄稼人，没有别的什么本事，就会种地。我有一个大葫芦，它不仅坚硬得像石头，而且皮非常厚，以至于里面连缝隙都没有。我觉得它与众不同，就特意将它拿来送给你了。"

隐士听了，不高兴地说："葫芦嫩的时候可以吃，老了吃不动了可以做瓢盛放东西。你这个葫芦虽然很硬，可里面没有一点空隙，坚硬得无法剖开，根本没有一点用处，你将它送给我干什么呢？"

朋友说："您说得对极了，我一会儿就将它扔掉。不过您是否也该想一想，葫芦不能被人利用，就没有保存的价值，可人呢，不也是一样吗？你拥有超人的智慧和学问，却隐居在这里不肯被世人所用。您虽然不仰仗别人，可也没有为国家、人民做出一点点贡献，你和那些愚昧无知的人相比又有什么区别呢？你和那要扔掉的葫芦不是一个样子吗！"

隐士听了，顿觉惭愧，于是开始改变了自己的孤傲、冷僻，开始用所学的知识来教育周围的小孩，来帮助周围的人。

学以致用之后，还应懂得学而会用。不联系实际，死读书、滥用学问，同样是有害而无益的。纪晓岚的《阅微草堂笔记》中记载了这样一个小故事：

从前有一个叫刘羽冲的人，他非常爱看书，也非常相信古书上的学问。他认为，只要是书上写的，就一定是正确的，从不根据实际情况考虑问题。一天，他看到一本关于水利的书，就苦读了一年，并画了很多水利图，周围的人都认为他是个了不起的水利专家。这一年恰好州里要兴修水利，州官就让他去负责，他不看农田水势，不问以往的降雨情况，也不听一听当地农民的意见，就叫人按他从书上学来的水利图动工。渠道建好了，可刚刚投入使用，就被汹涌的大水冲垮了，农田也被淹没了。

学与行合一，还要真正懂得学习是为了什么，并在实践中切实践行自己的"道"。学不是为了通过考试，不是仅仅为了养家糊口，不是为了博取名誉地位，而是去获得一种承担责任的技能，为了更好地奉献社会、服务他人。真正的学成，不在于你掌握了多少文化知识，不在于你的技术多么娴熟，而在于你是否拥有践行你才能的德行，是否能开始用你所学到的知识、技能来肩负起你应该对这个社会所尽的职责和义务。一个人即使拥有再多的本领，再有学问，若是不知道奉献社会，服务他人，那他和无用之人也没任何区别，他的学其实和不学一个样。

一个年轻人立志成为一个武学高手，于是他拜在武学宗师门下，每日天不亮就开始练功，别人都休息了他还在磨砺自己，这样整整过了十年，终于成为武学宗师门下最能打的弟子，他准备辞别师父自己出去闯荡江湖。

年轻人跪在师父面前，希望师父允许他离开。师父说："虽然你的武功已经很好，但我还是不确定你是否真的学到了武学的真谛。我将对你进行一项最后的测试，测试通过后你就可以下山了。"年轻人点点头，对师父说："我准备好了，请您开始测试吧。"他以为这可能又是一场武术的考量。

武学宗师神情庄重地说："最后的测试只有一个问题，那就是你学武得到了什么？"

年轻人很疑惑，但立刻答道："在您的教导下，我学到了高深精妙的武术。"

"哎！"武学宗师叹了一口气，"现在还不是你下山的时候，你再回去好好想想。"

一年后，年轻人再次跪在师父面前。

"你学武得到了什么？"武学宗师问道。

"得到了健康的体魄，沉静的气质。"

武学宗师沉默了几分钟，最后对年轻人说道："你还没有悟出学武的真谛，现在还不能离开，继续去好好修炼吧。"

一年后，徒弟又来了。

"学武到底得到了什么？"

"我得到了一身的责任和武者不尽的荣耀！"

"好，你已经真正懂得了武学的真谛，可以下山了！"武学宗师欣慰地扶起自己的学生。

　　金庸先生在武侠小说中说过一句很经典的话："侠之大者，为国为民。"一个人武学修为如何，不是看他多么厉害，能杀多少人，而在于他用他所学的武功做了什么。用学来的武功做恶，或是痴迷于武学只知道找人挑战，那再厉害，即使天下无敌也配不上"大侠"这个称号；相反，即使仅仅是粗略地懂个三拳两脚，能够以道义行事，见到不平能够挺身而出，见到危难不会袖手旁观，这便是侠士所为，便无愧于"侠义"二字。

　　同样，我们为学求道也是如此，一个人读的书再多，满口"圣人云"、"子曰"，如果行为不端，品行不正，也不能称为"士君子"。夸夸其谈，只会做嘴上功夫，就会变得浮华不实，误人误己。三国时候的何晏、西晋时期的王衍，都是大学问家，谈论起儒家、道家都是让世人欣赏、仰慕的，然而他们仅仅是浮夸清谈之辈，最后都落得身败名裂，被处死的下场。所以说，为人一定要"知行合一"，多了解、学习好的做人道理，更要在现实中践行，成为一个实干家，而不是空谈家。

## 读书法，有三到

**原　文**

> 读书法，有三到，
>
> 心眼口，信皆要。
>
> 方读此，勿慕彼，
>
> 此未终，彼勿起。

**译　文**

　　读书的方法要注重三到：眼到、口到、心到。心、口、眼，缺一不可，这样才可收到事半功倍的效果。

　　读书应专心致志，读这个地方的时候，不要想着那个地方。一本书还未读懂，就不要急于去读其他的书。

## 经典解读

读书要专心致志，即做到三到：眼到、口到、心到。读书是为了真正做学问，不是为了在他人面前做做样子。现在有很多孩子，读书完全是在父母、老师的压力下进行的，看到父母、老师过来了，赶紧拿起书，装作好好读的样子，其实心根本不在书本上。就像孟子所举的那个例子一样，两个人一起学下棋，一个人专心致志，学得很好；另外一个人却在老师讲棋理时思考着射大雁的事，自然什么也学不到了。小学课本上都有《吃墨水的故事》，陈毅元帅小时候十分好学，一次他正在看书，妈妈端来饼和芝麻酱，叫他蘸着吃。他一边看书，一边吃饼。书桌上有一个大墨盒，他竟把饼蘸到墨盒里，一口一口吃得很香。他妈妈走进屋，看到他满嘴都是墨，吃惊地叫了起来。这时，他才发现蘸的不是芝麻酱，而是墨水。读书入神到连墨水和芝麻酱都不及分辨，这就是心到了，如此怎么能学不好呢？

读书应该踏踏实实，不要好高骛远。这个地方没有学好，又想着去学别的地方，这本书翻了两下，没有学到真知识，又去翻其他的书，这就相当于"熊瞎子，掰棒子，掰一根，丢一根"。项羽小的时候，他叔父教他学写字，学了几天他就不学了，说："习字能够写自己的名字就够了，学那么多干什么！"他的叔父又教他学习剑法。学了几天，项羽又厌倦了，说："剑法能够防身就行了，学那么多干什么！"他的叔父很生气，问他到底想学什么。项羽说："要学能够敌过千万人的东西。"于是叔父教他兵法，可他学了几天就又半途而废了。他的想法是很好的，但过于好高骛远，又没有毅力，结果什么也没有学好。项羽长大以后，做事情依然延续了自己的这个习惯，做事经常想到什么就干什么，有好的想法也不能坚持到底，结果，很多人都受不了他，背叛了他，最后被刘邦打败。

为学是为人的开始，在学习时一定要打好知识基础，更要养成专心致志，有恒心的好习惯，这对以后的人生道路是十分重要的。

## 专注和毅力胜过任何天资

本段所讲的读书方法，其实可以延伸到生活的各个方面，无论做什么事都应心眼俱到，踏实专注。

很多人谈到那些成功者时，都会由衷地感慨："天才真是难以比拟啊！"其实成功真的仅仅是靠天分而取得的吗？爱迪生不这么认为，他说："天才是百分之一的灵感加上百分之九十九的汗水。"达尔文也不这样认为，他说："我在科学方面所做出的任何成绩，都只是由于长期思索、忍耐和勤奋而获得的。"作为当今中国最成功的商人之一，马云也说："永远不要跟别人比幸运，我从来没想过我比别人幸运，我也许比他们更有毅力，在最困难的时候，他们熬不住了，我可以多熬一秒钟、两秒钟。"

人的天资都是差不多的，之所以有人能够取得事业的成功，而有人只能做个普普通通的平常人，就是因为他们所付出的努力不同，他们对于成功的专注和毅力不同。

一天，古希腊哲学家苏格拉底把他的学生们叫到一块成熟的麦田前，对他们说："我们今天来玩一个游戏，看谁能摘到麦田里最大的麦穗。但有个条件，每个人采摘时只许进不许退，最终的胜利者将获得特别嘉奖。"说完，苏格拉底奔向了麦田的尽头。

学生们听罢，兴高采烈地走进麦田，然后认真地搜寻着最大的那株麦穗。起初，他们信心百倍，以为这个任务很容易完成，但到了麦田里才惊讶地发现，麦穗成千上万，并且大小看起来都差不多，到底哪一株才是最大的呢？学生们看看这株，摇了摇头；瞧瞧那株，还是摇了摇头。有时寻到一两株自认为最大的麦穗，但与后面摘到的一比较，才发现它不是最大的，便随手丢弃了。就这样，学生们一路前行，左挑挑，右选选，不知不觉，走到了麦田的尽头，而此刻，大部分人依然两手空空，始终没有找到最满意的那株麦穗。

学生们垂头丧气地站在麦田边，他们的心里充满了懊悔。苏格拉底看在眼里，微笑着对他们说："这块麦田里肯定有一株最大的麦穗，但你们不一定看得见，即使看见了，也无法准确地判断出来，因此，摘到你们手里的才是最大的麦穗。"学生们听后恍然大悟，之前他们一直觉得机会还有很多，最好的、最大的麦穗一定在后面，用不着急于下手，而事实上，机会稍纵即逝，一旦错过了就再也找不回来。

其实，我们的人生也如行走在一片广袤无垠的麦田中一样，每个人都在搜寻着最大的麦穗，但很多人在前进的路上，并不清楚自己到底应该追求什么，什么才是最适合自己的。于是，东张西望，优柔寡断。这个想学学，那个也想学学，最后什么都想干，什么都没干好。我们希望最好的人生，希望取得最高的成就，这无可厚非。但绝不能做任何事情都如此三心二意。

人生是有限的，我们不可能"再活五百年"，如何在有限的生命里取得最高的成就，最好的办法就是专注于一件事，用最大的毅力去完成它，在这一方面取得超越常人的成绩。

一位久负盛誉的企业家在告别职业生涯之际，应众人的要求，要公开讲一下自己一生取得多项成就的奥秘。

会场座无虚席，奇怪的却是在前方的讲台上吊了一个大铁球。听众们都莫名其妙，这时，两位工作人员抬了一个大铁锤，放在铁球前。企业家请一位身强力壮的年轻人上来，让他用这个大铁锤去敲打那个吊着的铁球，让它荡起来。

年轻人抢起大锤，全力向那吊着的铁球砸去，现场发出震耳的响声，年轻人的大铁锤险些脱手，可是那铁球却一动也没动。企业家又请上一位更加强壮的中年人，中年人沉住气，用力地挥起锤子，他的手震得发麻，可大铁球还是纹丝不动。

观众们都以为那个铁球肯定是根本不能动的，企业家这是告诉人们不要在错误的地方浪费力气。这时，企业家从上衣口袋里掏出一个小锤，对着铁球敲了一下，然后停顿一下再敲一下。人们迷惑不解地看着，就这样他在人们疑惑的目光中持续地敲着。

10分钟过去了，20分钟过去了，会场开始骚动。企业家仍然不紧不慢，继续敲着。直到进行到30多分钟的时候，人们都开始坐不住了，这时坐在前面的一个妇女突然叫了一声："球动了！"霎时间会场立即鸦雀无声，人们聚精会神地看着那个大铁球。铁球竟然真的开始摆动了起来。它在企业家一锤一锤的敲打中越荡越高，场上爆发出一阵阵热烈的掌声。在掌声中，企业家转过身来，对所有的人说："专注和毅力，便是成功最好的阶梯。"

专注和毅力是成功的最好阶梯。古今中外很多天资不高的人，在困难的环境中，通过专注和恒心而取得了成功。

英国有个小男孩，13岁的时候他的父亲破产了，他不得不离开学校，为了生活而四处奔波。他去过饭店刷盘子，帮助别人送牛奶，甚至在大街上擦皮鞋，但他的理想是成为一个剧作家。在劳累的工作之余，小男孩从未放弃过这个梦想，于是他用一切自由时间来博览群书，包括文学、哲学、历史著作等，更自修了拉丁文、希腊文，为日后的写作打下了牢固的基础。后来，为了学习戏剧，他主动去戏院做马夫，又在后台的门缝看戏剧演出，一边从事繁重的劳作，一边偷偷练习各种戏剧角色。一次偶然的机会，他成为了剧团的配角，丰富了自己的戏剧知识和演出经验。最后，他写出了很多震惊当时，流传后世的戏剧作品，如《哈姆雷特》、《威尼斯商人》、《仲夏夜之梦》、《罗密欧与朱丽叶》等。至今，莎士比亚仍然是世界戏剧史上一座不可超越的高峰。

德国有个小男孩，3岁多还不会讲话，父母一度担心他是个哑巴。上学以后，他几门功课都不及格，老师经常当众羞辱他说："这个笨蛋如果能够成功，那世上就没有不成功的人了。"但这个小男孩并没有因为他人的羞辱和打击而放弃自己的理想。无论在什么事情上他都付出比别人更多的努力，知识一遍学不好就再学一遍，事情一次做不好就再做一次。后来，这个比别人都要笨一些的学生，成为了20世纪最伟大的物理学家，他就是爱因斯坦。

一天晚上，一个贼人来到一个亮着灯的屋子外面，他看到屋中一个年轻人正在抱着书苦读，就躲在窗沿下，等候年轻人读累了就去睡觉，自己可以趁机摸点东西。可是这贼等啊等啊，也不见那年轻人去睡觉，他读完一遍，又读一遍，同一篇文章读了几十遍也不能背诵下来。贼人实在是忍不了了，就跳了出来，对着那个年轻人说，这种水平读什么书！然后自己将文章背诵一遍，甩袖而去。贼人显然脑子比读书人更聪明，可是几十年后，这个聪明的贼没有留下任何有意义的记载，而那个笨拙的读书人却成为了当时最具影响力的人物之一，他就是曾国藩。

勤能补拙是良训，一分辛苦一分才。对学问、事业的专注和恒心，完全可以弥补智力上的不足，伟大的成功和辛勤的劳动是成正比的，有一分劳动就有一分收获，日积月累，从少到多，奇迹就可以创造出来。对此，梁启超先生曾说："普天之下，从古至今成功和失败的许多事情是如此纷繁复杂，途径各不相同。推究它们为什么成功，为什么失败？有毅力的就成功，没毅力的就失败！"

## 宽为限，紧用功

### 原　文

宽为限，紧用功，

工夫到，滞塞通。

### 译　文

在制订学习计划的时候，应该尽量宽松；在施行学习计划的时候，则要抓紧用功严格执行。

功夫用到了，困惑之处自然就会明白，疑难问题也就迎刃而解了。

### 经典解读

制订学习计划时不可好高骛远，为学不在于多，而在于精，不在于快，而在于实。只要踏踏实实地学习，学一点得到一点，这就是好的。过于求快，制订太紧的计划，就会给自己造成巨大的压力，一方面很难学得仔细，另一方面容易在学习过程中半途而废，一个人总是制订完美的计划，却总是实现不了，长此以往就会养成喜欢半途而废的坏习惯。在执行学习计划之时，则要严格要求自己，不可懈怠偷懒，为学如逆水行舟，不进则退，一旦养成懈怠的毛病，做什么事都会给自己的懒散找借口，今天身体不舒服，今天有点事情要处理，今天需要应酬朋友，这样就会"明日复明日"，什么事都拖拖拉拉的，什么也做不好。

人们常说："书读百遍，其义自见。"很多文章、很多思想，开始接触时觉得它们没有道理，说不通，其实真正不通的是我们的心、我们的头脑。有一定的怀疑是好的，但不要因为自己没有用功，读不懂书，就不去读了，就认为那书没有用，只要功夫到了，人心一下就会通了，就会豁然开朗，受益匪浅。求学当中，心里有疑问，应努力思考，勤于向师长请教，不能放弃学习，也不能不懂装懂，滥竽充数。

自己比别人笨一点，领悟的比别人慢，都不影响自己成为一个有学问的人。《中庸》中说："人一能之，己百之，人十能之，己千之。果能此道矣，虽愚必明，虽柔必强。"就是说，当别人的聪明智慧比我们强很多的时候，可能他一次就学会了，但是我们如果用100次的努力来反复训练，自己也可以达到，也可以像他人一样的；如果人家用十次就学会了，就能达到，我们如果差一点，没有关系，不要怕困难，我们用1000次，说不定就可以完成。

## 哲理引申

### 只要功夫深，铁杵磨成针

"君不见，黄河之水天上来，奔流到海不复回；君不见，高堂明镜悲白发，朝如青丝暮成雪……"每当读李白的诗歌时，总要为作者的才气、豪气而倾服，很多人觉得李白是诗人中的天才，是他人无法企及的，却不知道，其实李白的才能也是靠长期的拼搏、苦学而得来的。

李白小的时候，不喜欢读书，一天到晚四处瞎玩。一天，他来到河边，看到一位老婆婆在石头上磨一根铁杵。李白很纳闷，就上前询问："老婆婆，您在这儿磨这根铁棒子干什么？"老婆婆回答："我想将它磨成一根绣花针。"李白吃惊地问道："哎呀！铁棒这么粗大，怎么能磨成针呢？"老婆婆笑呵呵地说："只要天天磨，铁杵总会越磨越细，还怕磨不成针吗？"李白听了老婆婆的话后，想到了自己，心中十分惭愧，转身跑回了书屋。从此他牢记"只要功夫深，铁杵磨成针"的道理，发奋读书，终于成为了一代诗仙。

绳锯木断，水滴石穿。再难的事只要有勇气坚持下去，愿意不断付出，一定能够取得成功的。生活中很多人让我们羡慕不已，但我们看到的只是他们成功之后的光鲜，却没有看见他们在奋斗的路上所付出的汗水。

无论做什么事情，成功的背后一定有不懈的坚持，没有什么事情是一蹴而就的。很多时候，当我们觉得自己总是不够成功时，不要轻易地放弃，要对自己说："我正在通往成功的荆棘之路上，过了这片荆棘，前面就会开满鲜花！"天下无难事，只怕有心人。只要能够坚持，任何困难都终将被克服。

爱迪生发明灯泡为全世界带来了光明，但很少有人真的了解他在此项发明之中付出了多大的努力。为了找到最理想的灯丝，爱迪生和他的助手试验了1600多种材料。一次次的试验，一次次的失败，很多专家都认为电灯的前途黯淡。人们讥讽爱迪生的工作，说这是"毫无意义的"，有记者也宣称"爱迪生的理想已成泡影"。面对这些冷嘲热讽，爱迪生没有放弃。他相信，每一次的失败都意味着离成功更近一步。最终，他研制出了可以亮上一千两百多个小时的灯泡，将人类带入了光明时代。

日本本田公司的创始人本田宗一郎出生在一个十分贫困的家庭。在一次偶然的机会中看到汽车后，他发誓要为自己制造汽车。身边的朋友得知他的想法后，无不对此发出嘲笑，认为宗一郎这是在异想天开说梦话。然而，出乎众人意料的是，他真的带着自己的梦想投入了汽车制造业，并在无数困难中坚持了过来。面对销售的萎缩、同行的排挤、研发的失败等困境，他从来没有想过放弃，终于使本田公司成为日本数一数二的汽车制造企业。在回首往事时，他说："我除了错误、一系列的失败、一系列的后悔以外什么也没有。但是唯一让我感到欣慰的是，在一次次的打击、一次次的后悔中我坚持了过来，没有一次选择放弃。"

失败只有一种，那就是放弃梦想。只要我们坚持下来，没有什么是不能得到的，没有什么高度是自己永远攀爬不上去的。苦难是成功者的试金石，坚持就是跨越它们的唯一路途。功夫不到，自己放弃，是最可悲的失败。人们常说，"行百里，半九十"，对于求索者来说，最后的那一段路才是最重要的。

古希腊哲学家苏格拉底，是一个思维敏捷，特别有智慧的人。许多人慕名前来向他学习。他们当中的许多人都天赋极高，能问一答十，天资聪颖。一次，苏格拉底对学生们说："我们做一件最简单也是最容易做的事儿：每个人把胳膊尽量都往前甩，然后再尽量往后甩。每天 300下。"说着，苏格拉底示范了一遍，当天学生们纷纷开始依照老师的说法去做。

第二天苏格拉底问学生："谁昨天甩胳膊 300 下？做到的人请举手！"几十名学生的手都哗哗地举了起来，一个不落。苏格拉底点头称是！一周后，苏格拉底如前所问，有一大半的学生举手，苏格拉底点头称是。一个月后，苏格拉底再次提起此事，有大约不到一半的学生举起手来，苏格拉底点头称是。一年后，苏格拉底依旧如前所问，只有一名学生举手，苏格拉底微笑着对他点点头。这个学生就是柏拉图，他后来成为了一位伟大的智者。

柏拉图或许不是几十名同学中最聪明的，但为什么只有他才成为伟大的智者呢？那是因为他有非同一般的品质——始终如一的坚持精神。

无论境况多么恶劣，都不要放弃自己的理想。只有坚持过疾风暴雨的人，才能看到绚烂的彩虹；只有坚持过漫长寒冷的人，才能看到春暖花开；只有坚持过寂寞长夜的人，才能看到东方的光明。失败后，不要灰心，跌倒后，爬起来继续前行，走过一个个险阻沟壑，总会迎来平坦的康庄大道。

## 心有疑，随札记

**原　文**

心有疑，随札记，

就人问，求确义。

**译　文**

求学当中，心里有疑问，随时做好笔记。一有机会，就向他人请教，务必确实明白它的真义。

**经典解读**

在学习、生活中遇到疑惑是难免的，没有人能生下来就懂得所有的道理。"学问学问，不懂就要问"，问得清楚明白了，知识才能变成自己的。然而很多人在研究学问时，仅仅做些表面功夫，对于其中真义则不求甚解，书读得越多，头脑中的知识就越混乱。不仅自己混乱，还要用自己都理解错误的知识去教学生，可谓"以其昏昏，使人昭昭"。还有的人因为好面子，不好意思"不耻下问"，所以心中有了疑惑，就赶紧藏起来，唯恐他人知道，这样不懂装懂永远不能在学问上取得进步。

能发现自己的不足，是一个学者最高兴的事，只有不断找出不足，不断去问，知识才能更加迅速地增长。明代大学者宋濂曾在他的文章中提到自己向乡里贤人请教的事："成年以后，仰慕古代圣贤的学说，可身边没有才识渊博的师长请教，就跑到百里以外向同乡有名望的前辈求教。前辈名声很高，门人弟子挤满了屋子，他的语言从来不会委婉些，脸色也不会温和。为了求教我恭敬地站在一旁。提出疑难，询问道理，弯着身子侧着耳朵倾听。遇到他发脾气，斥责人，我的表情就更加恭顺，礼节就更加周到，一句话也不敢说；等到他高兴了再去请教。所以，虽然我很笨，但终于获得很多教益……"

宋濂为了向他人请教，做到毕恭毕敬，所以成为了大学问家；而现在的学生，很多都不知道学习的重要性，家长逼着学还不愿意，有了不会的地方，老师主动给讲解还推三阻四地不愿意听，这就是学习态度的问题了。学习是为了自己好，向人请教受益的是自己。在教学生时，一定要先让他们弄明白为何要学习，学习是为了什么，然后再教他们如何学习，先有学习的明确目标和动力，才能再谈学习的方法。

## 哲理引申

## 学习贵在踏实

"心有疑，随札记。就人问，求确义"，就是说学习要踏踏实实的，不能囫囵吞枣，不求甚解；也不能赶追进度，好高骛远。

一位少年问智者："先生，以我的资质什么时候可以成为您那样博学的人？"

"我不敢自称博学，虽然如此，你要拥有我这样的见识和知识也一定要十年时间。"

"那我如果加倍努力学习，又需要多久能达到这种程度呢？"

智者说："这样的话，你需要20年时间。"

少年很是疑惑，接着问："如果我日以继夜，不眠不休地学习、求道呢？"

"那你永远也不会成为一个真正的智者。"

少年惊讶地问道："这是为什么？"

"因为你只在意学习的结果，而没有一个踏踏实实的学习心态，哪能取得成就呢？"

　　学习时最重要的是"踏实"二字，学一样东西就要学好、学通，能够将知识变成自己的，能够熟练应用。否则拿起一本书，胡乱翻一遍就说自己学过了，别人问书中写了什么，自己什么都说不上来，这样只能贻笑大方；接触一项技艺，看了两三遍就说自己学过了，一到实践中，却什么也干不了，这就是"花架子"，毫无用处。

　　踏踏实实才能学出好学问。清代著名的学者戴震，就是踏实学习的典范，他十岁时开始入学读书，这在古时已经是很晚了，但他十分努力，每天在老师教授之余，自己还坚持读几千字的文章。无论他读什么，一定要翻来覆去地思考，将其理解透彻方肯罢休。书中有自己实在想不通的地方，就去请教老师，很多地方老师也弄不清楚，就粗略地举出前人的注解告诉他。戴震继续问，老师就觉得这个学生怎么如此较真，自己也回答不出来啊，就不再做进一步的解释了。后来，老师干脆取出许慎的《说文解字》和其他字典交给他，让他自己去查阅。这样过了三年，他就几乎完全将老师教给他们的经典掌握了。接着戴震又拿出汉代经学家的各种著作，相互参照、考证，每个字都穷源溯流，贯穿群经，久而久之，便把《十三经》全都弄通了。乾隆年间朝廷编修《四库全书》，特别召他为纂修官。

　　踏实求疑就能得到真才实学，不踏实就会闹出很多笑话。古时有"夔一足"这样一句话，人们就认为"夔"这种东西只有一只脚，有人说这是一个人，有人说这是一种怪兽，最后给它想出了很多奇怪的形象。后来鲁哀公问孔子："都说夔只有一只脚，是真的吗？"孔子告诉他："夔是个人，怎么会只有一只脚呢？这个人和常人没有什么不同的地方，就是精通音律。尧帝很欣赏他，说：'有夔一个人就足够了。'指派他当了乐正。因此对有学识的人的作用给以很高的评价说：'有像夔这样一个人就足够了。'不是只有一只脚啊。"人们才知道了这句话的真正含义，不禁对那些臆想出来的神话形象哈哈大笑。

　　明代文学家张岱写过一本名为《夜航船》的书，为何叫这个名字呢，其中有个颇能让人莞尔的故事：

> 夜航船是早期南方水乡长途苦旅的象征，人们外出都要坐船。在缓慢漂摇的航行途中，旅人坐着无聊，便以闲谈消遣。乘客中有各种各样的人，有文人学士、武官大侠、商贾财主、名媛雅士，多数还是小小百姓，见到不了解底细的人，人们难免感觉拘束不好开口。

> 一天，一个僧人和一个士子一起在夜航船中过夜，士子高谈阔论，天文地理，朝野上下，似乎无所不知，无所不晓。僧人见到这个士子学问如此之大，不禁心生仰慕，对其表现得服服帖帖，大气也不敢出，腿也不敢伸直。士子一直高谈阔论，僧人不敢插一句话，但时间久了，僧人慢慢地发现士子的言语中存在很多破绽，就小心翼翼地问道："请问相公，澹台灭明是一个人还是两个人啊？"士子毫不犹豫地说："自然是两个人。"僧人又问："敢问尧舜是一个人还是两个人？"士子立马回答："自然是一个人。"僧人听了哈哈大笑："如此说来，且让小僧先伸伸腿吧！"

这位士子做学问也太不踏实了，连澹台灭明和尧舜都不知道就在人前高谈阔论，虽能让人一时产生敬畏之心，但话一多就露了馅，只能被人轻视了。"滥竽充数"、"不懂装懂"只能欺骗一时，在学问上虚荣是不会带来半点好处的。"一分辛苦，一分收获"，为学就要踏踏实实，一步一个脚印地来。

## 房室清，墙壁净

原　文

> 房室清，墙壁净，
> 几案洁，笔砚正。
> 墨磨偏，心不端，
> 字不敬，心先病。

## 译　文

　　书房要整理清洁，墙壁要保持干净。读书时书桌要整洁，笔砚摆放端正。

　　墨磨偏了，说明心不在焉。字写得歪歪斜斜，说明心中浮躁不安。

## 经典解读

　　心地清净，心正意诚才能读好书。心地清净就会主动将周围的一切打理得有条有理的，没有屋子乱糟糟却能够在里面读圣贤之书的。

　　东汉著名的学者陈蕃，小时候就十分懒散，经常不扫屋子，书本乱放。有一天，父亲的一位朋友前来拜访，看到他的屋子十分凌乱，就说："孩子，为什么不将屋子打扫干净来招待宾客呢？"陈蕃狡辩道："我是要打扫天下的，哪有精力打扫一间屋子呢？"宾客笑着问："一个屋子都打扫不干净，如何能够打扫天下呢？"陈蕃听了，满脸通红，立刻就动手打扫房间，以后也注意保持房间的整洁了。

　　心地清净，心正意诚，读书、写字时才能心无旁骛，也就下笔端正，写字整齐了，相反如果磨墨、写字这些小事都做不好，说明心根本不在学习之上。古人强调修行先修心，只要心中没有杂念，避免浮躁，再学任何技艺也就水到渠成了。

　　《列子·汤问》中记载了一个"纪昌学箭"的故事：纪昌向当时箭术大师飞卫学习射箭。飞卫说："你先学会看东西不眨眼睛，然后我们再谈射箭。"纪昌回到家里，仰卧在妻子的织布机下，用眼睛注视着织布机上的梭子练习不眨眼睛。几年之后，即使锥子尖刺到了他的眼眶边，他也不眨一下眼睛。纪昌把自己练习的情况告诉了飞卫，飞卫说："这还不够啊，还要学会视物才行。要练到看小物体像看大东西一样清晰，看细微的东西像显著的物体一样容易，然后再来告诉我。"纪昌用牦牛尾巴的毛系住一只虱子悬挂在窗口，远远地看着它，十天之后，看虱子渐渐大了；几年之后，虱子在他眼里有车轮那么大。用这种方法看其他东西，都像山丘一样大。纪昌便用燕地的牛角装饰的弓，用北方出产的篷竹作为箭杆，射那只悬挂在窗口的虱子，穿透了虱子的中间，但绳子却没有断。纪昌又把自己练习的情况告诉了飞卫，飞卫高兴地说道："你已经掌握了射箭的诀窍了！"

为学之道就在心诚，能够心中清净，将所有的心思都放在学问之上，就没有学不好的学问。

## 哲理引申

### 端正自己的心态

"墨磨偏，心不端。字不敬，心先病"。心不正，墨就磨不好，字就写不正。做事前先要正心，保持房屋整洁，环境静雅都是为了使居住在其中的人心中淡泊安静。南宋大儒朱熹就是这样做的典范。

朱熹为人端庄稳重，无论在家还是入朝都保持整洁的仪容。在朝廷之上，他讲话正直，从来不根据自己的喜恶而评价指责别人。在平时家居之时，他每天天没亮就起床，穿好礼服，戴好幞头，前去家庙跪拜，行礼之后回到书房，几案必定摆放整整齐齐的，书籍器具都有定位。即使一个人独处，他也始终坚持礼仪，困了累了就闭着眼睛端端正正地坐着，休息过后，就脚步整齐地慢慢行走。从少年到老年他一直保持着这种威仪和容态举止，从来没有一天松懈过。

正因为一直以"诚意"、"正心"自守，坚持修养自己的德行、学问，不欺人，不欺己，最后朱熹取得了非凡的成就，被后人称为"朱子"。

端正自己的心态，就要淡泊明志，远离世俗的纷争，远离利欲的诱惑。

端正心态，淡泊名利并不是不求进取，而是等待更适合自己的机会，等待为了道义而不是名利而奋斗的机会。郭嘉在侍奉曹操之前，曾经在袁绍手下做事，但他很快发现袁绍并不是一个心怀大志，心念百姓的人。于是，他毅然辞掉了官位，回到故乡隐居，最后等到了真正的英雄豪杰曹操。诸葛亮具有超世之才，同样宁愿选择隐居，也没有为了博取地位财富而出山。他们的淡泊都使自己获得了更好的机会，真正地实现了人生价值。

人生奋斗最忌讳的就是心态不正，满眼名利，急于求成。不能以淡泊自守，不能回归于宁静简朴，往往导致人走上弯路、邪路。李连杰拍的电影《太极张三丰》中就讲述了这样一个故事。一个师父教出来的两个师兄弟，一个淡泊名利，最后成为一代武学宗师；另一个却满脑子做官、出人头地的思想，为了达成这个目的，他不惜违背道义，出卖自己的朋友，最后众叛亲离，死于非命。

淡泊名利，回归宁静的心态是人生的最基本需求。当今生活越来越好，社会越来越发达，但人们却发现曾经的淡泊、宁静都在不知不觉中丢失了，每天朝九晚五，应酬不断，让人心灵空虚，头脑麻木。越是过惯了灯红酒绿的生活，人们就越怀念曾经清静悠闲的日子。于是，有的人选择放弃工作而来一场漫无目的的旅游，到新疆、西藏那些人迹罕至的地方寻找一下灵魂的宁静。

梭罗的《瓦尔登湖》很受世人喜欢，为什么呢？就是因为作者尝试了远离现代，远离喧嚣，在宁静的自然安谧中寻找一种本真的生存状态，寻求一种更诗意的生活。这种对原生态生活的追求，回归于宁静恬淡的想法，引人深思，具有一种使人沉静的力量，深深地打动了被大城市病困扰的现代人。

安静宁和的心态，也是完成一项工作所必不可少的。很多研究发现，人们在宁静、自然的状态下更容易发挥自己的特长，将事情完成得更加完美。

人们都说金字塔是由几十万奴隶在奴隶主的压迫之下建造而成的，然而，2003年，埃及最高文物委员会宣布，通过对吉萨附近600处墓葬的发掘考证，金字塔是由当地具有自由身份的农民和手工业者建造的，而非希罗多德在《历史》中所记载的，由30万奴隶所建造。

更让人们吃惊的是，在几百年前，一位瑞士钟表匠就得出了这一结论。1560 年第一次看到金字塔时，这个叫布克的钟表匠就宣称："它绝不可能是由一群奴隶建造而成的！"

为何一个钟表匠能够在四百多年前，一下子就看出金字塔不是由奴隶建造的呢？埃及国家博物馆馆长多玛斯对此进行了仔细调查，他开始搜集布克的有关资料。最后，他发现布克是从钟表的制造，推知那个结论的。

布克是当时的一位钟表大师，因为反对罗马教廷的刻板教规而被判入狱，在狱中他被安排制作钟表。在那个失去自由的场所里，他接触了很多像他一样的钟表匠，时间久了他发现一个困扰着所有的钟表匠和监狱方的问题：那就是无论钟表匠多么努力，无论监狱方施加什么样的高压手段，在监狱中做成的钟表误差总是在十分之一秒以上。然而，在普通的瑞士钟表作坊中，制作钟表的误差都是低于百分之一秒的。

为何会出现这种情况呢，布克曾经将原因归于监狱中的制造环境简陋，可监狱为了得到好的钟表，提供了比大多数小作坊都更加便捷的环境，也给了匠人们足够的自由制作空间。最后，布克越狱逃往日内瓦，才发现真正影响钟表准确度的不是环境，而是制作钟表时的心情。

多玛斯在布克的史料中发现了这么两段话：

一个钟表匠在不满和愤懑中，要想圆满地完成制作钟表的 1200 道工序，是不可能的；在对抗和憎恨中，要精确地磨锉出一块钟表所需要的 254 个零件，更是比登天还难。

金字塔这么大的工程，被建造得那么精细，各个环节都衔接得那么天衣无缝，建造者必定是一批怀有虔诚之心的自由人。真难想象，一群有懈怠行为和对抗思想的人，能让金字塔的巨石之间连一片刀片都插不进去！

心态往往决定了一件事能否成功，因为人的能力，唯有在身心和谐的情况下，才能发挥到最佳水平。无论什么事都应该让去做它的人怀着一种良好的心态。家长、老师，应该让学生们认识到，学习是快乐的，学习能让他们丰富自己的见识，得到更好的生活，而不是用棍棒逼迫他们取得好成绩；老板、上司，也应该让员工懂得，工作不单单是为了给老板创造价值，更重要的是他们本身能够在工作中成长、获利。我们自己在做一件事时，同样应该尽力给自己创造一个良好的环境，让自己拥有一个宁静淡泊的心态。

# 列典籍，有定处

**原　文**

> 列典籍，有定处，
>
> 读看毕，还原处。
>
> 虽有急，卷束齐，
>
> 有缺损，就补之。

**译　文**

典籍书本应该分类排放整齐，有固定的位置。书看完了，要将其放回原处。

即使有急事，也要将书本放好再离开。书本有损坏的，要及时修补，使其保持完整。

**经典解读**

书是知识的象征，是先贤思想的载体，读书人向往知识，仰慕先贤，就应该爱惜典籍书本。孔子晚年十分喜欢读《易经》，《易经》十分深奥，为了领会其中的奥妙，他看了一遍又一遍，翻阅次数多了，连穿竹简的牛皮绳都磨破了，每磨断一次，孔子就细心整理一次，让这些典籍一直保存完好，这就是"韦编三绝"的故事。这既能显示出孔子读书踏实仔细，也能看出他是很爱惜图书的。

鲁迅同样也爱书如命，他生活简朴，节衣缩食，将省下来的钱都用到了买书上。他的书很多，但看书时都是小心翼翼的，不小心撕破了，他就会心疼好久。不了解的人，向他借书，他心里十分不舍，宁愿去再买一本借给别人也不愿将自己收藏的书轻易借出去。鲁迅并不是小气，而是借去的书还回来之后经常有破损、少页的，这让他心痛不已。

前人如此爱护图书，我们现在的人更应该注意。尤其是在图书馆中借读公共图书时，对图书要轻拿轻放，放进去时不要随意塞入，以免书页折皱、撕破；很多人去图书馆看书，喜欢拿个杯子，在喝水时，一定要将书放在一边，不要洒上水；书看了一半，有事出去时，最好夹个书签放在里面，而不要将其折页；翻阅图书时要轻柔，不可过于粗暴，很粗鲁地翻书，既容易撕破图书，也会发出很大噪音打扰周围的人。

对于学生来说，自己的课本应该时刻保持整洁，发新书时最好包个书皮，这样书皮就不会掉了；在书中最好不要乱涂乱画，做笔记要清晰工整，这样既保护了图书，也给自己在看书时创造一个良好的视觉环境，让自己心情舒畅。有一些小朋友就不知爱护图书，看书时比较随便，喜欢在课本里头东画西画，把课本涂得脏兮兮的，最后自己看到书都会产生厌烦，所以越来越不喜欢看书。做父母的，如果发现你的子女喜欢在课本上乱画，一定要及时制止，让他从小就养成爱护书籍、珍爱书籍的好习惯。

## 哲理引申

### 爱护工具就是敬畏工作

这段话主要是告诉读书人要爱护书籍，爱护书籍不仅仅是珍惜一件物品，更是显示了读书人对学习、对知识的渴望、敬畏之心。

一位作家曾在他的文章中写道："小时候，最让人欢喜的日子就是学校发新书时，崭新的书本抱在手中，轻轻嗅着淡淡的油墨清香，那感觉简直比吃了过年大餐更让人高兴。为了更好地保护它们，每本书都要用旧挂历包得整整齐齐的。看书时，不敢丝毫马虎，唯恐用力大了，扯破书页。到了期末复习时，很多小朋友的书都脏乱不堪，丢页少字了，但看到自己的书还完完整整、干干净净的，心里别提多自豪了……很多年以后，回到家中，看到那些尘封已久的老书，虽然知道自己没时间再去看它们，可还是不忍心扔掉、卖掉，仿佛都是老朋友一样，看着它们，就会想起很多读书时候的美好岁月。"

作家因为爱书，而从事文字工作，最后进入一家杂志社，将自己的一生投入了文化事业。喜欢读书，就会爱护书籍；爱护书籍，就会更喜欢读书。爱护工具和喜欢工作往往是相互促进的。在看电视、读小说时，经常会见到那种嗜书如命的书生、嗜剑如命的侠客，很多人觉得好笑，其实这是对自己事业的一种执着、一种敬畏。尤其是那些重要的书本，里面记载着做人、做事的大道理。认同那些道理，自然会对书本生出一种敬畏之情，有了敬畏之情怎么会将书本乱扔、乱抛呢？

春秋时期，晋国上卿赵简子想在自己的儿子中选择一个有为的继承人，为了考察他们，赵简子发给每人一片记载训诫、警语的竹简——当时还没有纸，通常用竹简来书写记事。一年以后，赵简子将所有的儿子叫来，问他们竹简上记载的道理，大部分人都茫然不知所答，只有庶出的小儿子记得清清楚楚。当问他们自己的竹简在哪儿时，其他人要么丢了，要么弄坏了，只有小儿子立刻从袖子中掏出保存完好的竹简。赵简子很高兴，就决心策立小儿子为继承人。这就是后来的赵襄子，赵氏家族在他的手中度过了危机，并得到了发扬。

耕地的农民没有不爱护自己的农具的，每次干完活都要将所有的工具收拾得妥妥当当，锄头、铁锹上有了泥土，一定要拿到河边好好洗刷干净，再用草叶仔细擦干，长期不用还要帮它们涂上油。这并不是因为农民都穷，只有那点工具，而是他们心中敬畏世代从事的农业，将那些使用的工具看成了为自己出力的伙伴，所以呵护它们、珍视它们。有这种敬畏之心的人往往能够在他所从事的工作上取得超出常人的业绩。

一家汽修厂贴出一份招聘启事，提供相当丰厚的待遇招聘技术最好的修理工。经过层层测试，仅剩下甲乙二人。老板亲自找到二人，对他们说："你们的技术都很出色，但我们厂只需要一个人。这样吧，再进行最后一场测试，能够在最短的时间内将车修好的人就留下。"

甲乙二人来到测试场地，开始修同样的车。车型号很新，工作量很大，两人都竭尽全力将其修好了，当甲拧完最后一个螺丝时，他回身看了看乙，乙只比自己慢了一点点，于是他赶紧爬出修理槽，向老板示意说自己修好了。老板让工人进行测试，车果然修得完美无缺。此时，乙来到老板身边，经过测试，他的车也修得很好。

甲因为抢得了先机，不禁暗暗自喜："两人都修好了，但毕竟是我快一些。"然而，老板却转过身对他说："谢谢您能来我们公司应聘，但乙是最适合我们的人。"

甲很是不理解，说道："可是，我更快一些啊。"

老板说："虽然你们的车都修得差不多，但你的工具随手用完就丢在一旁。而且，在完全修好之后，你没有收拾，就说自己完成了任务。我们公司每天有很多车要修，不同的人可能挨着工作，你这样乱放工具难免会在真正工作时造成麻烦，还会打扰到身边的人。而乙在修车时，每使用完一件工具，都整齐地摆放在一旁，修好车后将工具还原，所以我们觉得乙才是最适合我们公司的人。"

对待工具的态度，也就显出了一个人在工作时的心态。

一家制造手工艺品的企业，最近厂里不合格产品不断增多，收到的顾客投诉不断增加，这让老板很生气，责令调查部门立刻找到原因。调查部门到现场进行了仔细考察，怎么也找不出原因何在，工人还是原来的工人，设备还是原来的设备，可不合格率为何一下子就上升了呢？

后来，一个工人发现了其中的奥秘。以前下班时，主管车间的主任都会让员工们花五分钟时间，擦拭一下自己的工具，将它们摆放整齐，这一做法曾引起很多人的反感，认为主管这是没事找事，浪费时间。近期原来的主任调到了别的部门，新主任以前就是工人，对每天花时间整理工具很不赞成，于是工人们也就不再整理了。就是因为这一点点的变化，给生产造成了大问题，导致工人们工作中出现了懒散、应付了事等现象，从而降低了产品的合格率。

此外，使用时找不到工具是很浪费时间的事，一个工作认真的人，是不会到处乱扔工具的。尤其当你和其他人在一起工作时，不注意工具的摆放，就会给他人带来不必要的麻烦，这是对工作的不敬畏，对他人的不尊重。如果你是一个战士，就应该时刻爱惜你手中的枪，有一天它可能会救你的性命；如果你是一个工人，就应该爱护你的扳手，这会为你创造财富；如果你是一个歌手，就爱护你的乐器，它们帮你找到音乐的灵感；如果你是一个读书人，就好好爱惜自己的书本，它们是你不会说话的老师……

# 非圣书，屏勿视

**原　文**

非圣书，屏勿视，

蔽聪明，坏心志。

**译　文**

不是传述圣贤言行的著作，应该摒弃不看。这样的书籍，只会蒙蔽人的聪明智慧，使人的心志变坏。

**经典解读**

孔子说过："攻乎异端，斯害也已！"有人将其解释为"研究不符合仁义道德的异端学说，只会给自己带来损害"，这是很有道理的。人的思想很容易受到世俗观念的影响，多读圣人教导向善、求仁的文章，就会生出向善之心；经常接触权谋、诈伪的学说，就会满脑子阴暗奸巧的思想，走向邪路。古人说："少不读《水浒》，老不读《三国》。"为何呢？就是因为少年时血气方刚、易于冲动，容易从《水浒》中学到那些江湖之气，忘记了孝悌仁义的大道；老年时心思缜密，从《三国》中学到那些诈巧之术，让人放不下尔虞我诈、争权夺利之心。

所以说，读书不一定都是好事，一定要选对书才行。现在社会上浮躁之气甚嚣尘上，很多人喜欢那种"厚黑学"、"权谋学"的书，认为其中讲的是大道理，认为仁义不如权术好用，这就是走了歪路。长期读那种书，让人觉得生活中到处都是权谋，对谁都不信任，对谁都留一手，结果疑神疑鬼，众叛亲离。

圣贤之书，不是一定指古代圣人著作的，而是书中的思想要符合"真"、"善"、"美"，这些人们普遍认可的价值观的。好书应该告诉人们这个世界中的美好，告诉人们正义的力量，让人们拥有善良、宽容、诚信等美德，而不是让人互相提防、互相算计。如果相信那种功利性的思想，整天研究异端邪说，内心就会越来越阴暗，头脑中只有小聪明，而没有大智慧，那就是"蔽聪明，坏心志"。

**哲理引申**

## 乱读书，不如不读书

以上这段话是说不要乱读书，读乱书。乱读书的人，往往会看到一些杂七杂八、有违圣贤之道的邪说，若是不加以甄别就相信了，这种学问不仅不会带来好处，还会引导人走上邪路。

孟子说过："尽信书，不如无书。"就是告诉人们，不要别人在书中写什么你就相信什么，不要因为是名人支持过的观点就将其当作圣经。有毒书籍对人的危害是极深、极大的。《堂吉诃德》不就是描述了这样一件事吗？主人公嗜好骑士小说，读得入迷了，不打猎，不管家事，后来竟然把土地卖了去买这类书，并见人就与人议论书中的义理。从黑夜到白天，从白天到黑夜，他每天这样谈，以致脑汁渐渐枯竭下去，终于失掉了理性。他脑子里满是魔法、战车、决斗、挑战、受伤、漫游、恋爱、风波以及书中种种荒诞无理的事，凡是书中所写的他都信以为真。于是发生奇想，要去做游侠骑士，把书中见到的都实行起来，去解救苦难，建立功业。结果，闹出了无数的笑话，在临死之前才想明白，这些都是乱读书害的。

当今社会，图书出版市场越来越开放，加上各种网络传媒，人们几乎被书籍的海洋所淹没了，其中当然有好的著作，但也有不少哗众取宠的糟粕，有不少诱导人走上邪路的"毒物"。在一些网站上、路边的小摊上，经常看到一些名字起得花里胡哨的书，翻开一看内容中充满了暴力、色情，而读这些书的，往往是那些对世界充满幻想的中学生，读完之后整个人都生活在幻想中，完全脱离了生活。不必要的信息要尽量摒弃，专心于自己应做之事，才能心情宁静。孔子说："非礼勿视，非礼勿听，非礼勿言，非礼勿动。"不符合礼义的事，不教人学好的东西不要去看，不要去说，不要去做，这是非常科学的。

一位老校长曾经对人感慨说，教学生如何做对事很重要，但更有效的是保护他们不要受到外界垃圾思想的影响。校长举了他工作中的一个例子：一个学期学校经常出现学生打架斗殴事件，老师们都不知道为何学生忽然变得如此暴躁了。后来，一次周六假期，校长进入教学楼视察，发现很多学生都在教室里用互联网教学系统看电影，而他们看的都是《古惑仔》等香港黑帮片。这些电影里没什么对青少年成长有益的，相反充满了凶狠、江湖气、脏话等不健康因素。正是这些电影让好好的学生变得暴力起来。

有社会调查机构曾对一座大城市中的在押的未成年犯进行了一项犯罪调查。结果表明：有超过三分之二的未成年犯过去经常出入网吧，他们中的很多人说自己在网吧中读了一些网络小说，最后读得入迷了，以至于在现实生活中学习里面人物的行为，从而导致了犯罪。这些人中，很多曾经是班里的三好学生和班干部。在一些不健康书籍的诱惑下，轻的则成绩下降、旷课、逃学、撒谎、抽烟、喝酒，重的退学、休学，甚至偷窃、抢劫、打架斗殴！

王某是一个高中生，平时表现出色，品学兼优。一天他没有来上课，老师以为他家中有事，没来得及请假，就没有去找。直到下午，警察突然来到学校了解情况，原来王某参与打架斗殴，将他人用刀捅伤，已经被抓了起来。

老师和同学们都很吃惊，在他们的印象中，王某一直是他人学习的典范，怎么会做出这样的事情，犯这么严重的罪呢？老师在了解情况时，他的室友透露说，王某平时最爱读书，最近一段日子一直抱着一本厚厚的大书在看。于是，老师带着同学来到宿舍，赫然看到王某的床上压着一本书，书的名字竟然是"坏蛋是怎么炼成的"，翻看书的内容发现，里面讲的是一个初中生，他认为将来能够出人头地要有两手：一手是学习要好，一手是做人要狠。他整合了当地的江湖力量，踏上了成为黑帮老大的历程，书中尽是打打杀杀，而且粗话连篇。

王某的同学说："难怪他最近总是说做好人没意思，人要恶才吃得开呢，原来都是被一本小说给害的啊！"

一本坏书能够轻易地让一个好学生走上邪路，而让人悔改却是万般困难的事。这就如一张白纸染上颜色容易，要想将颜色消除却是难上加难的。人头脑中一旦有了奸邪的思想，就很难再恢复到纯洁无瑕的时候了，很多人的生活就是被异端邪说给毁了的。

一个颇有前途的职员，在一次公司晋升中未能如愿，便认为自己一直好好做人，一直踏实勤恳却受到了不公的待遇。此时，恰好一个朋友向他推荐一本教人如何学"厚黑"的书籍。他翻了两页，顿时觉得如获至宝，从此回家好好研究。

一段时间以后，他再回到公司，感觉生活中的每个人都像书中写的，老板说好话都是为了利用他们，榨取他们的剩余价值；同事与他交好，都是想得到他的帮助，也是在利用他；甚至那些好朋友也都是怀着功利的目的才和他交往的。于是，他对别人也同样怀着这样的心思，同事有什么事做错了，以前都是一笑而过，现在他会想上半天，他们是不是故意的，是不是在暗示自己什么。老板有一个举动，他就会猜疑上好一会儿，老板是不是对自己有意见，他给自己奖励是不是会有什么不合理的要求……

　　时间长了，所有人都开始受不了他，没人再愿意同他一起工作。老板不得不对他说："我们在一起工作是互相帮助、互相团结的，你如今处处猜疑别人，事事都很做作，弄得大家都没法安心工作了，你还是走吧！"

　　生活很复杂，它什么样，完全在于自己的视角。当你以光明的眼光去看待世界，这一世界的不完美、不完善，其实算不了什么，正因为这些不完美，才需要我们去努力；当你以阴暗的眼光去看待世界时，整个世界都是丑恶而无聊的，人生是灰暗而寂寞的。先贤的学说虽然各不相同，但无不教我们用宽容、仁慈的态度去对待生活的，要在繁杂的生活中发现善和美。而有一些哗众取宠的小人，偏偏告诉人们要怀着诈巧之心对待他人，要时刻防备着他人，要发掘这个世界的丑恶。他们的论调，有的地方的确有些道理，但这道理却不会给读者带来任何正能量，只会让人心里更加阴暗，所以对待它们的最好态度，就是不去看它们，不让这些异端邪说蒙蔽自己内心的良知。


# 勿自暴，勿自弃


## 原　文

　　　　　　勿自暴，勿自弃，

　　　　　　圣与贤，可训致。


## 译　文

　　为学、做人都不可自暴自弃，只要能够下定决心好好学习，立志于道，圣贤的水平终将达到。


## 经典解读

　　"人人皆可以为尧舜"。每个人的天资都是差不多的，之所以不能像别人那样成功，大多都是因为自己没有努力去争取。看到自己不如他人不去努力，安于现状不求改变，这就是自暴自弃。一个人只要有上进心，无论什么样的恶劣环境都可以扭转，但如果他自己自暴自弃，那别人给他再多的帮助也不会有什么效果。所以孟子说："自暴的人，和他没有什么好说的；自弃的人，和他没有什么好做的！"

每个人都应该树立一个远大的理想，不能因为自己暂时学习不如他人，工作不如他人，就自暴自弃，妄自菲薄，认为自己的一生就这样了。唐宋八大家之一苏洵，年轻的时候不爱读书，糊里糊涂地混日子。到了27岁还一事无成，他看到像自己这么大的人都已经取得功名了，才认识到再也不能这么浪费时间了，应该看点书、学点知识了。于是谢绝了一切社会交往，闭门苦读，并教育两个儿子不要浪费时间。结果，他的儿子苏轼和苏辙同时考上了进士。他本人也取得很大成就，文章受到世人称赞。

西晋将领周处少年时不学无术，喜欢声色犬马，被乡人视为祸害。后来，他顿然醒悟，决心改过自新，于是请教贤师学习圣人的大道理，最后终于成为了忠臣义士，在平定叛乱时为国捐躯而死。

"浪子回头金不换"，读书立志不在于早晚，求道为学不在于巧拙，只要有恒心、有毅力，能够立下志向后努力争取，就一定可以取得成功。

**哲理引申**

## 不要在困难面前退缩

"圣与贤，可训致"，即人人皆可以成为圣贤。圣贤之所以能够成功，并不在于他们的天资如何出众，而是在于他们坚持了自己的理想，做了很多他人不敢做，没能坚持做下去的事。孔子一生立志于"克己复礼"的政治理想，他的主张不被世人所接受，受尽排挤、尝遍苦难，但他从未想过于放弃，从未想过与世俗之人妥协。孟子一生宣扬孔子的主张，同样不被诸侯们采用，在各种冷落打击面前，他从未放弃自己的理想。

在困难面前不退缩，就是他们成功的最重要因素。

清末文学家蒲松龄，年轻时科考连连失利，很多人都认为他不会取得什么成就，更不会青史留名了。但他自己却下定决心做出一番旁人不及的事业，于是潜心写作，编著了《聊斋志异》一书，如今那些科考成功的人大多都消失在了历史的尘埃中，而蒲松龄的名字却伴着他伟大的著作一直熠熠生辉。他之所以能够成功，就在于遇到人生路上的困境时，没有退缩，没有自暴自弃，甘于平庸。他曾用这样一副对联来鼓励自己：有志者事竟成，破釜沉舟，百二秦关终属楚；苦心人天不负，卧薪尝胆，三千越甲可吞吴。

"宝剑锋从磨砺出，梅花香自苦寒来"，只有尝尽前行路上的各种困苦，才能最终取得甘甜的果实。可是太多的人因为对险阻的恐惧而退缩，放弃了。所以他们一辈子碌碌无为，一辈子默默无闻。对困难的恐惧，是成功最大的障碍。当看到厚厚的一摞书时，就觉得自己永远也读不完；当看到一大堆烦冗的事时，就觉得自己永远也做不好；看到他人的失败经历时，就想逃避。对于成功来说，最可怕的不是事情有多难，而是人心中萌发出的畏惧和逃避。

从前，一户人家的菜园里埋着一块大石头，它有40厘米长，20厘米高。人进入菜园子一不小心就会踢到那块石头，不是跌倒就是撞疼了脚趾。一天儿子又被撞疼了，就问："爸爸，为什么不把那块讨厌的石头挖走？"

爸爸摇摇头说："你说那块石头喔？它从你爷爷小的时候，就一直埋在菜园子中，看看上面就那么大，不知道地下还埋着多深，要挖不知得挖到什么时候去，没事无聊挖石头，不如走路小心一点！"过了几年，儿子长大了，娶了媳妇。

一天媳妇气愤地说："菜园那块大石头，撞了我好几次，在那儿多碍事，我越看它越不顺眼，不如改天请人搬走好了。"

儿子回答说："算了吧！那块大石头很大的，爸爸早就想将它搬走，一直没有成功，要是能搬走哪会让它留到现在啊。"

媳妇心底非常不是滋味，那块大石头不知道让她跌倒多少次了。有一天，在又一次被绊倒后，她再也忍受不下去了，发誓就是挖一天也要将它挖出来。她拿着锄头开始在石头周围刨了起来，没想到仅仅用了十几分钟，石头就开始松动了。她赶紧叫来丈夫和公公，三个人一起将石头抬起来。原来石头的下面是平的，仅仅埋入了土中十几公分，它却用那个巨大的外表蒙骗了这一家三代人几十年！

很多事情就像这块大石头一样，看起来无法撼动，其实根基浅得很，只要我们勇敢地向前迈上一步，困难就迎刃而解，烟消云散了！《为学》这篇文章我们都学过，四川边境的两个和尚，一个穷，一个富，他们都想去南海，富和尚筹划了几年，但想到路上要经历种种困难，要有很多风险，一直没有出发，而穷和尚则迎难而上，最终实现了自己的理想。为学求道也是这样，被困难吓倒就永远不可能取得成功，相反藐视苦难，迎难而上，大概就离成功不远了。

就像爬一座山，如果我们从山下仰望，可能一下子就被那些险坡、长路给吓倒，很多人会因此而生出畏惧心，选择放弃。但如果我们忽略这些困难，想着山上不同的景色，一心想着爬上山顶的目标，我们就会发现：原来路没有那么长，坡也没有看上去那么陡，旅途中除了劳累更多的是让人赞叹的风景。

有个好的开始，还要有个完整的过程。金庸小说《笑傲江湖》中描述了这样一个悲剧，魔教的几位长老被五岳剑派用计困在山洞之中，他们为了活命，就用斧子劈开山石，准备打通一个暗道。可是在离成功仅仅有一尺的时候，他们停止了，可能是力气用尽了，但更可能的是他们的信心在坚硬的岩石面前消失殆尽了。现实中很多事也是如此，下定决心做了好久，可总是迎来失败，最后在即将成功时放弃了。

有人在沙漠中看到一群因干渴而遇难的旅人，然而离他们不远处就有一片绿洲，绿洲之中就有河流、有湖泊。在他们的旅行日记中人们看到了这样一句话："前面又发现一片绿洲，但我们知道那又是海市蜃楼，我们已经放弃了求生的希望，大家坐在一起，准备写下最后的遗言，等待死神的降临。"的确，我们很多时候满怀信心，却迎来一次次失败，这让我们心灰意冷。可是如果我们因为失败而停下来，就永远不可能取得成功了，也许再坚持一下，下一次就会柳暗花明。

法国大作家雨果享誉世界，他的《悲惨世界》、《巴黎圣母院》都是传世之作，在赞叹他所取得的成就时，很少有人知道他刚刚从事文学创作时遇到的困难和心中的惆怅。

雨果从小就喜欢写诗、写文章。但他的作品大多不被当时的编辑们所看重，他投了很多稿，但无一不是如石沉大海音信皆无，有些刻薄的人，还要嘲笑他，认为他在做着自己不可能获得认可的事。

有一年，一所著名的美文研究院开展征诗大赛，雨果觉得可以通过这场比赛来证明自己，于是全力准备创作。然而此时，他的母亲忽然病倒了。为了照顾母亲，雨果只好将从前创作的一首《凡尔登贞女》拿去参赛，这部作品他曾经投过稿，但并没有好的反响。

几天后，母亲从昏迷中醒来，获知详情后，拉住儿子的手，轻声地对他说："维克多，你不要放弃任何一个机会，不要在困难面前退却。我希望你能得到那朵'金百合花'。"雨果听到了母亲的期待，他低着头，有些失望地说："但是，妈妈，比赛就要到期了，来不及了。""不，孩子，只要你坚持就一定来得及。你今晚就写，明天一早念给我听。我最不喜欢碰到困难就退却的人。"

看着母亲眼中的期望和信任，雨果不再犹豫，于是他拿出笔不停地修改自己的诗歌，整整写了一夜。第二天他将改好的诗寄给比赛评委会，半个月后，特别奖"金百合花"落到了雨果手中。从此，他对自己在文学道路上的信心更坚定了，也开始了更伟大的创作。

看似无法战胜的困难，巨大的压力，前所未有的挑战，来自他人的质疑……这些都是每个成功者需要不断面对的，只有战胜它们，一个人才能在前进的路上不断进步，才能最终捧起属于自己的金杯。面对困难，不要退缩，勇敢地迎上去，你会发现越是困难，背后的成功越让人喜悦。

## 勿自暴，勿自弃

生活不会永远一帆风顺，困难才是人生之路上最常见的风景。就像《西游记》中所描述的那样，前进的路上充满了各种荆棘坎坷，有各种妖魔鬼怪等待着我们，只有经历过九九八十一难，尝过各种酸甜苦辣，才能最终取得真经。

每个人的生活都是有起有伏的，当我们身处顺境时要学会居安思危，当我们身处逆境时要坚持不懈，即使在世人认为的绝境之中也要永不放弃。无论成功看起来多么遥不可及，无论困难看起来多么不可战胜，我们都要相信自己，不断给自己打气，大声地对自己说："不要自暴自弃，我一定可以的！"

很多时候，人们很在意他人的评价。他人说自己不行，就会在心里产生一个"我真的不行"的想法，于是自己放弃了梦想，放弃了成功的机会。其实别人并不比我们更了解自己，他人的评价有时可以完全忽略。过分相信别人的泄气话只会让自己自暴自弃，陷入沉沦，在对理想的坚持上"固执"一点不是错。

1894 年，一个小男孩出生在一个京剧世家中，从小对京剧的耳濡目染让他对这门国粹艺术产生了深深的挚爱。八岁时，他向家里提出要拜师学艺的要求。对于孩子的这一请求，家人自然十分支持，于是开始给他物色老师。

男孩要学旦角，即扮演年轻女性角色，这样唱、念、做、打都要模仿女性。刚学的时候，他入门很慢，一出戏师父教了好多遍还学不会。师父找到他的父亲，告诉他："这孩子不行，没灵性，不是唱戏的料。"

父亲将师父的话告诉了孩子，问他是不是还要学唱戏。孩子虽然听了心里很不是滋味，但想了一会儿就固执地对父亲说："我就是要唱戏，就是要学旦角！"从此，他学起戏来更加刻苦，师父教时仔细听，师父不教就留意观察别人怎么唱。其他的学生学五六遍便学会了，他学得慢就唱二三十遍。别人一个动作做好就过去了，他一定要比别人多练上几倍的时间。经过刻苦练习，他的动作和别人一样达标了，声音比其他人更加圆润甜美。

但他还有一个重大的缺陷，就是眼睛有些近视。演戏眼神很重要，近视眼看起来没有神，很多教他的师父说他是"金鱼眼"，即使其他方面再出色也不会取得什么大的成就的。为了克服这个缺陷，孩子养了几只鸽子，每当鸽子起飞的时候，他的眼睛就紧紧盯着飞翔的鸽子。他还在大鱼缸中养了几条小鱼，没事时就盯着游动的鱼。渐渐地，他的眼睛有了神。日子久了，那些说他"金鱼眼"的师父都惊奇地称他的眼睛会说话了。

在这样刻苦的练习下，这个孩子成为了当时最著名的京剧艺术家，他就是梅兰芳大师。

当质疑声传到你的耳中时，不要自暴自弃，当嘲讽让你心情黯淡时，要鼓励自己"我能行"！困难永远不能打败人，人之所以失败，都是因为自己放弃了。马克思说过："自暴自弃，这是一条永远腐蚀和啃噬着心灵的毒蛇，它吸走心灵的新鲜血液，并在其中注入厌世和绝望的毒汁！"即使困难很小，一旦你心里放弃了，就永远不能达到成功的彼岸了；即使有再多的人帮助你、鼓励你，一旦你自己认定自己不行了，那你就真的不行了。自暴自弃的人的世界没有希望，他会感到穷途末路，暗无天日；他会丧失所有的信心，整个人被悲观的气息所包围；他会随波逐流，失去自己的方向；他会陷入自怨自艾、凄凉孤独的泥潭之中，失去所有的生活乐趣和希望。

一位青年一直梦想着考上大学，走出山村，可不幸的是，他高考落榜了。仅仅差了两分，青年十分痛苦，整日窝在家中。亲戚帮他找了份邮差的工作，这在当地的农民眼中已经很不错了，但青年的理想却不在这儿。

他每天骑着车子，沿着同一条线路往返五十多公里的路程，每天重复着几乎一模一样的事。青年很失望，他经常看着一眼望不到头的大山感慨：难道这就是我的命？我这一辈子就这样了吗？

一晃十年过去了，人、事、物几番变迁，青年变成了中年人，那些曾经的梦想都遗忘了，但所有的悲哀和抱怨留了下来。一遇到不顺心的事，他就想起自己曾经仅仅差了两分，直到这条路上所有的人都熟悉了他的抱怨和感伤。

一天，他在路上遇到一位化缘的僧人，他问："大师，您为何化缘呢？"僧人说道："我要建一座大桥。"邮差看着僧人破烂的衣服和钵盂中的几个硬币，不禁笑道："像你这样，不知要哪辈子才能建好桥。"僧人淡淡地说："总会有建好的一天。"

邮差离开了，但以后的日子他经常想起这句话，一天晚上，他躺在床上对自己说：是啊，总会有好的一天。我曾经只差了两分，和那位僧人比起来我离成功的距离是多么的近啊！我为何不像他那样，从现在开始呢？

邮差决定改变自己，改变周围的环境。他看到家乡的人栽种了很多果树，于是买了很多关于栽培果树的书籍，每天吃完晚饭以后，他就抱起书仔细地阅读，有不会的知识，就趁给镇里的科研部门送信的时候向他们请教，很快他成了当地著名的果树专家。再后来，他辞掉了邮差的工作，包下了一大片果园，又建好了水果加工厂，成为了当地最有名的企业家。

考试失败，投资失败，被老板辞掉，被配偶抛弃，遭遇事故灾害……世上的困难多得是，但无论遭遇什么我们都不能自暴自弃，生活在为你关上一扇门的时候，也一定会为你打开一扇窗。乐观自信的人，将幸福和快乐紧紧握在自己的手中，他们知道这一切都是要靠自己的努力来获得的，他们相信自己可以创造出让自己满意的未来。而自暴自弃的人，则往往将自己的幸福和快乐寄托在他人的身上，一旦他们所依靠的外在依托消失了，他们就会陷入迷惘，不知所从。殊不知，唯一能够决定自己人生的就是自己，在这一点上是没有人能够代替的。

我们不应该痛恨困难，害怕挫折，而要将生活中的磨难当成自己前进路上的一个个阶梯，当成是对自己人生的一种磨炼。不断地战胜困难，走出困境，是生命旅途中最愉快的事情。不经历风雨，如何能看到彩虹？总是生活在平原的人永远体会不到高山的雄奇、大海的广阔，总是过着平淡日子的人，永远体验不到探索的激情、惊险过后的刺激。经历磨难的人才会达到人生智慧的高层，勇敢地面对磨难，在磨难中不自暴自弃，过后，你会发现你得到了很多。